글 머 리

모든 자원은 관광의 대상이다

우리 곁의 모든 자원이 관광의 대상이 되고 있는 시대다.

역사적 유적지나 유물이 그러하고, 문화재를 기반으로 하는 기념물 등은 물론, 서정적이거나 흥미를 끌 수 있는 이야기도 좋은 관광자원으로서 가치가 새로워지고 있다.

특히, 문화체육관광부에서는 이러한 시대를 즈음하여 문화재청과 더불어 우리 문화유산을 내·외국인 관광객에게 정확히 전달한다는 취지로, 문화관광해설사를 양성하고 활용하는 사업계획을 확정하여 각 지방자치단체에서는 이를 시행하고 있다.

이러한 환경에서 각 지역은 취지에 맞는 문화관광해설사를 양성하여 지역관광 활성화를 기하고 지역경제에 도움이 되도록 하여 지역의 지속가능한 발전의 한 축을 담당해야 할 것이다.

문화관광해설사 제도의 추진목적은 각 지역의 문화유적을 정확히 안내하고 설명할 수 있는 전문 해설인력을 양성하여, 국내 문화관광의 올바른 풍토 조성 및 활성화에 기여하는 한편, 외국 관광객의 우리 문화에 대한 정확한 이해를 도움으로써 관광한국의 질적 수준을 제고하는데 있다. 이 제도는 처음 마련될 때만하여도 문화재나 문화유산을 중심으로 운용되어 왔으나, 해설영역이나 활동지역이 생태녹색관광, 농어촌체험관광, 관광지와 관광단지의 관광 등 다양한 분야로 확대되어, 기존의 '문화유산해설사'를 '문화관광해설사'로 변경하기도 하였다.

문화관광해설사는 현재 법적 근거나 관련 규정에 의한 자격증 제도는 아니나, 이 사업의 총괄 관리주체인 문화체육관광부는 기본운영 계획 및 지침을 매년 수립 시달하고, 관광진흥개발기금을 통해 사업 예산의 일부를 지원하므로 이에 달하는 기능과 역할이 요구된다.

문화관광해설사는 문화관광의 홍보대사다

최근의 관광트렌드는 첨단 디지털시대를 맞아 크게 변하고 있다. 이런 변화를 통해 관광객은 자신에게 유익하다고 판단되는 요소나 교육적 정보를 학습하기보다는, 기획되고 연출된 프로그램을 통해 소비하며 재미와 감동을 얻고자 하는 경향이 높다. 하지만 이와는 달리 대상지의 자연이나 문화에 대한 관심은 물론 사전에 전문지식을 지니고 새로운 것을 배우며 경험하기 위한 특별관심 관광객도 증가하였다. 더불어 단순 휴식의 탈출형 관광에서 활동 중심의 목적형 관광으로 수요자 형태가 변화하고 있다. 다양한 관광형태와 관광객 욕구변화는 문화관광해설사의 중요성이 그 어느 때보다도 높아졌다고 볼 수 있다.

따라서 문화관광해설사는 해당 지역의 역사, 문화, 자연, 산업, 도시현황 등 문화관광자원에 대한 전문적인 지식을 관광객의 눈높이에 맞춰서 전달하고, 관광객의 방문 목적, 관심 분야, 연령 등 다양한 관광욕구를 만족시켜 주기 위하여 부담 없는 이야기 위주의 해설로부터 해당 활동지역의 종합적이고 전문적인 해설 그리고 관광정보를 생산·확산시켜야 한다. 이러한 노력과 더불어 해당지역을 방문한 관광객들의 체류시간을 늘리는 한편, 재방문을 유도하는 등 새로운 관광수요를 창출하는 적극적 역할도 필요하다. 또, 관광객들의 바람직한 관람 및 탐방 예절과 건전한 관광문화 활동을 유도하고, 지역 문화재를 비롯한 주변 환경을 보호하도록 하는 문화관광 홍보대사로서의 역할도 필수적이다.

문화관광의 자원화는 지역적 과제다

이 책은 6부로 나누어 기술했다.

제1부에서는 문화관광해설사에 대한 개념을 소개하고, 이의 운영지침 및 교육내용을 통해 필요한 자질과 기본적인 소양에 대하여 기술하였다. 제2부는 관광과 생활을 통해,

우리와 세계 속의 여행, 관광산업의 변천과정 및 미래관광을 다뤘으며, 관광주체에 대한 심리적 요인을 분석하였다. 제3부에서는 관광자원의 개념과 국립공원, 유형문화재와 무형문화재 현황 등을 밝히고, 세계문화유산과 인류문화유산 및 천연기념물과 명승, 궁궐, 고건축, 성곽 등을 이해하도록 하였다.

제4부에서는 문화관광해설 기법을 통해 해설서비스와 전문성과 필요한 태도 등을 나타내고, 문화관광을 위한 스토리텔링에 필요한 구성방법을 기술하였다. 제5부는 문화관광자원의 사례를 위해 거제시 문화관광자원을 일반현황과 축제, 관광명소, 설화와 전설, 문화재 및 자연의 종합적 요소를 소개하였으며, 제6부에서는 거제시 역사를 시대별로 간략히 소개하였다.

연구실에서

차 례

1부

문화관광해설사

1. 문화관광해설사 개요
2. 문화관광해설사 운영지침
3. 문화관광해설사 교육
4. 문화관광해설사 자격 및 처우
5. 문화관광해설사 지원양식(예)

1 문화관광해설사 개요

(1) 정의

문화관광해설사는 관광객들에게 관광지 또는 문화유적지 등에서 전문적인 해설을 제공하는 이들로, 방문 목적이나 **관심분야, 연령층, 개인 또는 단체의 성향** 등에 따른 다양한 관광객들에게 각 지역의 문화유적과 명승지 등을 안내한다.

문화관광해설사의 정의
해당 지역을 방문한 관광객들의 이해와 감상, 체험 기회를 제고하기 위하여 역사, 문화, 예술, 자연 등 관광자원 전반에 대한 전문적인 해설을 제공하는 자원봉사자

문화유적에 대한 관광객의 이해를 돕고, 이 과정이 부담이 없도록 하기 위해 흥미로운 이야기 위주의 해설로부터 **역사, 문화, 자연, 산업, 도시현황** 등에 대한 전문적인 해설을 한다. 더불어 관광객들의 바람직한 **관람예절**과 **건전한 관광문화**를 유도하며, 문화재, 명승지를 비롯한 관광자원 및 주변 **환경보호**를 위한 활동도 한다. 나아가 **외국관광객**을 위한 영어, 일어, 중국어 등을 통해 우리 문화에 대한 정확한 이해를 돕는다.

최근의 관광산업 활성화를 위한 시대적 흐름에 따라 그동안의 **문화유산해설사** 명칭을 **문화관광해설사**로 변경하였다.

(2) 의미

현재와 같은 첨단 디지털시대의 관광객은 자신에게 유익하다고 판단되는 교훈적 요소나 교육적 정보를 학습하고자 하는 노력보다는, **기획되고 연출된 프로그램**을 통해 **소비**하며 **재미와 감동**을 얻고자 하는 경향이 높다.

이와는 달리 대상지의 자연과 문화에 대한 관심과, 방문 전에 전문지식을 지니고 감상하면서 새로운 것을 배우고 경험하려는 **특별관심관광객**도 증가하고 있는 게 현실이기도 하다. 뿐만 아니라, 단순한 휴식·탈출형 관광에서 활동 중심의 **목적형 관광**으로 수요자의 형태가 변화하고 있으며, 이러한 **관광형태와 관광객 욕구변화**에 따른 해설사의 중요성이 높아졌다.[1)]

(3) 기능과 역할

문화관광해설사의 기능

- 해당 지역의 역사, 문화, 자연, 산업, 도시현황 등 해당 활동지역의 문화관광자원에 대한 **전문적인 지식**을 **관광객의 눈높이**에 맞춰서 전달
- 관광객의 방문 목적, 관심 분야, 연령 등 다양한 관광욕구를 만족시켜 주기 위하여 흥미로운 이야기 위주의 간단한 **해설**로부터 해당 활동지역의 역사, 문화, 자연자원에 대한 **전문적 해설**
- **관광정보를 생산 · 확산**시키며, 해당지역을 방문한 관광객들의 체류시간을 늘리고 재방문을 유도하며, 새로운 관광수요를 창출하는 적극적 역할
- 관광객들의 바람직한 관람 및 탐방 예절과 건전한 관광 문화 활동 유도
- 지역 문화재를 비롯해 주변 **환경을 보호**하는 활동
- 활동지역의 **문화관광 홍보대사** 역할
- 보존과 보전 및 **지속가능한 발전**에 대한 의식 함양
- 탐방객들의 편리와 지역 관광가치의 상승 역할
- 지역 홍보 등

1) 문화관광해설사제도운영실태및개선방안, 한국문화관광연구원, 2008

(4) 소양 및 교육 내용

문화관광해설사 양성 교육

- 기본소양
- 지역의 문화, 역사, 관광, 산업 등
- 해설안내 기법
- 외국어
- 컴퓨터 능력
- 안전관리 및 응급처치
- 수화
- 관광객의 심리 및 특성
- 관광객 유형별 특성 및 접근전략 등

문화관광해설사 향상(보수) 교육

- 관광 트렌드와 문화관광해설사의 역할
- 안전관리 및 응급처치
- 해당 관광지에 대한 전문지식
- 관광객 특성 이해 : 관광객 유형별, 연령별 특성 및 심리
- 지역 문화관광자원 : 지역문화재, 자연환경, 종교, 미술, 음식, 축제, 음악 등
- **해설안내기법** : 해설시연(스피치기술, 스토리텔링)
시나리오 작성
- 해설서비스를 위한 SNS 활용 등
- 기본소양교육
- **이미지메이킹**(복장, 용모 등 자기관리)

2 문화관광해설사 운영지침

(1) 문화관광해설사 제도[2]

1) 도입 배경

문화체육관광부는 2001년 '한국 방문의 해'와 2002년 '한일 월드컵 공동 개최' 등 국가적 대형행사를 맞이하여 우리 문화유산을 내·외국인 관광객에게 정확히 전달한다는 취지로 문화관광해설사 양성 및 활용사업계획을 확정하고 이를 각 지방자치단체에 통보하였다.[3]

2) 목적

이 제도의 **추진 목적**은 각 지역의 문화유적을 정확히 안내 설명할 수 있는 전문 해설인력을 양성하여 국내 문화관광의 올바른 풍토 조성 및 활성화에 기여하는 한편 외국인 관광객의 우리 문화에 대한 정확한 이해를 도움으로써 관광한국의 질적 수준을 제고하는데 있다.

이 제도는 문화재나 문화유산을 중심으로 운용되어 왔으나, 해설 영역이나 활동지역이 **생태 녹색관광, 농어촌 체험관광, 관광지, 관광단지 등 다양한 분야로 확대**되고 있는 점을 감안하여 기존의 '**문화유산해설사**' 명칭을 '**문화관광해설사**'로 변경 추진하였다.[4]

문화관광해설사는 현재 법적 근거나 관련 규정에 의한 자격증 제도가 아니며, 이 사업의 총괄 관리주체인 문화체육관광부는 기본운영 계획 및 지침을 매년 수립하여 시달하고 **관광진흥개발기금**을 통해 사업 예산의 일부를 지원하고 있다.

---

2) 문화체육관광부
3) 2001.1.27.
4) 2005.8.1.

3) 문화관광해설사 제도연혁

일 자	내 용
2001. 1. 22.	**문화유산해설사** 양성 및 활용 사업계획 수립
2001. 1. 27.	문화유산해설사 양성 및 활용 사업계획 지침 (문화관광부 → 시·도)
2005. 8. 1.	문화유산해설사 명칭을 **문화관광해설사**로 변경
2009. 12. 31.	문화관광해설사 양성인원 **2,000명** 목표 달성
2011. 4. 5.	관광진흥법에 문화관광해설사 제도 운영에 관한 근거 법제화 및 교육과정(프로그램) **인증제** 도입
2011. 10. 6.	**관광진흥법 시행령** 및 시행규칙 개정
2012. 1. 2.	문화관광해설사 교육과정 등의 인증 및 배치 활용고시 제정
2014. 12. 18.	문화관광해설사 교육과정 등의 인증 및 배치 활용고시 개정
2016. 9. 30.	문화관광해설사 관리시스템(www.ctgs.kr) 운영

3 문화관광해설사 교육

(1) 위탁교육기관

특별시·도의 **광역지방자치단체장**은 문화관광해설사의 육성과 역량강화를 위하여 신규 양성교육과정 및 보수교육과정 운영 위탁기관을 선정할 수 있다.

특별시·도의 광역지방자치단체의 장은 위탁기관 선정 시 교육기관의 전문성, 프로그램의 적합성, 전문강사 보유인력, 사업예산 구성 등의 기준을 고려하여 선정하여야 한다. 단, **신규양성교육기관**은 **관광진흥법**(제48조의6)에 의거하여 인증된 양성교육과정을 운영하는 기관 중에서 선정한다.

지방자치단체의 장은 지원신청서, 자기소개서, 자원봉사 활동 서약서 등 제출된 서류를 근거로 외부 전문가의 면접심사를 통해 교육 대상자를 최종 선발한다.

지방자치단체의 장은 개별 인터뷰를 통해 희망자의 기본소양과 언어 구사능력, 지속적인 활동 참여 의지 등을 공정하고 객관적으로 평가해야 한다.

(2) 신규 양성 교육과정

- 총 100시간 이상의 교육 실시
- 현장체험을 포함한 실습교육을 전체 교육시간의 50% 이상 포함

교육내용	교육시간 (개선)
기본소양	5
지역문화, 역사, 관광, 산업 등	40
자연유산, 숲, 생태, 환경 등	10
해설안내기법	15
외국어(영어, 일본어, 중국어)	10
컴퓨터	10
안전관리 및 응급처치	10
수화	5
관광객의 심리 및 특성	10
관광객 유형별 특성 및 접근전략	10
커뮤니케이션, 참여유도기술	10
총계	**135 시간**

단, 지역의 실정에 따라 교육내용 및 시간은 변경할 수 있다.

양성과정 수료 및 평가기준

- **수료** : 기본 출석률 최소 80% 이상
- **필기시험** : 객관식 + 주관식 70점 이상
- **현장시연평가 기준** : 현장시연 테스트 70점 이상

(3) 보수 교육과정

<table>
<tr><th colspan="2">교육내용</th><th>교육시간</th></tr>
<tr><td>K(지식)</td><td>• 관광트렌드 이해와 문화관광해설사의 역할
• 안전관리 및 응급처치
• 해당 지역 관광지에 대한 전문지식
• 관광객 특성 이해 : 관광객 유형별·연령별 특성 및 심리
• 지역 문화관광자원 지식 : 지역문화재, 자연환경, 종교, 미술, 음식, 축제, 음악, 산업 등</td><td rowspan="3">16~32시간
(현장답사 및 실습포함)</td></tr>
<tr><td>S(기술)</td><td>• 해설안내기법 : 해설시연(스피치기술, 스토리텔링), 시나리오 작성
• 해설 서비스를 위한 SNS 활용 등</td></tr>
<tr><td>A(태도)</td><td>• 기본소양
• 이미지메이킹(복장, 용모 등 자기관리)</td></tr>
</table>

<table>
<tr><th colspan="2">보수교육과정 경력별 교육시간</th></tr>
<tr><th>활동경력</th><th>교육시간</th></tr>
<tr><td>5년 미만
5년 ~ 10년 미만
10년 이상</td><td>연간 32시간 이상
연간 24시간 이상
연간 16시간 이상</td></tr>
</table>

○ 보수교육의 수료와 평가기준은 출석률 80% 이상과 필기시험(객관식, 주관식) 각 70점 이상

○ 단, 교육·관광·문화예술기관, 한국관광공사 등에서 실시하는 문화관광해설 관련 교육 이수는 해당 시간을 보수교육 이수시간으로 인정

(4) 심화교육

심화교육
• 활동실적, 소속 해설사들의 추천, 리더십, 참가경력에 따라 필요한 요소별로 나누어 실시 • 관광객 만족도 등 평가와 모니터링 결과 반영 • 자체 스터디 그룹 등을 통한 자발적 교육기회 제공 • 멘토링 제도의 활용 등

4 문화관광해설사 자격 및 처우

(1) 처우

문화관광해설사의 처우
• 문화관광해설사 활동일수 : 월 5일(총 35시간) 이상, 또는 연간 60일 이상 • 해당 지방자치단체의 장이 시행하는 해설역량향상과 관련된 교육 및 수습 기간은 활동일수에서 제외(단, 식비 및 교통비 등에 대한 일부를 지원할 수 있음.) • 해당 지방자치단체의 장은 문화관광해설사의 활동에 따른 식비, 교통비 등 실비를 보전하는 활동비를 예산범위 내에서 지급 • 해당 지방자치단체의 장은 문화관광해설사 활동비 지급과 관련하여 다음의 경우에는 활동비를 지급하지 않음. - 활동일지(활동내역)를 작성하지 아니한 경우 - 활동일지 내용이 일반 안내사항(길안내 등)기재 등 미흡한 경우 - 주유비, 간식비 등에 따른 활동비 이외의 비용 - 외부보수교육, 워크숍 등 교육 참여(단, 교통비에 준하는 실비 지급 가능)

(2) 필수조건 및 우대조건

문화관광해설사의 필수조건
• 기본소양 • 정확한 언어 구사능력 • 자원봉사자로서의 의지와 사명감 • 관광서비스 마인드 • 지속적인 활동

문화관광해설사의 우대조건

- 해당분야 전문지식 : 한국사 능력검정시험 2급 이상
- 외국어 구사능력 : 외국어 능력시험 결과, 주한 외국인, 해외 거주경험, 결혼이민자 등
- 유사 해설활동 또는 자원봉사 경력자
- 수화 가능자 등 장애인 관광안내 가능자
- 취약계층 등

(3) 경고 및 취소

해당 지방자치단체의 장은 문화관광해설사의 계속적인 활동 여부를 심사하기 위하여 매년마다 문화관광해설사에 대한 정기적인 활동실적을 분석 및 평가하고 이를 심사에 반영한다. 문화관광해설사가 사업 목적에 위배되는 행위를 한 경우 활동 경고 및 취소할 수 있다.

경 고

- 관광객으로부터 민원이 발생한 경우(불친절, 태도불량 등)
- 음주 또는 숙취상태에서 활동한 경우
- 사전연락 없이 예정된 활동을 하지 않은 경우
- 무단으로 활동 장소를 이탈한 경우
- 활동일지를 허위로 작성한 경우
- 자원봉사 활동기간 중에 유료로 문화관광 해설활동을 한 경우
- 보수교육을 이수하지 않은 경우
- 관광객 혹은 담당 공무원에게 폭언 또는 위압적 행위 등을 행사하였을 경우
- 개인적인 사익을 위해 배치를 요구하거나 거부하였을 경우
- 연속 3개월 이상 활동을 하지 않은 경우
- 연간 60일 미만의 활동을 한 경우
- 기타 해당 지방자치단체장이 정하는 사항

자 격 취 소
• 거짓이나 그 밖의 부정한 방법으로 해설사 활동의 자격을 취득한 경우 • 경고를 3회 이상 받은 경우 • 다른 사람에게 그 명의를 사용하게 한 경우 • 관광객으로부터 금품 및 향응을 수수하거나 요구한 경우 • 해설사의 품위를 손상시키거나 기타 부적절한 행위를 한 경우 • 기타 해당 지방자치단체장이 정하는 사항

자격 정지 및 박탈 규정
• 거짓이나 부정한 방법으로 해설사 활동자격을 취득한 경우 • 경고를 3회 이상 받은 경우 • 다른 사람에게 그 명의를 사용하게 한 경우 • 관광객으로부터 금품 및 향응을 수수하거나 요구하였을 경우 • 해설사의 품위를 손상시키거나 기타 부적절한 행위를 한 경우 • 기타 해당 지방자치단체장이 정하는 사항

(4) 문화관광해설사 활동 가이드라인

해설활동 가이드라인
① **해설시간**을 잘 지킨다. ② 시작할 때 자신에 관한 **소개**를 한다. ③ **미소**와 웃음으로 분위기를 좋게 한다. ④ **목소리**는 자연스럽고 단조롭지 않도록 변화를 준다. ⑤ **적절한 동작**의 사용이나 동의, 동감 표시 등을 통해 참가자의 **흥미와 집중**을 유도한다. ⑥ 해설 대상과 적절하고 **흥미로운 테마**를 선정한다. ⑦ 테마는 **명확하고 이해**하기 쉬워야 한다. ⑧ **해설내용**에 테마가 잘 반영되어야 한다. ⑨ 해설 대상지나 대상 유물에 대한 정보를 충분히 전달한다. ⑩ 자연스럽게 **시나리오**를 전개한다. ⑪ 해설내용의 전달을 돕기 위해 **독특한 아이디어**나 매체를 활용토록 노력한다. ⑫ 참가자의 **지성**뿐만 아니라 **정서적 관여**를 유도한다. ⑬ 규정과 방침을 벗어나지 않는 범위에서, 현장의 상황에 따라 타당한 자율적 판단을 한다.

5 문화관광해설사 지원양식(예)

문화관광해설사 지원 신청서

접수번호 : 지원분야 : □ 영어 □ 중국어

<table>
<tr><td>성 명</td><td>(한글)</td><td>(한자)</td><td colspan="2">(영문)</td><td rowspan="4">사 진
(3×4cm)</td></tr>
<tr><td>주민등록번호</td><td></td><td>성별</td><td colspan="2">남 , 여</td></tr>
<tr><td>직 업</td><td colspan="4">(구체적으로)</td></tr>
<tr><td rowspan="2">주 소</td><td colspan="4">(집)</td></tr>
<tr><td colspan="5">(직장)</td></tr>
<tr><td rowspan="2">연락처</td><td>(집)</td><td></td><td>(H.P)</td><td colspan="2"></td></tr>
<tr><td>(직장)</td><td></td><td>(Fax)</td><td colspan="2"></td></tr>
<tr><td>E-mail</td><td colspan="2"></td><td>*컴퓨터
사용유무</td><td colspan="2">가능( )불가능( )</td></tr>
</table>

학 력 ※학부는 전공, 석·박사는 세부전공 및 논문제목까지 기재(비고란)

졸업년월	학 교 명	비 고	졸업년월	학 교 명	비 고

어학능력

언어종류	회 화	문서작성	관련자격시험	점 수
	1·2·3·4·5	1·2·3·4·5		
	1·2·3·4·5	1·2·3·4·5		

1:전혀(또는 거의) 못한다 2:잘하지 못한다 3:보통이다 4.비교적 잘한다 5.매우 잘한다

직업경력

재직기간	직 장 명	부 서	직위	담당업무	비 고

자원봉사활동 경력

활동년월	활 동 내 용	활 동 단 체

기 타	※ 작성란이 부족할 경우 별지 추가 작성 가능
해설사 양성 교육을 신청한 동기	
문화관광해설 활동에 대한 개인 소견	
자기소개서	

(1) 문화관광해설사 시연양식(예)

<table>
<tr><td>번 호</td><td colspan="4"></td></tr>
<tr><td>시연자성명</td><td colspan="2"></td><td colspan="2">평가자 성명</td></tr>
<tr><td>장소</td><td></td><td>시연시간</td><td colspan="2">년 월 일 시 분 ~ 시 분</td></tr>
<tr><td>해설테마</td><td colspan="4"></td></tr>
<tr><td>평가영역</td><td></td><td>세부내용</td><td>만점</td><td>점수</td></tr>
<tr><td rowspan="2">기획안 작성</td><td>기획안 작성</td><td>• 기획안 준비와 성실성 및 내용과 형식의 적절성</td><td></td><td></td></tr>
<tr><td>소계</td><td></td><td></td><td></td></tr>
<tr><td rowspan="4">준비 및 도입단계</td><td>사전준비</td><td>• 문화관광해설을 위한 준비, 복장 등</td><td></td><td></td></tr>
<tr><td>참가자와의 관계형성</td><td>• 참가자들과의 친밀한 분위기 조성</td><td></td><td></td></tr>
<tr><td>테마에 관한 관심유발</td><td>• 해설 주제에 대해 흥미와 관심 유도</td><td></td><td></td></tr>
<tr><td>소계</td><td></td><td></td><td></td></tr>
<tr><td rowspan="5">본 해설 단계</td><td>테마</td><td>• 참가자 특성에 맞는 테마선정/테마에 부합하는 소재와 내용선정/해설 장소와 테마 적합성</td><td></td><td></td></tr>
<tr><td>흐름</td><td>• 정보량의 적절성/불필요한 지식 나열여부/앞뒤 내용의 연관성 및 일관성/집중과 이완/정적활동과 동적활동의 적절한 배치</td><td></td><td></td></tr>
<tr><td>내용</td><td>• 내용의 과학성 및 정확성/소재활용 적합성/대상지 특성반영/해설가 및 참가자의 경험과 연관된 설명</td><td></td><td></td></tr>
<tr><td>진행기술 및 태도</td><td>• 주의와 관심의 효율적 집중과 배분/적절한 해설위치 선정/위치별 시간안배/해설자의 열의와 진지한 태도/질문에 대한 성실한 답변/자료 및 교구의 적절한 활용/안전사고 및 돌발사고에 대한 대처 능력</td><td></td><td></td></tr>
<tr><td>소계</td><td></td><td></td><td></td></tr>
<tr><td rowspan="3">마무리 단계</td><td>요약 및 정리</td><td>• 해설내용의 적절한 정리 요약/테마의 강조</td><td></td><td></td></tr>
<tr><td>표현 및 공유</td><td>• 체험내용에 대한 표현 및 공유</td><td></td><td></td></tr>
<tr><td>소계</td><td>•</td><td></td><td></td></tr>
<tr><td colspan="2">총계</td><td></td><td></td><td></td></tr>
<tr><td colspan="5">시연 전반에 대한 평가 및 제안</td></tr>
<tr><td colspan="5"></td></tr>
</table>

(2) 문화관광해설사 서약서(예)

자원봉사활동 서약서

성　　명 :

생년월일 :

상기 본인은 문화관광해설사로서 자원봉사활동에 참여하고자 하며, 아래의 사항을 준수하겠습니다.

- 아　　　　래 -

1. 나는 문화관광해설을 받고자 하는 국내·외 관광객에게 친절하도록 노력하겠습니다.
2. 나는 문화관광해설사로서 필요한 태도와 지식을 갖추도록 노력하겠습니다.
3. 나는 문화관광해설사로서 자질양성을 위한 소정의 교육을 성실히 이수하겠습니다.
4. 나는 활동 시간을 엄수하며 성실히 활동에 임하겠습니다.
5. 문화관광해설사로서의 품위와 명예를 지키겠습니다.

20　년　　월　　일

신청인　　　　　　　　　(인)

O O 시장 귀하

[자율성]

16세기 말, 진정한 일본의 통일(에도시대)을 이룬 도쿠가와 이에야스는 기슈번의 통치를 위해 그의 아들 요리노부를 보낸다. 어린 요리노부는 아직 정치적 지혜가 부족하여 나오츠쿠를 후견인으로 삼아 함께 보냈다.

도쿠가와 이에야스 명언

- 사람의 일생은 무거운 짐을 지고 가는 먼 길과 같다. 서두르지 말라.
- 인내는 무사장구의 근본이고 분노는 적이다.
- 이기는 것만 알고 지는 것을 모른다면 반드시 해가 미친다.
- 오로지 자신만을 탓할 것이며 남을 탓하지 말라.
- 모자라는 것이 넘치는 것보다 낫다.
- 자기 분수를 알라.
- 마음에 욕심이 차오르면 빈궁했던 시절을 떠올려라.
- 풀 잎 위에 이슬도 무거우면 떨어지게 마련이다.

나오츠쿠는 어린 주군의 아들 요리노부를 엄하게 단련시켜 명군으로 불리게 하였다.

이런 나오츠쿠의 결재방법은 독특했다. 부하가 결재를 받으러 오면 '좋아'가 아니면 '안 돼'로만 답했다. 수정이 필요한 경우에도 '안 돼' 한 마디로 끝냈다. 훗날 행정을 총괄하게 되는 도이 토시카츠가 이를 보다가 의문이 생겨 나오츠쿠에게 물었다. "왜 안 된다고만 하고 추가적인 의견이나 수정에 대한 얘기를 하지 않습니까?"

이에 나오츠쿠는 "기슈번 가문을 위한 일이다. 가문의 사람을 키우기 위해 지시를 내리지 않는다. 만약 내가 직접 지시를 내리면 그 내용대로만 따라하고 스스로 생각하거나 지혜를 내지 않을 것이다. 그래서는 참된 인재를 기를 수 없다."라고 답했다.

"자율성은 스스로 생각하고 스스로 실행하는 것이니,
지시를 기다리는 것으로는 기를 수 없다."

2부

관광과 생활

6 여행과 관광의 역사

인류는 직립을 시작(오스트랄로피테쿠스)으로 지구상에 등장하였다. 초기 인류는 정착을 생활수단으로 발전시키지 못한 탓에 포식자로서의 이동을 시작하였다. **원시사회**는 이동의 역사였다.

대부분 가족을 중심으로 형성된 원시사회는 먹거리를 확보하기 위해 끊임없는 이동을 하여야하였으며, 이로서 다른 문화와 지역을 흡수하고 장악해갔다. 이런 관점에서 보면 원시사회부터 인류의 여행과 관광은 현재와 같은 개념보다는 삶의 필수적인 행위였다.

오랜 세월(오스트랄로피테쿠스, 호모하빌리스, 호모에렉투스 등)을 거치면서 인류는 동굴생활을 하고, 언어를 발전시켜 지혜를 갖추기 시작(호모사피엔스)하면서부터 서서히 정착의 시기로 접어들었다.

기원전 7,000년경에는 신석기시대혁명을 통해 농경과 목축사회를 만들어 **정착문화**를 만들었다.

- 오스트랄로피테쿠스 : 직립보행(5~600만년 전)
- 호모 하빌리스 : 도구사용(2~300만년 전)
- 호모 에렉투스 : 불의 발견(5~60만년 전)
- 호모 사피엔스 : 언어사용(20만년 전)
- 신석기 시대 혁명 : 농경·목축(BCE 7,000년)

본격적인 인류관광은 유목시대 이래 새로운 목초지로의 이동, 물물교환, 이민족간의 침입 등 여러 이유로 인한 사람의 이동현상에서 찾아볼 수 있다.

고대 동북아시아에서의 민족간의 교류, 민족시원지[5]로의 정기적 이동과 타제국의 축하사절단 파견 및 고대 이집트의 신전순례 형태는 관광의 한 형태로 볼 수 있다. 그리고 그리스로마 시대의 올림픽 경기 참가, 온천지 휴양지에서의 요양, 신전참배 등에서

5) 바이칼 등

오늘날의 체육, 요양, 종교적 목적 관광의 원형을 찾아볼 수 있다. 그 당시 이러한 목적으로 여행하는 사람은 **'신성한 사람'**으로 후대하던 관습이 있었고, 이 같은 **환대관습**은 **호스피탈리타스**(Hospitalitas)라 하여 최고 미덕의 하나로 여기는 등 관광적 개념이 시작되었다.[6]

그러나 5세기에 이르러 로마제국이 붕괴되면서 치안의 문란, 도로황폐, 화폐경제에서 실물경제로의 역행 등의 악조건과, 중세 십자군전쟁 때까지는 **관광의 공백시대**가 나타나기도 했으며, 전염병의 발생과 문화적 충돌은 관광 활성화에 큰 장애가 되기도 했다.

한편, 오아시스를 중심으로 한 상인교역 조직인 **대상(캐러밴)**들은 사막지방에서 주로 낙타를 이용해 교역을 일삼는 상인들 무리로, 오아시스를 연결해 진행되는 제반 교류를 통한 교류의 주역이자 **비단길**의 개척자로서 여행의 역사를 만들었다.

사막에 에워싸인 고립지인 오아시스는 일반 농경지와는 달리 면적이 좁고 농작물을 비롯한 물산이 제한적일 수밖에 없기 때문에 인근 오아시스, 때로는 원거리에 있는 오아시스와의 문물교환이 필수적이다. 여기에 교역을 생업으로 하는 일부 오아시스 주민이 가세함으로써 교역을 비롯한 교류가 오아시스 간에 성행하게 되었으며, 이들을 통해 관광과 여행은 매우 활발하게 진행된 것으로 보인다.

이들은 낙타를 이용하거나 당나귀나 말, 야크 같은 가축을 이동수단으로 동원하였으며, 지역에 따라 편성 규모는 일정치 않았다. 그리고 이들을 통해 다른 국가로의 여행을 시도하기도 하는 이가 있었으며, **카라반 사라이**(caravan sarai)라는 숙소를 이용해 머물렀다.

한편, **십자군전쟁**[7] 이후 동서 문물교류에 따른 다른 문화에의 호기심 증대와 예루살렘을 비롯한 성지순례에 대한 열망의 산물로 **중세의 관광**은 부활하기 시작하였다. 여행의 형태는 대부분이 수도원에서 숙박하고 승원기사단의 보호를 받으면서 가족 단위의 **종교관광**이 성행하였다.

중세초기, 서유럽에서 나타난 **길드**(guild)는 중세도시가 성립되어 발전하는 과정에서 상공업자와 동업자조직으로 이동에 따른 문화의 이동 등 중요한 역할을 했다.

서유럽에서는 중세 초부터 각지의 시장을 찾아서 **편력**(이곳저곳을 두루 돌아다님)하

---

6) 두산백과
7) 십자군전쟁 : 11세기 말~13세기 말. 서유럽 그리스도교도들이 성지 팔레스티나와 성도 예루살렘을 탈환하기 위해 8회에 걸쳐 감행한 대원정의 종교전쟁

던 **편력상인**들이 있었다. 그들은 한 곳에 정주하지 않고 자신들을 보호할 적절한 호위 군대를 조직한 **대상**[8]을 구성하여 원거리로 이동하였다.

15세기 이후의 지리적 발견과 문예부흥기 및 산업혁명기를 거치는 사이, 관광은 중세 시대의 **종교관광** 위주에서 탈피하였으며, 19세기에 들어서는 근대적 의미의 관광이 나타났다. 이때는 J.머리(1778~1843)의 **'여행편람'**과 K.배드커(1801~1859)의 **'안내기'** 등과 같은 여행안내책자가 등장하였으며, 영국의 여행사무 대행업자 T.쿡 목사[9]는 처음으로 **여행알선업체를 창설**하여 단체 유람객을 모집하였다.

19세기 말부터 20세기 초까지는 산업혁명에 따른 기선과 기차의 발명으로 세계인의 관광은 비약적으로 증가하였으며 국제적 이동은 급증했다.

특히, **제1차 세계대전 후**에는 과거의 관광객들에 대한 수용적인 측면만 고려했던 수동적 입장에서, 관광산업이 **무형의 수출**(invisible trade)이라는 능동적인 개념을 도입하면서 더욱 발전하게 되었다.

제2차 세계대전 후에는 세계 각국이 전쟁으로 인해 피폐된 자국의 경제부흥을 위한 수단의 하나로, 관광산업의 효용성을 인식하고 경쟁력을 갖추며 활성화에 기여하였다.

이런 배경과 더불어 항공기의 발달과 대형 유람선(크루즈선) 등 대량수송 조건이 갖추어졌으며, 각국의 경제력도 회복되어 국민 **가처분소득**[10] 증대와 여가가 늘어났고, 매스 커뮤니케이션도 발달하여 모든 사람들에게 미지의 세상을 알려주었다. 이러한 환경은 관광산업의 활성화에 기여했다.

또 도시화와 기계화로 인한 인간성상실, 공해와 소음에 따른 인간의 사회도피 욕구 및 자연으로의 회귀욕구 등은 **대중관광시대**를 열게 하였으며, 이런 심리적 현상은 여행과 관광이 **국민후생적 효과**의 사회관광 발달로 이어졌으며, 세계관광은 더욱 질적인 발전과 양적인 확대를 거듭하게 되었다.

세계 각국이 관광이 지니는 경제적·문화적 가치를 인식하여 국가정책으로서 진흥에 나선 것은 20세기에 들어와서부터다

8) 隊商
9) 근대 관광산업의 아버지
10) 가처분소득(可處分所得 disposable income) : 개인소득 중 소비·저축을 자유롭게 할 수 있는 소득

7 한국관광의 역사

우리역사는 고대 동북아의 이동식 삶에 그 근원을 둔다. **북방계열**이 주류가 되고 일부 **남방계**로 형성된 한민족의 역사는 **수렵문화와 농경문화**를 동시에 지니고 있어 이동과 여행은 필수적인 행위였다. 이는 동북아시아를 일대로 많은 역사와 유적을 남긴 것으로 확인된다.

특히, **고조선**에 이르러 천인사상과 홍익인간에 대한 이념은 제정일치적 통치를 갖게 함으로써, **참성단**을 쌓고 정기적으로 이곳을 참배하는 과정에서 여행의 가치를 인식하게 되었다.

삼한시대는 주산물의 이동이나 두레[11]와 같은 협력을 기반으로 자연재해를 극복하고, 돌림병과 같은 재난에 대하여 상호 개방적으로 난민을 수용하므로 장기적 또는 일시적 이동은 매우 활발하게 진행되었다.

하지만 우리의 경우 고대국가의 성립과정에서 삼국(고구려, 백제, 신라)으로 분할된 것은 원활하지 못한 이동의 한계성을 지니게 하였다. 또, 한반도의 지리적 여건인 산맥 중심으로 나눠진 **고대 삼국사회**는 유사한 언어를 사용하며 비교적 자유로운 이동이 가능하였지만, 열악한 도로망과 원시적 교통수단, 통치적 이념과 문화의 차이에 따른 주변과의 적대적 갈등으로 일반적인 이동이 억제되었다.

우리 역사 속에는 외세의 침입에 따른 숱한 피란과 섬지역 주민에 대한 소개정책(거제도, 고려~조선), 토지의 수탈 등은 이동을 불가피하게 하였으나, 이를 진정한 의미의 여행이나 관광으로 보기는 어렵다.

이와는 달리, 한국의 관광역사는 신라 화랑도의 자연명소를 찾아 호연지기를 기르는 **순회여행**과 시인, 묵객의 **풍류여행** 그리고 불교신도의 **봉축행사** 참가 및 타국으로의 **유학**과 견문을 위한 여행, 국제교류를 위한 **사절단**과 사신의 파견 등은 여행과 관광의 의미를 지니게 하였을 것이다.

특히, 삼면이 바다로 이어진 우리의 경우, 어부의 해난사고 등은 새로운 지역으로의 이동이 되었고 이는 **표해록**[12]으로 남겨져 있다.

---

11) 원시적 유풍인 공동노동체 조직이며 농촌사회의 상호협력과 감찰을 목적으로 조직된 마을 단위
12) 漂海錄 : 최부, 장한철, 문순득 등

우리문화에서 서민들의 여행과 관광은 주변마을의 민속행사 참여, 천렵과 뱃놀이, 계절에 따른 유흥, 노동피로를 풀기위한 유락 등을 살펴볼 때 어느 정도 문화 속에 정착해 있었던 것으로 보인다.

그러나 진정한 의미에서 우리나라의 관광산업의 기회는 6·25 전쟁 이후 **유급휴가제**13) 실시와 **근로기준법** 제정, 당시의 교통부에 **관광과가 신설**14)되는 등 제도적 변화로 시작되었다.

(1) 1950년대(관광 여명기)

1957년 교통부가 **국제공공관광기구(IUOTO)**15) 정회원 가입과 1958년 **태평양·아시아관광협회(PATA)** 준회원으로 가입하였으며, 1961년 **관광사업진흥법**이 제정·공포됨으로써 한국관광의 기틀을 다진 시기다.

(2) 1960년대(관광 조성기)

1962년에는 국제관광공사법이 제정되어 **국제관광공사**(현 한국관광공사)가 설립되었으며, 1964년 교통부 육운국의 관광과가 **관광국**으로 독립되어 독자적인 관광행정을 수행하게 되었다. 더불어 1965년 관광분야 국제회의인 **PATA**16) 총회가 서울에서 개최되며, 1960년대는 한국 관광산업의 기반조성과 국제관광객 유치를 위한 체제정비기가 되어 주었다.

---

13) 1953년
14) 1954년 2월
15) 1925년 헤이그에서 설립된 '공공여행기관연맹(International Union of Official Travel Organizations)'. 세계관광기구의 모태가 됨.
16) PATA : Pacific Area Travel Association 태평양지역관광협회. 아시아·태평양 연안 관광사업자들간에 상호 관광 관련 정보교환 및 친선도모를 위해 1951년 설립

(3) 1970년대(관광 성장기)

1970년대에 들어와서는 국립공원과 도립공원이 지정되었으며, 아시아관광협회(ASTA), 동남아시아관광협회(EATA) 등의 국제적 관광기구에 가입하여, 국제협력의 기반을 구축하고, **경부고속도로** 개통[17], **보문단지 조성**[18] 등으로 관광의 광역화에 기여했다.

그리고 **관광진흥기금** 설치[19], **관광기본법**[20] 제정 등을 통해 관광진흥과 관광지개발에 노력을 기울였으며, 1978년에는 외래관광객 100만 명을 돌파하였다.

(4) 1980년대(관광 도약기)

1980년대는 한국 관광문화의 틀을 잡는 데 큰 기여를 한 시기로 볼 수 있다. 1983년 '관광목적의 50세 이상 해외여행 자유화'에 이어, 1985년에는 국제부흥개발은행, 국제통화기금 세계총회를 개최하였다. 1986년에는 관광진흥법을 전면 개편하고, 아시아경기대회(1986), 서울올림픽대회(1988) 등을 개최함으로써 국민관광객은 1억 6000여명, 외래관광객은 180여만명을 넘어섰다. 1980년대는 관광기회의 평준화, 대중화, 대량화를 이룩한 시기였다.

1989년 1월 1일부터는 대한민국 국민은 자유로이 외국으로 관광을 할 수 있는 자유가 시작되었으며, 전국민 **해외여행 자유화 시대**에 진입하였다. 해외여행 자유화 조치 이전에는 여권만 있어도 특별대우를 받았다. 하지만 여행자유화로 우리나라 국민은 어느 때라도 외국으로 갈 수 있게 되었다.

(5) 1990년대(관광 침체기)

1990년대에 들어와 정부는 1980년대의 여세를 몰아, 1993년 108개국이 참가한 '대전엑스포'를 개최하였고, 1994년 '서울정도600년'을 맞아 **'한국방문의 해'**를 설정하여

---

17) 1971년
18) 1979년
19) 1972년
20) 1975년

외래관광객을 유치하는 데 더욱 심혈을 기울였다. 그러나 1991년 이후 관광수지가 적자로 돌아서자 해외여행을 바라보는 시선도 곱지 않았으며, 해외여행은 외화 낭비의 주범으로 몰렸다.

이 시기에 등장한 **'어글리 코리안(Ugly Korean)'**이란 말은 우리의 관광문화에 대한 반성이었다. 1996년 출국자 수는 464만 명에 달했다.

그러나 1997년 12월 외환위기로 해외여행 열기가 식었으며, 여행사의 도산과 경쟁적으로 김포공항에 취항했던 외국계 항공사도 축소되었다.

(6) 2000년대(관광 부흥기)

2001년에는 **인천공항**이 개항되면서 대한항공·아시아나항공이 장거리 노선을 적극 개척하였으며, 외환위기 이후 한국을 떠났던 외국계 항공사도 되돌아왔다.

이 무렵부터 관광보다는 휴양을 중시하는 여행문화가 나타나, 필리핀 세부, 태국 푸껫, 인도네시아 발리 등 동남아시아의 유명한 휴양지로 가는 관광객이 급증하였다.

2000년대 중반에는 대기업부터 **주5일 근무제** 실시에 따른 해외여행 시장이 다시 활성화되었다. 주말을 활용한 직장인의 해외여행이 본격화된 것이다. 일본의 도쿄와 오사카, 중국의 홍콩과 상하이 등 가까운 도시를 주말을 이용해 다녀오는 1박3일 또는 2박3일 상품이 큰 인기를 끌었으며, 심지어 무박 해외여행도 나타났다.

1992년 한·중 수교 이후 백두산과 만리장성이 한국인의 주요 여행지였다면, 2008년 미국 비자면제 프로그램이 시행된 뒤로는 하와이 등 관광지의 폭이 넓혀지기 시작했다.

그러나 **사스(SARS), 쓰나미, 신종플루**와 **미국 9·11 테러** 등은 관광산업의 악재로 큰 변수가 되었고, 특히 **2008년 미국 금융위기**는 1990년대 외환위기와 유사한 충격이 되기도 하였다.

(7) 2010년대(신 관광기)

개별자유여행(FIT)[21]을 중심으로 급속히 개편된 2000년대 이후 관광의 경향은, 2013년 해외여행자의 70%가 개별자유여행자로 분석된다.

인터넷의 발달과 미국의 대형 **온라인여행사**(익스피디아, 아고다 등)가 들어오면서 온라인으로 호텔을 직접 예약하는 사례가 늘고, **저비용항공사(LCC)**[22]의 선택도 증가되었다.

현재의 젊은 세대는 획일적인 여행을 거부하는 경향을 보이고 있다. 더불어 외국인들과 함께 하는 '**다국적 배낭여행**'도 인기가 높으며, **유스호스텔과 민박**을 찾는 경향이 증가하고 있다.

한국인은 관광만을 위해 외국에 나가지 않는다. 여행의 목적이 쇼핑, 예술, 트레킹, 미식, 온천, 크루즈 등으로 다양해지고 세분화되는 추세며, 장소(where)보다 그곳에 가서 무엇(what)을 할 것인가로 관광의 목적이 변하고 있다.

특히, SNS(Social Network Services/Sites)를 활용한 개인여정의 **실시간 중계** 증가와, **숙박공유사이트**나 **다국적 여행 프로그램** 등 현지인과 어울리는 여행 프로그램이 젊은 층을 중심으로 확산되고 있는 분위기다. 더불어 여행과 관광의 시기가 전통적인 휴가시즌을 벗어나 연중현상으로 나타나고 해외여행의 일상화 시대에 진입한 것으로 보인다.

뿐만 아니라, 국내여행에 있었어도 **체험과 경험**을 위주로 하는 경향이 강하게 나타나고 있으며, 올레길 등의 **걷기와 명상**의 선호도가 높아지고 있어, 전형적이고 전통적인 관광이나 여행은 큰 변화를 맞고 있다.

최근의 국내 또는 국외의 관광트렌드는 경험과 체험이 그 중심이다

21) FIT : Foreign Independent Tour 개인으로 하는 여행 및 여행자로서 항공권, 호텔, 교통편 등을 여행사에 맡기지 않고 직접 개인이 준비하는 여행

22) Low Cost Carrier

8 여행과 관광의 개념

(1) 여행의 개념

여행(travel)[23]은 관광과 유사한 의미를 지닌 것으로 '일이나 유람을 목적으로 다른 지역이나 외국에 가는 일'로 정의할 수 있다.

따라서 여행에는 출장, 유학 등의 업무적 성격을 지닌 것과, 일상의 책임이나 책무나 의무와는 달리 자유로운 유람도 포함된다. 즉, 여러 목적으로 다양한 이동을 하고는 원래 상주하고 생활화는 위치 즉, 현재 자신이 살고 있는 곳으로 되돌아온다는 전제로서 이동을 모두 포함하는 의미다.

한편, 다시 되돌아올 것을 전제로 하지 않는 다른 지역으로의 이동, 예를 들어 이사나 이민 등과 같은 행위는 여행이라고 할 수 없다.

여행은 원래의 위치로 되돌아오는 것을 전제로 한 다양한 형태의 이동을 의미한다

여행과 관광은 인류가 원시시대를 지나 신석기시대부터 정착생활을 하면서 생겨난 개념이다. 인류는 정착생활을 하면서도 일정한 공간을 거주지로 두고 생활수단을 구하기 위한 교역, 성지순례(종교), 축하(사절단, 사신 등), 축제와 스포츠(고대 올림픽 참가 등) 등의 목적으로 이동이 필요하였으며, 이 과정에서 여행과 관광이 시작되었다.

이런 측면에서 보면 초기 인류 역사상 여행과 관광은 생업과 성직자를 비롯한 상류층의 특수계층에만 한정적으로 허용된 현상에 불과하였다. 그러나 비교적 근거리에 해당하는 다른 지역을 대상으로 볼 땐, 종족간의 혼인이나 장례에 참여하기 위한 이동은 여행과 관광의 한 형태가 된다.

23) 旅行

하지만 근세 이전에는 먼 거리를 이동할 수 있는 교통수단이 발달하지 못하였으며, 식당이나 숙박시설의 미비, 주변국과의 갈등과 심지어 전쟁과 분쟁 등에 따른 치안불안, 정보의 부재, 이질적 언어에 따른 소통의 곤란 등은 여행과 관광의 큰 장애요인이 되기도 했다.

우리의 경우, 삼국의 분란과 부족의 갈등으로 쉽게 먼 지역으로의 이동은 사실상 불가한 일로 여겨졌다. 더불어 서민의 경우 자유롭게 이동할 수 없는 신분적 제약이 여행과 관광의 제약요소이기도 하였다.

근대까지의 여행은 주로 귀족계급이나 양반의 휴양이나 유람, 성직자와 선지자 등의 종교행사, 성지순례, 유학, 선진지식의 전수가 주류였다. 물론 이 과정과는 달리 교역 상인들의 상거래에 따른 무역 목적도 큰 의미에서 여행이나 관광에 해당한다. 이때 이동경로와 수단은 해상의 경우 선박, 육상의 경우는 도보나 낙타, 말 등을 이용하였으며, 이들은 사용함에 있어 매우 열악한 서민의 여행과 관광은 무리한 행위로 여겨졌다.

오늘날과 같이 일반인이 자유롭게 여행과 관광을 하게 된 것은 **산업혁명 이후**라고 할 수 있다. 산업혁명 이후 교통수단을 비롯한 각종 산업의 발달, 중산층의 출현과 이들의 가처분 소득 증가로 인해 관광과 여행의 수요는 급격하게 증가되었다. 특히 **제2차 세계대전 이후** 항공기의 상용화와 국제정세의 안정, 국제적 교류와 교역의 성장 등은 여행과 관광으로 이어져 매우 대중적 산업으로 성장하게 되었다.

(2) 관광의 개념

관광은 **관국지광**[24]에서 유래된 것으로, 타 지역이나 다른 국가의 문물, 문화 등 다양한 볼거리를 탐색하고 탐구하는 것으로 여러 곳을 이동하면서 하는 유람을 의미한다.

일반적으로 관광객을 **투어리스트(tourist)**라고 하며, 이는 여러 곳을 이동하며 여행한 후, 자신의 거주지로 다시 돌아오는 것을 전제로 한다.

---

24) 觀國之光 : 이 표현은 중국 주나라 시대 '역경' "**관국지광 이용빈우왕** 觀國之光 利用賓于王"이란 것에서 시작되었다. 이는 다른 나라의 동향을 보기 위해 여러 나라를 순회 여행하는 이동의 개념과, 타국을 순방하여 그 나라의 토지, 풍속, 제도, 문물 등의 관찰을 하는 견문의 확대 및 통치의 설계라는 국가 행정 목적의 3개 요소를 내포하고 있다. 그러나 현대용어로서의 관광의 개념은 유럽에서 건너왔다고 볼 수 있다.

관광산업은 보이지 않는 무역으로서 무역외수지의 하나를 이룬다

관광산업은 외국과의 문화교류나 국제친선에 큰 도움이 된다. 국내적으로는 국민의 보건증진이나 교양의 향상에 공헌할 뿐만 아니라 국민경제를 발전시켜 지역 간의 격차를 개선시켜 준다.

관광은 다른 지역이나 다른 나라의 풍속, 풍광을 자유롭게 유람하는 일이다

결국, **관광**은 이러한 다양한 형태의 여행 중에서 생계, 생업활동을 위한 업무와 출장, 유학 등의 목적이 아닌, 보다 자유로운 유람의 형태로 다른 지역의 자연경관과 문화를 돌아보기 위한 여행을 의미한다. 결국 관광이란 일상 생활권을 떠나 다른 지역의 다양한 자연현상과 문화를 자유롭게 돌아보는 것이다.

(3) 관광의 구성체계

- 관광주체 : 관광객(자)
- 관광객체 : 관광대상
- 관광매체 : 관광기업(교통수단 및 각종 정보 등)

관광이 성립되기 위한 가장 기본적인 구성요소는 관광하는 사람 즉 **관광주체**, 관광대상(관광지 및 관광시설, 방문지 등)이 되는 **관광객체**, 관광주체와 관광객체를 이어주는 **관광매체**로 여기에는 교통수단이나 각종 알선과 정보제공이 포함된다.

그리고 관광의 주체와 객체, 매체를 둘러싼 관광환경이 있다. **관광환경**은 국내외의 경제적·정치적·사회적 환경, 각종 정책과 제도, 문화, 질병과 기후 그리고 각종 산업환경 등으로 **안전한 관광, 지속가능한 관광, 사회적 관광**을 달성하기 위해 서로 유기적으로 연결되어 있다.

관광의 **구성요소와 환경**은 관광이 대중화되기 전에는 매우 단순한 구조였다. 그러나 삶이 다양해지고 생활이 복잡해진 현대에 이르러선 관광을 둘러싼 환경과 관광의 구성요소들도 복잡하고 다양한 양상을 보이고 있다. 시대 흐름에 따라 구성요소의 특징과 범주도 변화하는 것은 물론이며 상호 간의 경계가 모호하여 구별하는 것이 곤란한 경우도 있다.

(4) 관광과 산업

인류의 역사는 생산의 역사다.

생산이란 "**인간이 생활하는 데 필요한 각종 물건을 만들어 내는 것**"이란 의미로, 인간의 욕구에 필요한 많은 물품과 용역을 만들어 내는 행위를 의미한다.

이는 인간이 사회생활을 영위하기 위해 또는 여러 목적을 달성하기 위하여 많은 **재화(물자와 용역)**를 필요로 한 것에 원인이 있다.

물자 · 물품이란 자연계로부터 얻어진 물질적인 것들을 가공, 조립, 변형, 제조 등 물리적 변화나 화학적 변화의 일련의 과정을 통해 이뤄지는 것으로 물질적인 것이다.

용역은 물질적 재화의 생산 이외의 생산이나 소비에 필요한 노무 즉 근로에 관련한 것으로, 일반적으로 개인과 타인을 위하여 행하는 봉사적 활동을 뜻한다. 이를 경제학에서는 토지·자본·노동이라는 각 생산요소나 정부 등이 재화를 생산하거나 또는 직접 인간의 욕망을 충족시키고자 하는 전반적 봉사활동을 의미한다.

관광산업은 재화를 생산한다는 측면에서 생산의 한 유형이다

관광산업은 재화 중에서도 용역을 중심으로 하는 산업으로 현재 모든 국가와 지역에서의 주요 관심 산업으로 인식되고 있으며, 다양한 정책과 노력으로 최대의 재화를 획득하려한다.

1차 산업

- 천연 자원을 직접 이용하는 경제 부문으로 원시산업
- 농업, 임업, 어업, 광업, 원유추출 등 원재료를 채취하는 생산

2차 산업

- 생산, 건설과 같이 완성된 산물을 만들어내는 경제 부문
- 제조공업, 토목 건축업 및 전기·가스 공급업 등
- 1차 산업의 산출물을 통해 새로운 완성된 제품 제조
- 경공업과 중공업

3차 산업

- 서비스, 관광 산업
- 교통, 상업, 무역, 관광업, 운수, 통신, 금융, 보험, 물류유통 등
- 발전된 국가는 1, 2, 3차 산업이 균형 있게 발전
- 경제발전에 따라 3차 산업 비중 증가

대부분의 선진국은 3차 산업의 비중이 높다. 그러나 반드시 그렇지 않는 측면도 있으며, 이는 경제가 발전할수록 선진국들은 탈공업화 사회로 나아가 생산과 고용의 측면에서 제조업의 비중이 감소하고 서비스업의 비중이 높아지는 후기산업사회 혹은 정보화 사회로의 특징을 보인다.

인터넷을 비롯한 정보통신이 발달함에 따라 경제 활동의 공간제약이 줄어들고 서비스업의 발달이 촉진되는 현상은, 산업구조가 고도화 될수록 서비스업의 비중은 높아지는 것을 의미한다고 볼 수 있다.

◒ 4차 산업

- 지식산업
- 정보·지식 산업의 진전과 더불어 발전
- 사회문화 수준이 높아짐에 따라 정보·지식을 자본으로 한 기업
- 미국의 경우, 국민총생산(GDP)의 1/3 지식산업

◒ 5차 산업[25)]

- 지식과 정보를 초월하여 즐길 수 있는 문화적 요소를 생산
- 오락, 패션, 레저사업 등 삶을 즐기기 위한 진보적 산업

◒ 6차 산업

- 농촌에 존재하는 모든 유무형의 자원을 바탕으로 1차 산업인 농업 및 식품과 2차 산업인 특산품 제조가공, 3차 산업인 유통 판매, 문화, 체험, 관광, 서비스 등을 연계한 산업
- 새로운 부가가치를 창출하는 활동
- 창의력, 상상력, 과학기술, ICT 융합을 통한 새로운 시장과 산업 육성으로 양질의 많은 일자리 창출을 위한 경제 패러다임
- 농업생산물에 창의력과 상상력을 더한 다양한 형태의 가공 상품(식품, 의약품, 건강식품, 생활용품 등)과 관광 체험 서비스 상품

---

25) 5, 6차 산업 : 21세기 이후 구분

(5) 우리나라의 최근 10대 관광트렌드[26)]

관광 트렌드	내용
1. 관광 시장의 지형 변화	• 중국인의 해외여행이 증가하면서 전 세계가 중국 관광시장의 규모와 잠재력에 주목 • 외국 관광객에 대한 수용태세를 지속적으로 개선
2. 관광의 경계파괴	• 산업 전반의 융합 트렌드 가속화 • 새로운 융합관광 영역의 발굴·육성, 융합관광 콘텐츠 확충을 위한 정책
3. 관광의 기본 가치 변화 (3S: Safe, Sustainable, Social)	• **안전한(Safe)관광, 지속가능한(Sustainable)관광, 사회적(Social)관광** • 관광지원이 취약계층과 민간영역으로 확대되면서 관광기업의 사회 공헌 활동(CSR[27)]) 강조
4. 모바일 주도의 새로운 관광생태계	• 관광객의 정보접근성이 인터넷과 스마트폰을 통해 급속히 확대 • 관광산업 전반에서 디지털 및 소셜 미디어 시대로의 전환에 대처하기 위한 방안 마련
5. 즐거운 불편함과 휴양중심 (OR : Outdoor Recreation) 여행	• 자전거, 등산 등 친환경 레저스포츠를 지향하는 수요의 지속적 증가 • 아웃도어 레저스포츠 시장 환경변화
6. 지역의 숨겨진 매력을 찾아 떠나는 여행	• 최근 관광소비의 대상이 지역의 명소 중심에서 마을, 시장, 골목 등 일상의 생활공간으로 확대 • 지역민이 관광의 주도적인 역할을 하고, 관광을 통한 이익이 지역에 환원되는 지역관광 생태계 조성
7. 여유로움과 행복을 추구하는 여행문화(슬로우 트래블)	• 공감, 위안, 치유 등 힐링이 사회문화 코드로 부상 • 여유와 느림을 컨셉으로 한 체류형 관광 인프라 구축
8. 스스로 결정하고 떠나는 DIY[28)] 여행	• 진화하는 인터넷 환경과 스마트폰의 이용으로 개별여행 증가 • 독특한 경험을 중시하는 개별여행객의 수요에 부합하는 프로그램 개발
9. 관광 신소비층(중장년) 부상	• 4050세대의 배낭여행 증가 • 중장년층의 여행문화를 고려한 세부시장별 관광자원 및 상품 개발
10. 저가형·실속형 관광소비 (Cheap Chic)	• 경기 불황으로 소비의 내실화를 추구하는 관광객 증가 • 저성장 시대 관광산업의 지속적인 성장을 위한 혁신

26) 한국문화관광연구원 한국관광정책 제59호(2015)

9 미래관광

(1) 미래관광 5대 트렌드[29)]

최근의 관광트렌드는 관광수요 다양화와 형태 변화 등의 패러다임 변화에 따라 관광과 다른 산업간 융·복합화를 지향하는 **관광기술**(T2 : Tourism Technology)을 적용한 다양한 관광 상품이 출현하고 있다.

관광기술은 관광 상품개발에서 전달에 이르는 가치사슬의 각 단계마다 부가가치를 더해주는 공학적 틀을 의미한다. 이러한 변화는 기업중심의 공급환경 변화에 의해서도 촉발되지만 관광객의 형태변화에 의해서도 유발되면서 다면적으로 복합적인 양상으로 전개되고 있다.

따라서 관광의 미래트렌드 변화를 파악하여 선제적으로 대응함으로써 우리의 관광산업의 질적 수준을 제고할 수 있는 모멘텀[30)]을 모색해야 하고, 하루가 다르게 급변하는 관광트렌드의 변화 속에서 향후 지속적으로 강화될 것으로 보이는 미래관광에 대한 분석이 필요하다.

1) 에코 힐링투어

현재는 방송, 책, 음악 등에서 힐링(Healing)을 말하고 주제로 삼는 시대다. 신관광트렌드로 **힐링투어**가[31)] 떠오르면서 관광은, 여행을 통한 삶의 질 향상이라는 고유한 가치를 가지고 있기 때문에 관광 소비 행위에도 건강을 고려하려는 경향이 점차 높아지고 있다.

최근 **모든 것을 내려놓는 여행**이 부상하고 있다. 내려놓는 여행은 그동안 생활을 중심으로 돌보지 못했던 자신의 마음 이야기를 듣는 등 스스로에게만 집중하는 여행

27) 기업의 사회적 책임 Corporate Social Responsibility
28) Do It Yourself
29) 한국관광신문 2012.8.3
30) Momentum. 변화의 근거. 운동량이나 움직이고 있는 물체 등의 추진력
31) 2012년

이며, 보는 관광이 아닌 쉼과 치유만이 여행의 목적이다.

또, 지친 몸과 마음을 달래기 위한 치유 여행을 떠나는 20~30대 여성들이 늘어나고 있는 추세다. 이에 따라 힐링투어의 일환으로 각종 명상여행 상품이 대량으로 소개되고 있다.

이런 현상으로 천년고찰의 산사에서 지내는 **템플스테이, 숲 속 캠핑**, 홀로 떠나는 **무인도 여행**, 낯선 곳을 천천히 걷는 등 **힐링투어**에 적합한 여행지들이 주목 받고 있다. 힐링을 주제로 한 휴가상품이 확산됨에 따라 **순례여행**에 대한 관심도 부상하고 있다.

2) 스마트 관광

웹, SNS(소셜네트워크), 스마트폰 등을 통해 일상정보를 생활에 적극 활용하는 **스마트 라이프**가 관광 소비 플랫폼과 형태를 변화시키고 있다. 여행을 할 때도 이와 같은 전자제품에 의존해 가족·친구와 공유하는 사람들이 늘어나고 있으며, 이를 통해 갖게 되는 다양한 정보는 **정보소비자**에서 **정보생산자**로서의 기능도 겸하게 한다.

이미 **스마트폰**은 여행 시 '꼭 가져가야 할 필수품'으로, 책, CD 플레이어, 지도 등에서, 최근에는 휴대전화와 태블릿PC 등 최신 전자제품이 필수품목이 되었다. 이러한 현상은 발전한 **앱**[32]에 의한 개인 관광 시 가장 큰 장애가 되는 언어에 따른 의사소통, 현지 정보 확보 등의 문제를 모바일 기술을 이용해 해결이 가능해졌기 때문이다. 특히 대부분의 여행지에서 무료로 제공되는 **와이파이**[33] 통신망의 확대나 무제한 통신망 사용 등은 이의 발전을 가속화하고 있다.

나아가 이러한 경향은 여행기나 답사기 등을 SNS를 통해 공유하면서 그곳의 위치, 외형적 특색, 분위기, 가격 등 다양한 정보를 게시하고, 장단점 및 특징들을 나름으로 분석한 결과를 올리며, 셀카(셀프카메라)를 통해 찍은 사진들도 함께 올려 현장감과 신뢰성을 높이는 효과를 제공하고 있다. 이들은 **주목세대**(타인의 시선과 주목을 즐기는 세대)로 불리며 새로운 트렌드로 등장했다.

---

32) 휴대폰이나 스마트폰 등에 다운받아 사용할 수 있는 응용프로그램 application의 준말
33) WI-FI : Wireless Fidelity 무선접속장치(AP: Access Point)가 설치된 곳에서 전파를 이용하여 일정 거리 안에서 무선인터넷을 할 수 있는 근거리 통신망 기술

3) 체험학습 관광[34)]

여가의 가치가 증대되며 색다른 체험으로 자기계발을 가능하게 하는 교육관광 콘텐츠가 확산되면서 체험학습관광이 주목받고 있다.

체험학습관광은 단순히 보고 즐기는 관광에서 벗어나 스스로 손과 몸을 움직여 직접해보고 배우는 관광을 의미한다. 이는 문화체험, 생활체험, 생태체험, 특이체험 등으로 구분되며, 최근에는 문화, 생활, 생태체험 등이 관광시장에서 큰 반응과 관심을 보이고 있다.

또, 학습 욕구가 높고 경제력을 갖춘 **중장년**(senior) 세대의 비중이 증가하면서 배우면서 즐기는 **러닝 베이케이션(Learning Vacation)**이 관심을 받고 있으며, 다양한 경험이나 모험에 도전하는 활동적 성향의 관광객인 **트라이투어슈머(Trytoursumer)**[35)]가 각광을 받고 있다.

여가의 가치가 증대되면서 색다른 체험을 통해 자기계발을 추구하고자하는 관광객 대상의 교육관광 콘텐츠가 확산되어야 한다. 이를 위해 어학, 기업연수관광, 체험형 수학여행 등과 같은 교육관광의 비중을 증가시키고, 체험을 통해 자연스럽게 배우는 학습 캠프와 홈스테이 프로그램을 개발하여야 하며 새로운 관광산업화가 필요하다.

또, 스쿠버다이빙, 번지점프, 열대우림체험 등 **모험 레포츠** 향유가 관광의 주목적으로 급부상함에 따라 스쿠버다이버 자격증 등 레포츠 자격증을 따러 떠나는 여행 상품도 각광을 받고 있다.

4) 대중문화관광

미디어의 발달로 문화 확산 속도가 빨라짐에 따라 건축물, 고미술품 등 전통 문화 유산뿐만 아니라 대중문화도 관광의 주요 콘텐츠로 부상하고 있다.

우리의 **K-POP문화**는 인기연예인 아이돌이나 걸그룹의 공연을 직접 보기위한 한국 방문과 영화나 드라마의 주요 촬영지를 직접 답사하는 것으로 이어지고 있으며, K-POP를 활용한 상품을 개발해 외국관광객들의 선호도에 맞추려는 작업을 진행하고 있다.

---

34) Edutainment

35) 트라이투어슈머 : '시도하다(Try)'와 '관광(tourism)' 그리고 '소비자(consumer)'의 합성어로 타문화를 보는 것에 만족하지 않고 직접 체험하고 즐기고 싶은 문화관광 소비자

특히, 세트장, 촬영지 등을 관광 상품화하는 **영화관광**(Film induced Tourism)의 인기에 따라 해당지역의 관광객 유치는 큰 과제로 부각하고 있다. 요르단의 고대도시 페트라는 영화 **인디아나존스**[36] 촬영지로 유명해지며 연간 100만 명의 관광객이 방문하는 명소가 되기도 했다.

또한 현지를 직접 방문해 현대문학 및 대중음악 작가의 흔적과 작품 배경을 돌아보고 콘서트를 관람하는 등의 대중문화 관광 상품이 등장하고 있다.

소설 **빨강머리 앤**의 배경인 캐나다의 프린스에드워드 섬은 연간 100만 명 이상의 관광객이 찾는 문화관광의 명소다.

대중문화가 관광산업의 중요한 수단으로 떠오르면서 각국은 대중문화를 관광산업 육성을 위한 주요 수단으로 활용하고 있다.

5) 공정(착한)여행

여행이 자기만족적인 소비가 아니라 지역주민과 그 공동체에 도움이 되는 방향으로 변화해야 한다는 인식이 확산되고 있다. 소비적 여행이 남기는 환경오염, 문화훼손, 관광업 종사자의 인권침해, 왜곡된 관광문화 등에 대한 반성은 공정여행의 시작이 되었다.

공정여행은 여행자와 여행대상국의 국민들이 평등한 관계를 맺는 여행으로, 자신의 즐거움을 위해 자연과 사람을 파괴하는 대신 현지의 경제, 환경, 문화를 존중하고 보호하며 자신도 성숙하거나 성장하는 여행방식이다. 1980년 대 후반부터 관광의 새로운 가치로 주목을 받기 시작하였으며, 1989년 영국에서 기존 관광개발의 문제를 반성하는 **투어리즘 컨선**(Tourism Concern) **운동**이 출현했다.

우리의 경우도 이에 대한 상품을 선보이고 있으며 앞으로도 지속적으로 강화될 전망이다.[37]

---

36) 1989년
37) 사회적 기업인 '트래블러스맵(www.travelersmaps.co.kr)' 은 2009년부터 국내외 다양한 공정여행 상품을 선보임.

한편, 장기적 미래관광으로 **우주관광**을 준비하고 있다.

우주여행은 2020년쯤 우주정거장처럼 지구 주변을 도는 우주호텔로의 여행으로 발전할 전망이다. 최근 미국의 경우, 시애틀에서 우주 기업인들이 대거 참가해 열린 '뉴 스페이스 2018' 콘퍼런스에서 인간의 상업적 우주 비행을 우주시대의 새로운 트렌드로 꼽았으며, 인류는 이제 하늘의 달을 보듯 우주 공간에서 지구를 구경하거나 무중력 상태를 체험할 수 있게 됐다고 밝혔다. 이와 함께 재활용이 가능한 로켓으로 위성 발사 비용이 줄어들면서 우주는 이제 다양한 서비스의 공간이 되고 있다.

일본의 시미즈사 역시 고도 4백50 km 상공에 지름 1백40 m의 도넛 모양 호텔을 2010년까지 건설할 계획을 세웠다. 이에 따르면 객실 64개, 레스토랑, 스포츠 스타디움 등을 갖추고 분당 3회전하는 원심력으로 인공중력을 만들 것이라 한다. 이런 인공중력은 여행객들이 둥둥 떠다니지 않고 지구 위처럼 편하게 생활할 수 있게 할 것이다.

10 관광주체

(1) 관광객

관광객은 경영학적 측면에서 경제적 대상 또는 관광경영학적 관점의 대상이 되는 것으로, 관광상품을 구매하는 구매고객을 기업적 입장에서 인식하는 경우에 해당된다. 관광객은 관광의 수요자이면서 소비자가 되고 관광시장을 형성하는 요소가 된다.

(2) 관광객 유형

1) 단체 대중관광

- 단체 패키지를 이용
- 잘 알려진 유명 관광지 중심 관광
- 다른 관광객들과 함께 행동
- 사전에 일정이 결정되어 개인 여유가 없음

2) 개별 대중관광

- 단체여행을 하면서 얼마간의 자유시간 제공
- 단체 대중관광에 대한 변형

3) 탐험 관광

- 예약과 여행준비를 직접 준비
- 다른 관광객들과 의도적으로 접촉을 피함
- 현지 주민과 상호작용
- 모험을 즐기고 새로움 추구
- 편안함과 안전함을 요구

4) 현지 해결형 관광

- 결정한 여정의 계획 없이 현지 도착 후 숙박 및 다음 목적지를 검토
- 일반적인 관광시설과 서비스를 제공받지 않는 경향

5) 자연추구형 관광

- 자연환경의 보전에 대한 필요성을 지닌 자연체험
- 보존과 개발의 갈등을 극복하려는 새로운 관광 개념
- 생태관광, 녹색관광, 저소비 저환경영향 관광
- 책임관광, 대안관광 등

6) 문화체험형 관광

- 최근 급증하는 유형
- 자유시간 중시
- 주제에 대한 장기간 지속성 유지
- 역사, 문화, 예술 등 체험

7) 테마관광

- 특별한 주제와 흥미 추구
- 이색 주제 선호
- 차별성 요구
- 새로운 트렌드로 부상

11 관광심리

(1) 관광객 심리와 행동

1) 전형적인 관광심리

- 동질성, 신기함 추구
- 일상생활 탈출
- 자연에서 편안함 도모
- 대중추세 추종성
- 책임감 부재
- 관광경험에 대한 자부심과 우월감
- 볼거리 중심
- 편하고 안락한 관광 추구

2) 신세대 관광심리

- 이질성을 지니고 활동적 관광
- 일상의 일부분으로 인식
- 스스로 계획·결정
- 이해와 공존을 의식하며 환경파괴를 줄이고 공정한 관광추구
- 여행자체를 즐김
- 관광지의 이용시설 등을 중시
- 모험적이고 경험적 관광
- 현지 환경을 중시하고 불편함 극복
- 특별한 의식의 관광목적

3) 여행에 따른 관광자의 심리변화

긴장감 높음	해방감 높음
주거지	관광지
개인형	단체형
교양형	위안형

해방감이 높으면 공공의 관광지에서 돌발적 행동을 보이거나 관광버스 내에서 음주가무를 하는 경향이 발생한다. 특히 자신이 거주하는 공간에서 벗어났다는 탈출감과 익명성이 보장되었다고 여기므로 거침없는 행동 등을 일으킬 소지가 많다. 이는 타인을 무시하는 배려 없는 행동으로 이어질 수 있으므로 관광심리분석에서 유념해야한다.

4) 심리욕구와 관광행동

매슬로우[38]는 인간의 심리를 5단계로 설명하였다. 이는 관광객을 위한 심리적 분석에 활용된다.

생리적 욕구(Physiological Needs)는 기본적이고 가장 강력한 욕구로서 유기체의 생존과 유지에 관련되며, 인간의 생존을 위한 필요한 음식, 물, 공기 등에 관한 생리적 욕구다.

안전의 욕구(Safety Needs)는 질서 있고 안정적이며 존립을 확보할 수 있는 세계에 대한 유기체의 욕구다. 이의 만족을 위해 안전, 보호, 질서, 공포와 불안으로부터의 자유 등이 요구된다.

소속과 애정(Belonging/Social Needs)의 욕구는 인간이 사회적 동물임에 따른 것으로, 개인은 다른 사람과의 친밀한 관계, 연인 관계를 맺기 바라며 특별한 집단에 소속되기를 바라는 욕구다.

38) 에이브러햄 매슬로우(1908~1970. Abraham H. Maslow) : 미국의 심리학자·철학자. 인본주의 심리학의 창설을 주도. 욕구 5단계설 주장

존경의 욕구(Esteem Needs)는 자아존중에 대한 것으로 타인으로부터도 존경받기를 요구한다. 자아존중을 이루기 위해 유능함, 자신감, 성취, 독립, 자유 등이 요구되며, 이의 욕구를 충족시킨 사람은 자신의 힘과 가치에 대하여 확신을 지닌다.

자아실현의 욕구(Self-actualization Needs)는 자신의 모든 잠재력과 능력을 인식하고 충족시키려는 것으로 가장 높은 수준의 욕구다.

매슬로우 욕구단계	심리적 욕구	관광적용사례	관광관련 행동
자아실현 욕구	자아완성, 삶의 보람으로 진정한 행복 추구	오지답사, 탐험, 취미	자기발견, 자아성찰
존경 욕구	승인, 지위, 명예, 존경에 대한 욕구	고급여행, VIP대접, 개인여행	성공, 성취, 위상
사회적 소속·애정 욕구	애정과 친화를 통한 소속감	유행 관광상품	가족 친목, 동료 등과 인간관계 유지
안전 욕구	위험과 고통으로부터 회피	패키지상품, 호텔숙박, 여행사 이용	건강, 위생, 질서유지
생리적 욕구	식욕, 성욕, 배설, 수면, 게으름, 편함의 추구	먹고 마시며 노는 관광	탈출, 이완, 해소

3부

관광자원

12 관광자원 개념

관광자원에 대한 정의는 관광객의 관광동기나 관광행동을 유발하도록 하는 매력과 유인성을 지니고 있으면서 관광활동을 원활히 하도록 하는 필요한 제반요소를 의미한다.

한편, 보전과 보존 및 보호가 필요한 관광자원이 지닌 가치는 관광객과 시대에 따라 변화할 수 있는 것이며, 관광자의 관광욕구를 충족시켜 주는 유형 혹은 무형의 소재이기에 다양한 견해가 가능하고, 시대적으로 그 대상이 변할 수 있다.

> 관광자원이란 관광의 주체인 관광객으로 하여금 관광 동기나 관광의욕을 일으키게 하는 목적물인 관광대상이다

그러나 이제까지는 관광대상이 될 수 없었던 자원도 관광트렌드의 변화나 대중관광의 보급과 함께 새로운 관광자원으로 각광을 받을 수 있으며, 이와는 달리 관광매력을 상실해 잊혀지는 자원도 있다.

따라서 유형물이나 무형물 또는 인공물이나 자연물은 그 시점에 관광객을 유인할 수 있고 관광수입을 올릴 수 있는 경제성을 띠고 있으면 관광자원으로 볼 수 있다. 관광자원 중에는 특히, 자연적 자원이나 문화적 자원은 자연적 파괴나 인위적 파손 및 훼손을 입기 쉬운 것이 많아, 보존과 보전의 노력이 병행되어야 한다.

우리나라는 자연풍경지를 보호하고 국민의 보건휴양 및 정서생활의 향상에 기여함을 목적으로 공원법이 제정·공포[39]되었고, 이후 **자연공원법·도시공원법·문화재보호법** 등에서 관광자원의 보호와 보존을 규정하고 있다. 특히 **자연보호 헌장**[40]이 선포되어 민·관의 지속적이고 범국민적인 자연보호운동을 전개하고 있다.

나아가 세계적 운동인 자연환경보전 활동에 호응하여 제정[41]한 **자연환경보전법**은, 관광진흥이 직접적 목적은 아니지만 아름다운 자연과 생태계를 보전함으로써 관광에 기여하는 반사적 이익을 기대할 수 있게 하였다.

---

39) 1967년
40) 1978년 10월 5일
41) 1991년 12월

관광자원은 자연상태를 전제로, 있는 그대로의 관광자원과 인위적인 관광자원으로 구분된다. **자연 관광자원**은 인위적인 가공 등의 개발을 하지 않고 자연 그대로 관광자원의 가치를 지닌 자원이다. 한편, **인위적 관광자원**은 인공적인 수단을 투입하여 관광욕구에 적합하게 만들어진 자원이다.

일반적으로 관광자원은 개발이라는 인공수단을 가함으로써 비로소 관광대상이 되는 추세였으나, 최근의 자연 생태관광 등에서와 같이 자연성을 보존한 것도 그 가치를 충분히 인정받고 있다.

자연 관광자원 인위적 관광자원
자연 관광자원 인문 관광자원

이와는 달리, 관광자원을 자연 관광자원과 인문 관광자원으로 구별할 수도 있다. **자연 관광자원**은 산악, 구릉, 바다, 섬, 강, 호수, 숲, 늪, 수목, 식물, 동물, 온천 등을 포함한다. **인문 관광자원**은 문화적, 사회적 자원으로서 건조물, 건축물, 사적 및 사적지, 예술품, 민속, 문화적 시설, 관광시설, 유형·무형의 문화재 등을 포함한다.

관광자원의 분류[42]	
유형 관광자원	• 자연자원 : 천연자원, 인문자원, 동식물 등 • 문화자원 : 유적, 사적, 사찰, 공원 등 • 사회자원 : 풍속, 행사, 축제, 예술, 교육, 스포츠 등 • 산업자원 : 공업단지, 유통단지, 광업소, 농장, 목장, 백화점, 대형쇼핑몰, 아울렛 등 • 레크리에이션자원 : 캠프장, 수영장, 놀이시설, 대공원 등
무형 관광자원	• 인적자원 : 국민성, 풍습문화, 관습, 예절 • 비인적자원 : 종교, 신앙, 사상, 철학, 역사, 음악, 미술, 공예 등

이와는 달리 오늘날에는 자국의 산업수준을 외국 관광객에게 인식시켜 경제·무역 및 기술교류에 직접·간접으로 기여시키는 **산업관광**(industrial tourism)이 발달함에 따라 공장 등 산업시설들도 **산업관광자원**으로 인식되고 있다. **거제의 대형 조선소, 포항의 제철 공장** 및 **울산의 자동차 산업단지**와 공장은 우수한 산업관광자원인 셈이다.

대규모 관광 레크리에이션 수요의 급증에 대비한 **레크리에이션 자원** 등도 있다.43)

문화재보호법에 따른 문화재 분류	
문화재 자원	• 유형문화재 : 건축물, 전적지, 고문서, 회화, 조각, 공예품 • 무형문화재 : 연극, 음악, 무용, 공예기술, 천연염색 등 • 기념물 : 패총, 고분, 고인돌, 성지, 궁지, 요지, 유물포함층 발굴지, 경승지, 동식물, 광물 등 • 민속자료 : 의식주, 생업, 신앙, 연중행사, 풍속, 관습, 가옥 등
박물관	• 소장품

산업적 관광자원	
농업자원	• 관광농원, 농장, 목장, 어장, 임업, 광업 등
공업자원	• 공장시설, 기술, 생산 공정, 생산품 전시, 후생시설 등
상업자원	• 재래시장, 대형마트, 백화점, 전시회, 박람회 등

42) 한국관광공사
43) https://m.blog.naver.com/PostList.nhn?blogId=wkddmsal8508

자연적 관광자원의 유형	
산지자원	• 자연감상, 휴식기능 : 경관미, 피서, 피한 등 • 운동·오락기능 : 등산, 스키, 암벽등반, 수렵, 캠프 • 교육기능 : 생태계 관찰, 수련장 등
해안자원	• 휴식기능 : 해수욕, 피서, 낚시 • 교육기능 : 해중수족관, 생태환경, 훈련, 교육캠핑, 갯벌 • 교통기관 활용기능 : 유람선, 요트, 보트 등
온천자원	• 요양기능 : 온천욕, 치료 • 휴식기능 : 온천욕 • 운동·오락기능 : 부대시설, 인근 관광자원과 연계
하천자원	• 문화공간 : 도시 스포츠, 야외행사, 지역축제, 모래놀이 • 교통기관 이용기능 : 유람선, 보트, 요트 • 교육기능 : 생태계 관광

관광 레크리에이션 자원	
주제공원 분류 (테마파크)	• 놀이테마파크, 민속테마파크, 예술테마파크, 생물테마파크, 과학테마파크, 창조테마파크, 수학테마파크 등
자연공간에 따른 분류	• 주제형 : 동물, 식물, 어류, 정원 등 • 활동형 : 리조트, 바다, 산, 강, 온천 등
도시공간에 따른 분류	• 주제형 : 산업, 과학, 풍속, 구조물 등 • 활동형 : 스포츠, 놀이, 건강, 예술, 이색거리 등

관광자원의 가치결정 요소

- **접근성** : 목적지의 접근 편리성으로 관광객 행동에 영향이 큼
- **매력성** : 관광을 유인할 수 있는 흡인력, 관광자원의 집중도에 따름
- **이미지** : 여행·관광의 참여를 유도하는 동력으로 개인 또는 집단의 신념
- **관광시설** : 목적지의 관광자원에 대한 가치와 밀접
- **인프라(하부구조)** : 교통수단과 시설, 편의제공(전기, 통신, 의료, 안내 등)

관광자원의 개발방법

- 교통수단과 교통망 시설
- 숙박·식당 시설
- 관광자원 조성 및 정비
- 편의·안전시설
- 제반 부대시설
- 선전·광고 등 홍보

관광자원은 본래 그 자체로서 관광적 가치를 지니고 있어도, 인공적인 관광자원 개발의 과정을 필요로 한다. 이의 이유는 관광개발은 자연경관 등 상당한 관광가치를 지니고 있으면서도 일반에게 그리 알려져 있지 않은 지역을 대상으로 이루어지는 경향이 높기 때문이다.

(1) 자원입지적 분류

클로슨(Clawson)의 입지에 따른 분류
• 이용자중심형 지역 • 중간형 지역 • 자원중심형 지역

이용자중심형 지역은 일상생활에서 쉽게 접근할 수 있는 소규모 공간 또는 시설지역으로 지역주민의 생활권에 위치하며 이용자의 활동이 중심인 지역이다.

중간형 지역은 거주지에서 1~2시간 정도 소요되는 거리에 위치하면서 이용자의 활동과 자연자원의 매력도가 대등한 가치를 지닌 지역이다.

자원중심형 지역은 해당 지역의 자연자원의 매력을 우선으로 하는 지역으로 관광활동보다는 자원의 질적 가치 보존이 중시되는 지역이다.

위락시설
• **일반유흥음식점** : 단란주점, 유흥주점, 주점 등 • **무도·유흥음식점** : 무도장과 무도학원, 콜라텍 등 • **특수목욕탕** : 사우나, 증기탕, 복합 목욕탕 등 • 유기장업법에 의한 유기·기원 이와 유사한 것으로 근린생활시설에 해당하지 않는 곳으로 공중오락과 건전성을 도모할 수 있는 곳, 기원, 오락실 등 즐겁게 놀며 장난할 수 있는 설비를 갖춘 곳 • **투전기업소** : 카지노 등 주화·지폐 또는 대용품을 투입하여 우연의 결과에 따라 재물 등이 배출되어 이용자에게 재산상 이익 또는 손실을 주는 기기를 갖춘 곳

(2) 이용상 분류

이용측면의 분류
• 고밀도지역 • 일반지역 • 자연환경지역 • 특수경관지역 • 야생지역 • 문화유적지역

이용 또는 이용자의 측면에서 **어떤 관광활동을 통하여 어느 정도 다양한 관광경험이 제공**되고 있는가에 따라 관광자원을 분류하는 방식[44]이 있다.

이는 관광자의 이용유형에 따라 고밀도 관광지역, 일반 관광지역, 자연환경지역, 특수경관지역, 야생지역, 문화유적지역 등으로 분류하는 것이 가능하다.

(3) 보전적 분류

다스만(Dasman)의 관광자원보전적 측면에 따른 분류
• 인류학적 가치보전지역 • 역사·고고학적 가치보호지역 • 자연보호지역 • 다목적 이용지역 등

44) 미국관광자원조사위원회

(4) 자원성격 및 토지이용단위에 따른 분류

건(Gunn)의 자원성격과 토지이용에 의한 분류
• 자연적 자원 : 자연자원 의존형 • 문화적 자원 : 문화자원 의존형 • 인공적 자원 : 인공시설 의존형

건(C. A. Gunn)은 자원의 성격이 자연적인가 문화적인가 또는 인공적인가로 구분하고, 다시 토지이용단위를 기준으로 관광자원이 토지의 어떤 특성에 의존하여 관광매력을 보유하는 가를 파악하여 자연자원의존형, 문화자원의존형, 인공시설의존형의 자원으로 구분하였으며, 숙박의 유무에 따라 주유형 관광자원과 체재형 관광자원으로 구분하였다.

자연자원 의존형 자원은 해변, 일반경관지역, 휴양지, 자연적 주유관광 지역 등이며, **문화자원 의존형 관광자원**은 고고학적유적, 박물관, 역사유적, 성지 등이다. **인공시설 의존형 관광자원**은 콘서트장, 도시캠핑장, 테마파크, 호텔, 축제 퍼레이드 등이 해당된다.

주유형 관광자원은 숙박을 하지 않고 장소를 이동하며 즐기는 자원으로 축제, 쇼핑, 도심지 등이 해당한다.

체재형 관광자원은 숙박을 하면서 그 주변의 관광자원을 향유하는 휴양지, 캠프장, 관광목장 등의 자원을 의미한다.

(5) 한국관광공사의 구분

한국관광공사의 분류
• 유형관광자원 - 자연적 관광자원 - 문화적 관광자원 - 사회적 관광자원 - 산업적 관광자원 - 관광·레크리에이션 자원 • 무형관광자원 - 인적 관광자원 - 비인적 관광자원

유형관광자원은 산, 바다, 호수 등의 휴양지와 건축물, 사적(역사유적지), 예술품 등이며, **무형관광자원**은 언어, 풍속, 종교, 제례, 음악, 무용 등과 같은 예술적 기능과 인공물을 만드는 기술 등이다.

13 국립공원

(1) 정의 및 지정방법

국립공원은 자연경치와 유서 깊은 사적지 및 희귀한 동식물을 보호하고 국민의 보건·휴양·교화 및 정서생활의 향상에 기여할 목적으로 지정한 해당 국가의 풍경을 대표하는 수려한 자연풍경지다.

국립공원의 정의
국토의 경치가 좋은 대표적 경승지를 골라 국민의 보건·휴양 및 정서생활의 가치향상에 기여할 목적으로 국가가 지정하여 관리하는 공원

우리나라의 국립공원 지정은 관계 부처나 청과 협의하고 관할시·도지사의 의견을 통해, **국토건설종합개발심의회**의 심의를 거쳐 **환경부장관**이 지정한다. 환경부 장관은 공원의 효율적인 보호와 이용을 도모하기 위하여 공원계획을 결정한다.

환경부장관은 국립공원을 지정하려는 경우에는 **자연공원법**(제4조제2항)에 따른 조사결과 등을 토대로 국립공원 지정에 필요한 서류를 작성하여 법에 따른 절차를 차례대로 거쳐야 한다. 국립공원의 지정을 해제하거나 구역 변경 등 대통령령으로 정하는 중요사항을 변경하는 경우에도 또한 같다.[45)]

주요 절차로는 주민설명회 및 공청회의 개최, 관할 특별시장·광역시장·특별자치시장·도지사 및 특별자치도지사 또는 시장·군수 또는 자치구의 구청장의 의견 청취, 관계 중앙행정기관의 장과의 협의 등이다.

45) 자연공원법(개정 2016. 5. 29.)

(2) 국립공원의 구분

국립공원 구분
• 자연보존지구 • 자연환경지구 • 농어촌지구 • 집단시설지구 등

자연보존지구는 모든 자원이 원시적으로 보전되어 있으며 동식물 또는 천연기념물이 훼손없이 잘 보존되어, 역사 및 학술상의 가치가 있고 보호할 필요가 있는 지역이다.

자연환경지구는 자연보존지구·농어촌지구·집단시설지구를 제외한 일반 국민의 관광 및 휴양지로서 가치가 높은 지역으로, 조림·조경 등의 시설만을 허용할 수 있는 지역이다.

농어촌지구는 주민에게 필요한 농어업 행위와 그에 준하는 시설만을 할 수 있는 지역이다.

집단시설지구는 공원 이용자의 편의를 제공하거나 공원의 관리와 보호를 위하여 공원 시설 및 숙박 시설의 집단화되어야 할 곳이다.

세계 최초의 국립공원은 미국의 옐로스톤(Yellowstone) 공원으로 1872년 지정되었다. 이를 계기로 여러 나라도 국립공원을 지정하고 자연보호와 개발을 하는 특별기구를 설치하였다. 이후 미국은 1890년 요세미티(Yosemite), 1919년에 그랜드캐니언(Grand Canyon)을 지정하였으며, 현재는 대략 33개소에 이른다. **일본**은 1933년 운센·아소·닛코[46] 등을 국립공원으로 지정하였다.

우리나라는 1963년에 지리산지역개발위원회가 설치되고, **1967년**에 공원법의 제정 및 공포를 통해 **지리산**이 **최초의 국립공원**[47]으로 지정되었다. 최근에는 2016년 **태백산국립공원**이 지정되며 **22개소**의 국립공원이 있다.

46) 雲仙, 阿蘇, 日光 : 일본의 주요 화산지, 온천 휴양지
47) 1967년 12월 29일

자연공원
• 국립공원 • 도립공원 • 군립공원 • 지질공원

우리의 **국립공원**은 자연생태계, 자연 및 문화경관을 대표할 만한 지역으로서 절차에 따라 지정된 공원이며, 이에 준하는 도립공원, 군립공원 등이 있다.

도립공원은 도 및 특별자치도의 자연생태계나 경관을 대표할 만한 지역으로서 자연공원법에 따라 지정된 공원으로, 국립공원에 준하는 자연풍경을 보호하고 이용할 목적으로 자연공원법에 따라 지정한 자연공원이다. 도립공원 계획은 특별시장, 광역시장, 특별자치시장, 도지사 등 광역자치단체가 지정한다.

광역시립공원은 특별시·광역시·특별자치시의 자연생태계나 경관을 대표할 만한 지역으로서 지정된 공원을 의미한다.

군립공원은 군의 자연생태계나 경관을 대표할 만한 지역으로서 지정된 공원을 말한다. 시·군 및 자치구에서 관내의 자연 생태계나 경관을 대표할 만한 지역을 지정, 관리하는 공원이다. 국내에서는 전라북도 순창군 강천산이 1981년 처음으로 군립공원으로 지정되었고, **경남**에는 고성군 상족암군립공원, 하동군의 봉명산군립공원, 거창군의 거열산성군립공원 등이 있다.

군립공원이라고 해서 반드시 군 지역에 소재한 것만을 가리키진 않으며, **시 혹은 자치구에서 지정, 관리하는 공원 역시 군립공원으로 통칭**된다. 국립공원, 도립공원에 비해 인지도가 낮다 보니, 대부분 해당 지역 내지 인접 지역 주민들만 알고 있는 경우가 많다.

시립공원은 시의 자연생태계나 경관을 대표할 만한 지역으로 남산공원, 북서울꿈의숲, 양재시민의숲, 여의도공원, 사육신묘, 광주어린이대공원, 선유도공원 을 의미하며, **구립공원**은 자치구의 자연생태계나 경관을 대표할 만한 지역으로서 관계법에 따라 지정된 공원이다.

지질공원은 지구과학적으로 중요하고 경관이 우수한 지역으로서 이를 보전하고 교육·관광 사업 등에 활용하기 위하여 자연공원법에 따라 환경부장관이 인증한 공원이다.

한편, **공원시설**은 자연공원을 보전·관리 또는 이용하기 위하여 공원계획에 따라 자연공원에 설치하는 시설(공원계획에 따라 자연공원 밖에 설치하는 진입도로, 주차시설 또는 공원사무소를 포함)로서 대통령령으로 정하는 시설을 의미한다.

(3) 우리나라의 국립공원[48)]

1) 가야산국립공원

경상남도 북쪽의 남부내륙 산간지역에 위치한 명산으로 1972년 국립공원 제 9호로 지정되었다. 가야산은 예부터 해동의 10승지 또는 조선 팔경의 하나로 이름이 높았으며, 공원 면적은 76.256 ㎢다. 주봉인 상왕봉(1,430 m)이 소의 머리를 닮아 우두봉[49)]으로 불리기도 하며, 가야산에는 암석(회장암[50)])으로 이뤄진 산악경관과 화강암으로 이뤄진 하천경관이 공존하고 있다. 불교의 성지인 가야산은 해인사와 팔만대장경, 홍류동계곡 등의 뛰어난 명승고적과 자연경관으로 예로부터 뛰어난 지덕을 갖춘 산으로 여겨졌다.

2) 경주국립공원

우리나라에서 **유일한 사적공원**인 경주국립공원은 지리산에 이어 두 번째로 1968년 지정되었다. 불교문화의 백미인 불국사, 석굴암을 품에 안은 토함산과 불교노천박물관으로 불리는 남산을 비롯해 8개 지구의 136.55 ㎢ 면적부분이다. 잘 보존된 신라 문화 유적과 조화로운 자연경관 때문에 역사 교육의 장으로 많은 사랑을 받고 있다. 또한 1979년 유네스코가 지정한 세계 10대 유적지 중 하나로 그 가치를 인정받고 있다.

48) 한국국립공원관리공단
49) 牛頭峯
50) 달 표면을 이루는 암석. 철흑색 또는 갈흑색을 띠고, 조흔색은 갈색으로 아금속광택을 가진다. 자철석과 비슷하지만 자성은 없다. 주요한 크롬광석이며, 주로 감람석·사문암 등의 초염기성암 속에 큰 덩어리 또는 조립으로 산출된다.

3) 계룡산국립공원

충남의 명산 계룡산국립공원은 1968년 지정되었으며 면적은 65.335㎢다. 계룡산 정상인 천황봉(845 m)을 중심으로 10개의 봉우리 사이에 약 7개의 계곡이 형성되어 있다. 산의 능선이 닭의 벼슬을 쓴 용의 모습과 닮아 계룡으로 불리었다. 계룡산은 산세가 아늑하면서도 변화무쌍하고 서울, 대전 등 대도시에서도 일일 탐방이 가능해 연중 탐방객의 발길이 끊이지 않는다. 풍수지리학적으로도 뛰어나 조선의 수도로도 거론되었으며 나라의 제사를 지내던 신성한 산이기도 하다.

4) 내장산국립공원

호남 5대의 명산 중 하나이자 한국을 대표하는 8경 중 하나로 손꼽히는 곳으로 1971년 우리나라 8번째 국립공원으로 지정되었다. 면적은 80.708㎢다. 신선봉(763 m)을 주봉으로 하는 내장산은 봉우리들의 높이가 700 m 내외지만 봉우리 정상이 저마다 독특한 기암으로 이루어져 있어 예로부터 **호남의 금강**이라 불렸다. 내장산은 원래 본사인 영은사의 이름을 따서 **영은산**으로 불리다가 산 안에 감춰진 것이 무궁무진하다고 하여 불리게 되었다.

5) 다도해해상국립공원

서남 해안과 해상 지역에 흩어져 있는 우리나라 최대 면적의 국립공원으로, 1981년 14번째 국립공원으로 지정되었으며 면적은 2,266.221㎢(육지 291.023㎢, 해상 1,975.198㎢)다. 따뜻한 해양성 기후 영향으로 생태적 보존가치가 높은 상록수림이 존재하며 과거 화산활동으로 형성된 섬과 기암괴석들은 독특한 아름다움으로 보존의 가치가 높다. 또한 신라시대 장보고가 건설한 해상왕국과 조선시대 충무공 이순신이 왜적을 격파한 전적지가 곳곳에 남아 있다.

6) 덕유산국립공원

백두대간의 중심부에 위치한 덕유산은 1975년 10번째 국립공원으로 지정되었다. 행정구역은 전북 무주군과 장수군, 경남 거창군과 함양군 등 영호남을 아우르는 4개 군에 걸쳐 있으며, 총 229.43㎢의 면적이다. 백두대간의 중심부에 자리 잡고 있는 덕유산국립공원은 동쪽의 가야산, 서쪽의 내장산, 남쪽의 지리산, 북쪽의 계룡산과 속리산 등으로 둘러싸여 있다. 덕유산은 남한에서 네 번째로 높은 산(향적봉 1,614 m)으로 아고산대 생태계의 보존가치 또한 높으며, 북쪽으로 흘러가는 금강과 동쪽으로 흐르는 낙동강의 주요 수원지다.

7) 무등산국립공원

무등산은 광주와 전남의 진산이자 호남정맥의 중심 산줄기로 2013년 3월, 우리나라의 21번째 국립공원으로 지정되었다. 전체 면적은 75.425㎢다. 해발 1,187 m의 무등산은 '비할 데 없이 높고 큰 산' 또는 '등급을 매길 수 없을 정도의 고귀한 산'이라는 의미를 지니고 있다.

최고봉인 천왕봉을 중심으로 서석대, 입석대, 광석대 등 수직 절리상의 암석이 석책을 두른 듯 치솟아 장관을 이룬다. 봄에는 진달래, 여름에는 참나리, 가을에는 단풍과 억새, 겨울에는 설경 등 사계절 생태경관이 뚜렷하며, 멸종위기야생생물 수달, 하늘다람쥐, 으름난초 등이 서식하는 우수한 생태계를 자랑한다.

8) 변산반도국립공원

변산반도국립공원은 1971년 12월에 전북 부안군 변산면 일대 구릉지를 중심으로 도립공원으로 지정되었다가, 수려한 자연경관, 육상과 해상의 다양한 자연자원 및 역사문화자원의 보존가치를 인정받아 1988년 6월 11일 에 19번째 국립공원으로 승격되었다.

변산반도국립공원은 육상의 대자연과 해상의 청정함을 아우르는 우리나라 유일의 반도형 국립공원이다. 내변산의 직소폭포, 의상봉, 쇠뿔바위와 외변산의 채석강, 적벽강, 고사포 해변 등 산과 바다를 아우르는 아름다운 자연경관이 있다.

9) 북한산국립공원

국립공원으로서는 세계적으로 드문 도심 속의 자연공원인 북한산 일대는 1983년 국내 15번째 국립공원으로 지정되었다. 면적은 76.922㎢로 우이령을 경계로 북쪽으로는 도봉산지역, 남쪽으로는 북한산지역으로 나뉜다. 북한산국립공원은 화강암 지반이 침식되고 오랜 세월 풍화되면서 곳곳에 깎아지른 바위봉우리와 그 사이로 흘러내리는 아름다운 계곡들을 이루고 있다. 또, 2,000년의 역사가 담긴 북한산성을 비롯한 수많은 역사, 문화유적과 100여 개의 사찰, 암자가 위치하여 다양한 볼거리를 제공함과 동시에 역사 문화 학습의 장이 되고 있다.

10) 설악산국립공원

1970년 우리나라에서 다섯 번째 국립공원으로 지정된 곳으로, 1965년 천연기념물로 지정되기도 하였다. 국제적으로도 그 보존 가치가 인정되어 1982년 유네스코로부터 생물권보전지역으로 지정·관리되고 있는 지역이다. 설악산국립공원의 총면적은 398.237 ㎢에 이르며 행정구역으로는 인제군과 고성군, 양양군과 속초시에 걸쳐 있고, 인제 방면은 **내설악**, 한계령에서 오색으로의 방면은 남설악 그리고 속초시와 양양군 일부, 고성군으로 이루어진 동쪽은 **외설악**이라고 부른다. 설악산은 주봉인 대청봉을 비롯하여 소청봉, 중청봉, 화채봉 등 30여 개의 높은 산봉우리가 웅장하게 펼쳐져 있다.

11) 소백산국립공원

1987년 18번째 국립공원으로 지정되었으며 면적은 322.011 ㎢로 지리산, 설악산, 오대산에 이어 산악형 국립공원 가운데 네 번째로 넓다. 해발 1,439.5 m인 비로봉을 중심으로 국망봉(1,420.8 m), 연화봉(1,383 m), 도솔봉(1,314.2 m) 등이 백두대간 마루금[51] 상에 솟아있다. 퇴계 이황이 "울긋불긋한 것이 꼭 비단 장막 속을 거니는 것 같고 호사스러운 잔치 자리에 왕림한 기분"이라며 소백산 철쭉의 아름다움을 묘사한 것처럼, 수많은 탐방객이 봄철 소백산국립공원을 방문하고 있다. 겨울이면 장중한 백두대간 위에 설화가 만발한다.

12) 속리산국립공원

1970년 국내 6번째로 국립공원으로 지정되었으며, 예로부터 제 2금강 또는 소금강이라 불릴 만큼 경관이 빼어나다. 총 면적 274.766 ㎢의 속리산국립공원은 충북과 경

51) 마루금 : 산마루끼리 연결된 선(마루 : 산마루, 금 : 선), 산의 능선(마루)을 따르는 선

북의 여러 지역에 걸쳐 바위로 이루어진 산으로, 주요 봉우리인 천왕봉과 비로봉, 문장대는 백두대간의 장엄한 산줄기를 잇고 있어 암봉과 암석이 노출된 산능선의 암릉이 잘 발달되어 있다. 속리산에는 많은 산들이 접해 있으며, 남쪽의 천왕봉(1,058 m)을 중심으로 비로봉, 문장대, 관음봉 등 8개의 봉우리가 활처럼 휘어져 뻗어나간다.

13) 오대산국립공원

1975년 11번째 국립공원으로 지정되었으며 면적은 326.348 ㎢다. 해발 1,563 m의 비로봉을 주봉으로 동대산(1,434 m), 두로봉(1,422 m), 상왕봉(1,491 m), 호령봉(1,561 m) 등 다섯 봉우리가 병풍처럼 늘어서 있고 동쪽으로 따로 떨어져 나온 노인봉(1,338 m) 아래로는 천하의 절경 소금강이 자리하고 있다. 서쪽에는 설경이 아름다운 계방산(1,577 m)이 위치하고 있다. 오대산국립공원은 우리나라 문수신앙의 성지이자 조선왕조실록을 보관하였던 오대산 사고[52]가 있던 역사적 장소로 백두대간의 중추로 생태적 가치가 높은 장소다.

14) 월악산국립공원

1984년 17번째 국립공원으로 지정되었으며 면적은 287.571 ㎢다. 소백산을 지나 속리산으로 연결되는 백두대간의 중간에 위치하고 있는 월악산은 기암절벽이 치솟아 산세가 험준하고, 예로부터 신령스러운 산으로 여겨져 주봉은 영봉(1,097 m)으로 불린다. 만수봉, 금수산, 신선봉, 도락산 등 22개가 넘는 크고 작은 산과 봉우리를 거느리고 있다. 충북 제천시, 단양군, 충주시와 경북 문경시가 접해 있으며 수도권에서 가깝고 충주 호반과 어우러진 탐방지로 사계절 탐방객의 발길이 끊이지 않는 곳이다.

15) 월출산국립공원

1988년 20번째 국립공원으로 지정되었다. 호남정맥의 거대한 암류가 남해바다와 부딪치면서 솟아 오른 화강암이 오랜 세월이 지나면서 지금과 같은 월출산을 만든다. 월출산의 면적은 56.22 ㎢로 비교적 작지만 다양한 동·식물이 분포하며, 국보를 비롯한 수준 높은 문화유산을 보유하고 있다. 월출산의 정상은 천황봉(809 m)으로 신라

52) 조선전기 춘추관, 성주, 충주, 전주. 임란 후 춘추관, 오대산, 태백산, 적상산, 마니산(후엔 정족산)

때부터 하늘에 제사를 지낸 곳으로 알려져 있다. 천황봉을 중심으로 북쪽과 동쪽은 큰 바위가 굵직한 능선줄기 위에서 웅장한 풍경을 만들어 내며, 남쪽과 서쪽지역은 크고 작은 바위들이 마치 탑을 이룬 듯한 형상을 하고 있다.

16) 주왕산국립공원

1976년 우리나라 12번째 국립공원으로 지정되었으며, 면적은 105.595㎢다. 주왕산은 뛰어난 풍광을 보이는 암봉과 깊고 수려한 계곡이 빚어내는 절경을 간직한 영남 제1의 명승지다. 주왕산(720.6 m)을 중심으로 태행산(933.1 m), 대둔산(905 m), 명동재(875 m), 왕거암(907.4 m) 등의 산들이 말발굽형으로 자연성곽 같은 멋진 산세를 이루고 있으며, 7천만 년 전의 용암이 흘러내리면서 굳은 회류 응회암으로 이루어져 특색 있는 경관을 보이며 우리나라의 3대 암산 중 하나로 손꼽힌다.

17) 지리산국립공원

1967년 최초의 국립공원으로 지정된 지리산은 경남의 하동, 함양, 산청, 전남의 구례, 전북의 남원 등 3개 도, 5개 시군에 걸친 483.022㎢의 가장 넓은 면적을 지닌 산악형 국립공원이다. 둘레가 320여km나 되는 지리산에는 무수한 봉우리가 천왕봉(1,915 m), 반야봉(1,732 m), 노고단(1,507 m)을 중심으로 병풍처럼 펼쳐져 있으며, 20여 개의 능선 사이로 계곡들이 자리하고 있다. 이질적인 문화를 가진 동과 서, 영남과 호남이 서로 만나는 지리산은 단순히 크고 골이 깊고 땅이 넓은 것을 너머 역사의 숱한 고비와 한국적 정서가 서린 곳이다.

18) 치악산국립공원

한반도 중부지방 내륙산간에 위치한 치악산은 1984년 우리나라 16번째 국립공원으로 지정되었다. 공원면적은 175.668㎢로, 주봉인 비로봉(1,288 m)을 중심으로 동쪽은 횡성군, 서쪽은 원주시와 접하고 있다. 치악산은 남쪽 남대봉과 북쪽의 매화산 등 1,000 m가 넘는 고봉들 사이에 가파른 계곡들이 자리해 예로부터 산세가 뛰어나고 험난하기로 이름이 높다. 고속도로망과 철도가 발달하여 접근성이 뛰어나고, 수도권에서 1일 탐방이 가능한 근거리에 있어 많은 탐방객들이 쉽게 치악산국립공원을 방문하고 있다.

19) 태백산국립공원

태백산은 1989년 도립공원으로 지정된 후, 2016년 우리나라의 22번째로 지정된 국립공원이다. 전체면적은 70.052㎢며 천제단이 있는 영봉(1,560 m)을 중심으로 북쪽에 장군봉(1,567 m) 동쪽에 문수봉(1,517 m), 영봉과 문수봉 사이의 부쇠봉(1,546 m) 등으로 이뤄져 있으며, 최고봉은 함백산(1,572 m)이다. 태백산은 오랫동안 제천의식을 지내던 천제단과 한강의 발원지인 검룡소 등 풍부한 문화자원과, 야생화 군락지인 금대봉과 덕산 구간, 만항재, 장군봉 주변의 주목 군락지, 세계 최남단 열목어 서식지인 백천계곡 등 다양하고 뛰어난 생태경관을 보유하고 있다.

20) 태안해안국립공원

태안해안국립공원은 1978년 우리나라 13번째 국립공원으로 지정되었다. 태안반도와 안면도를 남북으로 아우른 230㎞의 해안선에 27개의 해변이 펼쳐지며, 전체 면적은 377.019㎢다. 예로부터 큰 자연재해가 없고 온화한 기후와 풍부한 먹거리로 삶이 고단하지 않아 지명을 태안이라고 하였다. 리아스식 해안을 따라 펼쳐진 갯벌과 사구, 기암괴석과 크고 작은 섬들이 서해 특유의 아름다운 경관을 자랑한다. 태안해안국립공원은 다양한 해안생태계가 공존하는 국내 유일의 해안형 공원으로 보전가치가 매우 크다.

21) 한려해상국립공원

한려해상국립공원은 1968년 우리나라에서 4번째이자 해상공원으로는 최초로 국립공원으로 지정되었다. 경남 거제시 지심도에서 전남 여수시 오동도까지의 300리 바닷길을 따라 크고 작은 섬들과 천혜의 자연경관이 조화를 이루는 해양생태계의 보고다. 상주·금산지구, 남해대교지구, 사천지구, 통영·한산지구, 거제·해금강지구, 여수·오동도 지구의 전체 면적은 535.676㎢며 76%가 해상 면적이다. 가장 아름다운 바닷길로 이름난 한려수도는 71개의 무인도와 29개의 유인도가 점점이 흩어져 있다.

22) 한라산국립공원

남한 최고봉으로 민족의 영산인 한라산은 1966년 한라산 천연보호구역으로 지정된 후, 1970년 국립공원으로 지정되었다. 2002년에는 유네스코 생물권보전지역으로 지정되었으며, 2007년에는 유네스코 세계자연유산으로 등재되었다. 2008년에는 물장오리오름 산정화구호 습지가 람사르 습지로 등록되어 보호 관리되고 있다.

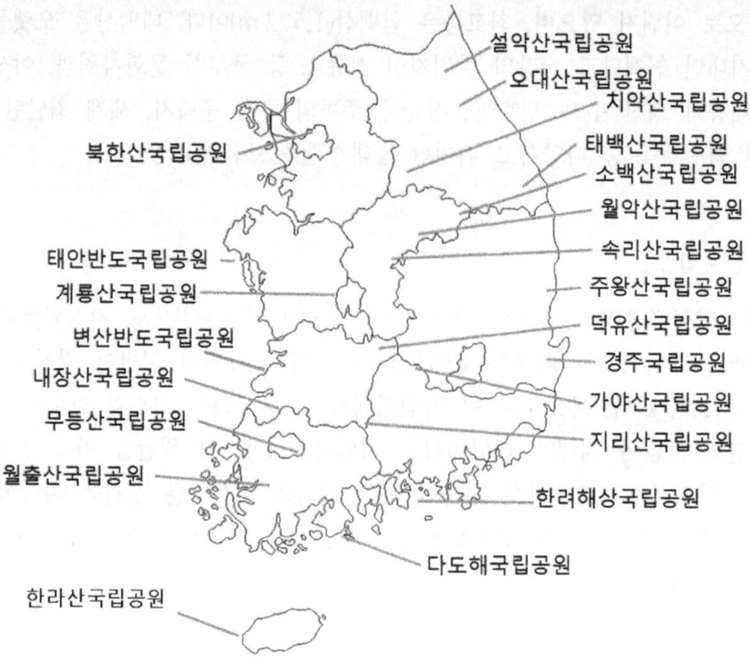

14 문화재

문화재는 고고학, 선사학, 역사학, 문학, 예술, 과학, 종교, 민속, 생활양식 등에서 문화적 가치가 있다고 인정되는 인류 문화활동의 소산물들이다. 1995년 현재의 문화재보호법에 따라 분류하고 있다.

일반적인 개념으로 문화재를 분류하는 방법에는 여러 가지가 있으나, 탑이나 불상, 건조물같이 일정한 형태가 있어서 눈에 보이는 **유형문화재**와 승무, 탈춤, 판소리 등의 예술활동처럼 일정한 형태 없이 눈으로 보이지 않는 **무형문화재**로 나눈다.

문화재보호법[53]에 의한 분류
• 유형문화재 • 무형문화재 • 기념물 • 민속자료

유형문화재는 건조물, 전적[54], 서적, 글씨, 사적, 고문서, 회화, 조각, 탑, 불상, 종, 공예품 등 유형의 문화적 소산으로서 역사상 또는 예술상 가치가 큰 것과 이에 준하는 고고자료를 의미한다.

무형문화재는 연극, 음악, 무용, 공예기술 등 무형의 문화적 소산으로서 역사상 또는 예술상 가치가 큰 것이다.

기념물은 패총, 고분, 성지, 궁지, 요지[55], 유적지, 유물포함층 등의 사적지로서, 역사상·학술상 가치가 큰 것과, 명승지로서 예술적·관상적 가치가 큰 것 그리고 동물, 식물, 광물, 동굴, 경승지 등으로서 학술상 가치를 지닌 것을 의미한다.

53) 1995년
54) 典籍
55) 窯址

민속자료는 의식주, 생업, 신앙, 연중행사 등에 관한 풍속 및 습관과, 이에 사용되는 의복, 옛 가옥 등으로서 민족의 생활상을 이해하는 데 필요한 것으로, 의식주나 신앙, 사회, 놀이, 풍습 등 일상생활과 관련된 도구들이 포함된다.

문화재 구분
• 국보, 보물 • 사적 • 명승 • 천연기념물 • 중요무형문화재 • 중요민속자료 • 보호물 • 보호구역 등

한편, **좁은 의미의 유형문화재**는 민속자료와 기념물을 제외한 경우를 의미하고, 일반적으로 유형문화재라는 것은 좁은 의미를 적용하나 단, 인간의 손을 거치지 않은 자연물은 제외한다.

유형문화재는 다시 지정 여부에 따라 지정문화재와 비지정문화재로 구분할 수 있다.

지정된 유형문화재를 지정 주체에 따라 분류하면 **국가지정 유형문화재**와 **시·도지정 유형문화재** 그리고 **문화재자료**로 구분할 수 있다.

국가지정 유형문화재는 문화재청장이 문화재위원회의 심의를 거쳐 그 속성에 따라 유형문화재는 보물·국보, 기념물은 사적·명승·천연기념물, 민속자료는 중요민속자료로 지정할 수 있다.

시·도지정 유형문화재는 국가가 지정하지 않은 유형문화재 가운데 시장이나 도지사가 시·도 문화재위원회의 심의를 거쳐 지정한 문화재며, **지방유형문화재**, **지방민속자료**, **지방기념물**로 구분하여 지정할 수 있다.

유형문화재

- **지정유형문화재** : 문화재보호법이나 시·도의 문화재보호조례에 의하여 지정된 문화재로서, 그 속성에 따라 유형문화재와 민속자료, 기념물 등으로 구분된다.

- **비지정유형문화재** : 법령에 의하여 지정되지 않은 문화재 중에서 토지 ,해저, 탑, 불상 등에 내장되어 있어 노출되지 않은 **매장문화재**와, 제작된 지 50년 이상 된 **일반동산문화재** 그리고 그 외 향토유적이나 유물 등 보존할 만한 가치가 있다고 판단되는 것을 의미한다.

문화재자료는 국가나 시장이나 도지사가 지정하지 않은 문화재 가운데 향토문화의 보존에 필요하다고 인정되어 시·도 문화재보호조례로 지정한 것을 의미한다.

이와 같이 문화재를 구분하는 방법, 지정 주체 또는 시기 등의 분류기준에 따라 그 종류가 나누어지고 **지정번호**가 붙게 되지만, 엄밀하게 따져볼 때 문화재의 중요도나 가치 및 우수성을 판단하는 기준은 될 수 없다.

□ 최근 문화재등록현황[56)]

유형 \ 연도	2013	2014	2015	2016	2017
등록문화재 건수(계)	594	657	665	681	724
동산	190	229	234	246	253
업무시설	69	75	75	75	75
공공용시설	68	73	73	73	75
종교시설	59	61	64	65	73
교육시설	42	49	49	49	54
주거숙박시설	39	38	38	39	46
인물기념시설	33	33	33	33	42
전쟁관련시설	26	28	28	28	30
산업시설	25	26	26	27	29
기타시설물	17	17	17	17	17
의료시설	13	14	14	14	14
문화집회시설	8	9	9	9	9
상업시설	5	5	5	6	7
문화집회시설	8	9	9	9	9
의료시설	13	14	14	14	14
기타시설물	17	17	17	17	17
산업시설	25	26	26	27	29
전쟁관련시설	26	28	28	28	30
인물기념시설	33	33	33	33	42
주거숙박시설	39	38	38	39	46
교육시설	42	49	49	49	54
종교시설	59	61	64	65	73
업무시설	69	75	75	75	75
공공용시설	68	73	73	73	75
동산	190	229	234	246	253

56) 2017 국가통계포털

☐ 행정구역별 문화재등록현황[57)]

행정 구역별	지정문화재								등록 문화재
	소계	국보	보물	사적	명승	천연 기념물	국가 무형 문화재	국가 민속 문화재	
합계	3,939	331	2,106	500	110	457	138	297	724
서울	997	164	682	67	3	12	28	41	198
부산	71	5	45	5	2	7	5	2	18
대구	88	3	69	8	0	2	0	6	11
인천	66	1	27	18	1	14	5	0	8
광주	23	2	12	2	1	2	1	3	15
대전	17	1	12	1	0	1	0	2	21
울산	19	2	7	5	0	3	0	2	6
세종	4	-	2	0	0	1	0	1	0
경기	302	11	165	69	4	19	12	22	78
강원	188	11	79	18	25	41	3	11	40
충북	183	12	95	19	10	23	3	21	28
충남	249	27	125	50	3	16	4	24	54
전북	196	8	93	36	6	32	8	13	60
전남	383	21	184	45	19	61	15	38	83
경북	670	52	337	99	15	67	9	91	38
경남	308	11	164	51	12	44	14	12	43
제주	85	-	8	7	9	49	4	8	23
기타	90	-	-	0	0	63	27	0	0

* 천연기념물 : 학술 및 관상적 가치가 높아 그 보호와 보존을 법률로써 지정한 동물(서식지 포함)·식물(자생지 포함)·지질·광물과 그 밖의 천연물
* 국가무형문화재 : 연극·음악·무용·공예기술 등 형태가 없는 문화적 소산으로서 역사적·예술적 또는 학술적 가치가 큰 문화재
* 기타 : 연극, 무용, 음악, 공예 기술 따위의 형체가 없는 무형문화재와 동·식물 또는 서식지에 해당하는 천연기념물의 경우 특정 지역을 지정할 수 없는 경우

57) 2017 국가통계포털

15 유형문화재

(1) 국보·보물

국보나 보물은 국가의 보물로 지정될 가치가 있는 것 중에서 제작연대가 오래 되고 시대를 대표하거나, 유례가 드물고 우수하며 특이하거나, 역사적 인물과 관련이 있는 것을 지정한다. 목조건축, 석조건축, 전적, 서적, 고문서, 회화, 조각, 공예품, 고고자료, 무기도구 등이 이에 해당된다.

우리의 경우, 건축물이나 유물 등의 유형 문화재 가운데에 중요한 가치를 지녀 보물로 지정될 만한 문화재 가운데 **인류문화적으로 가치**가 크고 유례가 드문 것, **독특하고 희귀한 것** 등으로 인정되어 **문화재보호법**으로 지정된 문화유산을 말한다.

국보와 보물을 나누는 기준은 특별히 엄격하지 않으며 제작 연도가 오래되었고 그 시대의 표준이 될 수 있는 것이나, 제작 기술이 특별히 우수한 것 등을 **국보**로 지정한다.

다만, 옛 건축물이나 미술품, 공예품들 가운데에서 역사적이거나 미술적 가치를 지닌 중요한 문화재를 **보물**로 지정하여, 국가 차원에서 관리와 보호를 하게 되는데 그 중에서 **특별히 뛰어난 작품들이 국보**로 지정된다. 하지만 명확한 수치나 명문화된 법령으로 정해진 것은 아니다.

제작 연대가 오래되어 그 시대의 표준이 될 수 있는 것이나, 제작 기술이 특별하게 우수하여 비슷한 예를 찾아볼 수 없는 것 그리고 워낙 역사적으로 저명한 인물이 제작하였거나 유서가 깊은 것 등이 지정 대상이다.

국보와 보물의 차이

국보는 각 부문에서 유일한 것을 의미하고,
보물은 대표성을 띠는 것 중에서 지정된다.

한편, **북한**은 국보 51점과 보물 53점을 지정하여 관리하고 있다.

국보나 보물은 관보에 고시한 날로부터 효력이 발생한다. 국보로 지정되면 **문화재보호법**에 의하여 국가의 보호를 받는다. 국보지정의 연혁을 보면, 일제강점기 때는 '조선 보물고적명승 천연기념물 보존령'에 의하여 지정되었고, 1955년에는 보물로 지정되어 있던 유형문화재를 모두 국보로 지정하였으며, 1962년 문화재보호법이 제정·공포되면서 1963년 728점에 이르는 지정문화재 중 116점을 국보로 지정하였다.

지정된 **국보는 321호**[58], 보물은 1,710호에 이르고 있다. 국보의 지정번호는 가치의 높고 낮음을 표시한 것이 아니고 지정된 순서를 말한다. 국보로 지정된 문화재의 내용은 다음과 같다.

(2) 목조건축물

현재 우리나라의 목조건축물은 **고려시대 이전의 것은 남아있지 않다**. 남한에 있는 오래된 건축물로는 고려의 부석사 무량수전, 부석사 조사당, 수덕사 대웅전, 강릉 객사문 등이다. 이들은 모두 **주심포집**에 **배흘림기둥**을 하고 있다. 한편 북한에 있는 고려 건물은 고려 말에 들어온 **다포집 계통**이다.

우리의 경우 고려 건물은 모두 국보로 지정되어 있다.

조선시대의 건물은 다포집이 유행하였다. 조선 전기의 건물들은 고려건축의 기법을 계승하였으며, 송광사 국사전이 대표적인 계승양식이다. 아름다운 벽화를 가진 불전으로 무위사 극락전이나, 성문루의 대표적 건물로 서울 남대문 그리고 판고[59]의 대표적 건물로는 해인사 장경판고 등이 있다.

목탑은 유일한 건물인 법주사 팔상전이 있고, 중층 불전의 대표적인 것으로는 화엄사 각황전이 있으며, 삼층 불전으로 금산사 미륵전 등이 시대와 기법을 대표하는 건축물들이다.

58) 2017년
59) 板庫

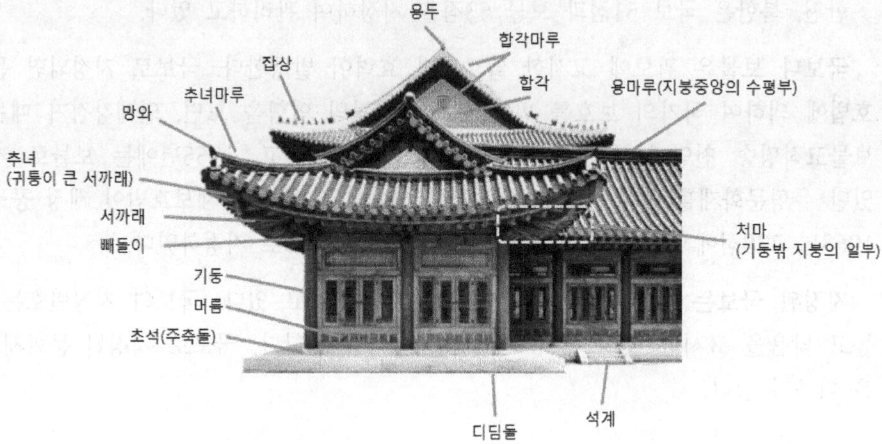

합각

풍판

(3) 탑[60)]

탑은 석탑, 전탑 및 목탑이 국보 또는 보물로 지정되어 있다. **백제석탑**으로는 목탑구조를 석탑으로 조성한 익산 미륵사지석탑과 부여 정림사지 5층 석탑이 있고, 신라의 **분황사석탑**은 전탑구조를 모방한 것이다.

통일신라 석탑은 백제의 목탑구조와 신라의 전탑구조를 결합시켜 발전하였다. 감은사 3층 석탑, 고선사지 3층 석탑 등은 우석, 탱석, 면석 등이 목조구조처럼 별도의 돌로 구성되고, 옥개석 받침은 전탑구조를 모방하였다.

---

60) 불교사전

경남 거제 아주동 3층석탑

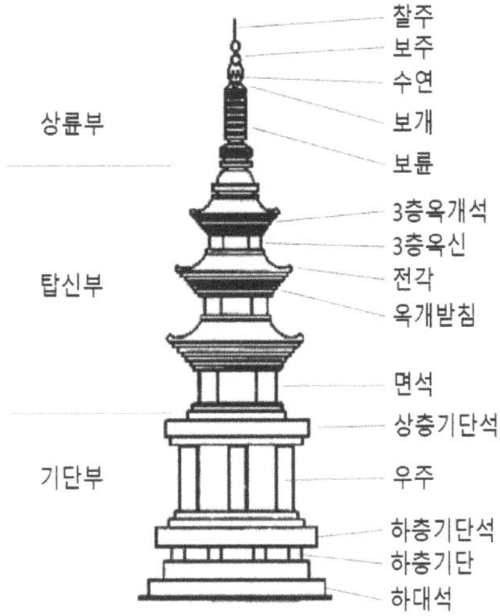

이러한 **3층의 정형탑**은 8세기에 탑신과 옥개석이 각각 하나의 돌로 간략하게 만들어지며 불국사 3층석탑형이 대표적이다.

8세기 말에서 9세기로 접어들면서 탑신에 사천왕상이나 보살상 등의 조각이 새겨졌다. 전탑은 안동·칠곡·영양 등 경북지방에서 많이 조성되었다. 불국사 **다보탑** 같은 독특한 조형을 가진 이형탑도 만들어졌다. 고려 석탑은 옥개석의 귀꽃이 위로 들리고 지붕면이 급해지면서 받침 층단이 적어져 둔감하게 되어 있다. 5층·7층 등 층이 많아지고 탑신에 난간 같은 것이 생기기도 하였다. 고려시대에도 경천사 10층 석탑 같은 이형탑이 조성되었다. 조선시대에는 고려탑을 모방하였으며 원각사지 10층 석탑이 대표적이다.

(4) 부도

부도는 한국에서 승려의 유골이나 사리를 모신 묘탑으로, 9세기부터 팔각원당형 부도가 전형적으로 조성되었다. 부도도 탑과 유사하게 **기단부, 탑신부, 상륜부**로 구분된다.

팔각원당형의 기단부는 일반적으로 가운데가 좁은 장구모양으로 만들어지는데 이를 셋으로 나눠 하대석, 중대석, 상대석으로 구분한다. 하대석 밑에는 지대석이 깔려 있는데 장식이 없고 방형이다. 하대석의 윗면에는 연꽃을 엎어 놓은 것과 같은 복련을 조각하고 측면에는 안상을 새긴 것이 많은데, 통일신라 쌍봉사 철감선사부도에서는 구름과 용을 새겼다. 중대석은 면석에 안상을 새긴 가구식기단과 같이 만드는 것이 일반적이다. 상대석은 연꽃이 핀 앙련모양으로 조각하는 것이 보통이다. 팔각원당형은 탑신이 팔각형으로 크고 화려하며 통일신라시대에 많이 나타난다.

석종형부도는 지대석 위에 석종형탑신을 바로 올리고 탑신과 한 몸으로 연봉형의 보주로 상륜장식을 하는 것이 보통이다. 그리고 탑신 정면에는 세로로 길게 음각하여 당호를 쓰는 경우가 많은데 이를 **제액**이라고 한다.

석종형은 마치 탑신이 종과 같이 생겨 붙여진 이름이며 규모와 장식이 다양하나 팔각원당형에 비해 조각이 없고 소박하다. 석종형은 고려시대 이후의 것이 많다. 유일하게 통일신라 석종형부도로는 태화리 태화사지 부도가 있다.

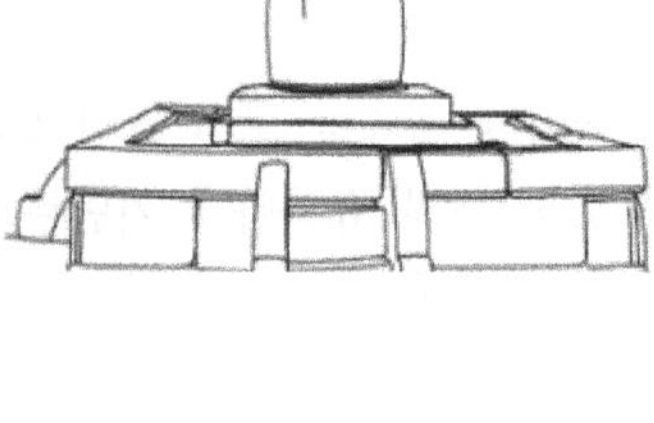

이외에도 법천사 지광국사현묘탑의 경우, 탑신이 방형이고 2층 석탑과 같이 만든 방형부도도 있다.

고려부도는 옥개석의 추녀 끝이 위로 쳐들리고 둔감하게 되어 있다. 석종형부도는 신라 말의 것이 남아 있지만 **조선시대**에 많이 만들어졌다.

(5) 불상

불상은 산스크리트어 **붓다루파**에 의한 것으로 부처와 보살의 형상을 가리킨다. **붓다루파**는 깨달은 자를 뜻하는 붓다(Buddha 부처)와 형상을 뜻하는 루파(Rūpa)의 합성어로, 깨달은 자의 형상 또는 부처의 형상을 의미한다.

이와 같이 불상은 부처의 형상, 부처상만을 의미하나 지금은 보살의 형상도 포함한다. 한편, 보살의 형상은 **보살상**이라고도 하며 부처상과 구분하여 사용하는 경우도 있다.

불상은 사용된 재질에 따라 **석불상, 목불상, 주상, 화상, 토상** 등으로 나눠지며, 자세에 따라 **입상, 반가상, 좌상, 와상**으로 불린다.

우리나라의 불상은 5세기 이전에 제작된 것은 남아있지 않다. 삼국시대 불상은 상징적 표현의 남북조시대 영향을 받아 갸름한 얼굴엔 미소가 담겼고, 목에 삼도가 없으며 반가상이 주류를 이뤘다. 통일신라시대에는 당나라 불상의 영향으로 사실적이며 목에는 **삼도**가 있고, 얼굴은 풍부하며 근엄한 표정을 짓는 형상이다. 우견편단에 **법의**와 **항마촉지인**의 손모양 등이 나타난다. 고려시대는 신라불을 계승했지만 규모가 큰 불상으로 조성되었다.

한국에 불교가 전래된 것은 대체로 4세기 후반의 삼국시대로, 삼국 중에 최초로 불상을 전해 받은 나라는 고구려다.

고구려의 소수림왕 3년(372년)에 전진 왕 부견이 승려 순도로 하여금 불상을 전달하게 했다. 고구려는 지리적인 조건 때문에 제일 먼저 불교를 받아들여 불상을 제작했는데 오늘날 알려진 가장 오랜 것은 6세기경의 불상이다. 고구려의 본격적인 조상활동은 장수왕 15년(427년)의 평양 천도 이후에 이루어진 것으로, 불상 전래 이후의 오랜 공백기는 중국의 경우도 그렇지만 고구려의 복잡했던 국정 때문으로 해석한다. 현존하는 불상의 수가 삼국 중 적은 편이나, 고구려의 불상으로 보이는 금동불이나 절터에서 발굴된 진흙으로 만든 불상(이불)으로 성격과 의미를 파악할 수 있다.

백제는 고구려보다 12년 늦게 침류왕 원년(384년)에 동진으로부터 호승 마라난타에 의해 불법을 받고 불상을 만들기 시작했다. **신라**는 고구려나 백제보다 약 1세기 반 가량 늦은 법흥왕 15년(528년)에 이르러 두 나라를 통하여 불교의 공인이 이루어졌다. 그러나 이보다 약 1세기 앞서 눌지왕 때부터 북방에서 고구려를 통해 산발적으로 들어와 민간에 보급되었던 흔적도 있다.[61]

고려의 불교는 신라와는 달리 **도교적**인 요소가 섞여서 **참위사상**[62]의 **풍수설**이 가미되었다. 예배대상으로서의 불상에 관심을 두기보다는 선종불교의 유행과 사경이 성행하여 승려들은 좌선과 염불에 몰두하고 대장경을 간행하여 대법회를 자주 열었다. 이 때문에 원숙한 인체의 사실과 고조된 불교 이상이 조화되어 숭고한 신격미를 이루었던 신라불상과는 달리, 불상에 담긴 높은 정신을 저버린 채 사실 기법만을 따르는 경향을 보였으며 그 수요도 줄었다.

불상제작의 재료는 고려 초기에는 신라말의 경향을 계승하여 철불이 많았으며, 대형 석불과 마애불이 제작되었고, 소형으로는 목불과 동불들도 만들어졌다.

조선시대 초기에는 왕실을 중심으로 화려한 불사가 끊임없이 이루어져 고려 후기의 전통 양식과 새로운 양식을 적절히 조화시킨 우수한 불상들이 많이 조성되었다. 반면 조선 후기에는 민중 불교로의 성격 변화로 민예적인 친밀감을 주는 불상이 많다. 그러나 전반적으로 억불숭유 정책으로 불교 금속공예품의 제작이 그다지 활발하지 못하였으나, 왕실의 후원이나 부녀자들의 발원으로 만들어진 범종, 사리기 등 불교공예품은 꾸준히 그 맥락을 이어갔다.

경남 고성 옥천사 명부전 불상(시도문화재 제630호)

---

61) 글로벌세계대백과

62) 진나라부터 비롯한 일종의 예언학. 음양오행설을 바탕으로 일식, 월식, 지진 등 천재지리 등으로 인간사회 길흉, 화복을 예언

(6) 석등

석등은 삼국시대의 것으로 온전하게 남아 있는 것은 없다. **통일신라 석등**은 남아오고 있으며 그 구조는, 화사석은 팔각으로 만들어졌고, 화창은 3곳 또는 6곳에 두며, 간석 위에 설치되어 있는 구조가 일반적이다. 간석 대신에 쌍사자가 화사석을 받치고 있는 특이한 것도 있다. **고려시대** 것은 석등의 옥개석이 커지고 둔감한 편이다.

(7) 석비

석비는 삼국시대의 것이 국보로 지정되어 있고, 통일신라시대부터 귀부(받침돌), 비신(본체), 이수(머릿돌)를 갖춘 중국비의 형태가 들어왔다. 9세기 경 고승을 위한 **탑비**[63]가 많다. 비석은 글씨와 기록에 의한 역사적 사실에 대한 가치와 조형적 우수성 등에 따라 국보로 지정된다.

(8) 석교

석교는 불국사의 청운교·백운교 등 특이한 것들이 국보로 지정되어 있다.

---

63) 塔碑 : 승려의 생애를 적은 비

(9) 당간지주

당간은 절의 불교의식에서 당을 달았던 깃대 같은 것으로, 원형이 남은 것은 보물로 지정되어 있다. 절 맨 앞에 당이라는 좁고 긴 깃발을 걸어 사찰행사를 알렸으며, 이때 당을 거는 깃대가 당간이다. 당간을 고정하기 위한 지지대를 **당간지주**라 한다. 당간은 주로 나무로 만들어져 사라졌고 돌로 만든 당간지주만 남아있는 형편이다. 철로 만든 당간은 공주 갑사, 청주 용두사지, 보은 법주사, 안성 칠장사 등에 남아있다. 담양 읍내리 석당간과 나주 동문 밖 당간은 돌로 만들어진 특수한 사례가 있다.

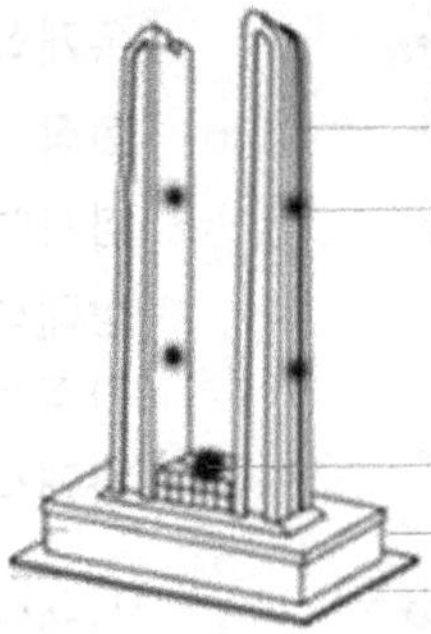

(10) 석련지

석련지는 물을 담을 수 있게 만든 연꽃 모양의 **돌확**(돌을 우묵하게 파서 절구 모양으로 만든 것)으로 주로 불전 앞에 두고 연꽃을 기르던 석조다. 석련지 중에 조각수법이 우수한 것들은 국보로 지정되어 있으며, 법주사의 석련지는 유명하다.

법주사 석련지는 연지 표면에는 밑으로 연꽃잎을 돌렸고 그 윗부분에 웅대한 겹잎연꽃을 새겨 장식하였으며 각 연꽃잎 안에는 보상화문이 새겨져 있다. 연지는 내부를 파서 물을 담고 구연 바깥 둘레에는 난간을 돌렸으며, 난간의 밑은 네모난 기둥 모양을 새기고 그 사이의 구간에는 천인, 보상화를 양각하였다.

법주사 석련지(국보 제64호)

(11) 금관

금관은 금으로 만든 관모를 지칭하지만 일반적으로는 금속으로 만들어진 모든 관모를 포함시켜 통칭하기도 한다. 삼국시대 고분에서 출토된 금관 등 장신구와 고분 출토유물이 국보로 지정되어 있다.

관모는 착용자의 신분을 나타내거나, 특별한 의식을 집행할 때 그 권위를 상징하기 위하여 제작된 것으로 파악되고 있다.

우리나라에서 지금까지 알려진 고대의 관모나 그에 딸린 장식물의 대부분은 주로 삼국시대의 고분에서 출토된 것들이고, 그 가운데서도 특히 신라고분의 출토품이 주류를 이루고 있다.

금관은 그 형태와 용도에 따라 의식용의 **외관**과 일상용인 **내관**으로 나누어지며, 이와 같은 형태를 갖춘 금동제, 은제, 나무껍질로 된 수피제의 관모류도 상당수 발견되고 있다. 관모들과 여기에 딸린 장식들은 지역에 따라 제작이나 의장수법에서 각기 독특한 양상을 보인다.

금관을 비롯해서 갖가지 관모류가 가장 많이 출토되는 유적은 신라고분들이며, 그 중 대표적인 유적은 **금관총, 금령총, 서봉총, 천마총, 황남대총** 등으로 경주에 밀집하고 있다.

황남대총 북분 금관(국보 제 191호)[64]

금관의 외관은 모두 금판을 오려서 만들었는데 띠모양의 테두리 위에는 입식을 세웠다. 이들은 고구려나 백제의 외관들과는 달리 모두 나무나 초화를 간략하게 도안화한 것으로 생각되는 **산자형**[65]의 직선적 장식을 3단(금관총·서봉총·황남대총) 또는 4단(금령총·천마총)으로 겹친 세 갈래의 입식을 세우고, 뒤쪽에는 사슴뿔모양의 장식을 비스듬히 세웠다.

(12) 범종[66]

종(범종)은 불교의 **사물**에 해당하며, 주로 사람을 모으거나 시간을 알리는 용도 또는 예불과정에서 모든 존재에 대한 축원을 위하여 타종하였으며, 경종, 당종, 조종이라고도 한다. 초기 삼국시대 것은 남아 있는 게 없고 통일신라시대의 것이 보물로 지정되어 있다. 우리나라의 종은 독특하게 음통[67]을 가졌고 종신에 중앙대가 없이 비천상이나 주악상[68] 등이 조각되었으며, 용뉴[69] 부분의 용은 한 마리가 일반적이다.

---

64) 문화재청

65) 山字形

66) 梵鐘 : 범종은 불교적인 금속공예품 가운데 으뜸을 차지하는 것으로, 재료는 주로 구리를 사용. 고대종은 구리 80%, 주석 13% 정도의 조성비를 보이나 종의 강도와 경도의 최적 상태는 주석이 15% 내외 함유가 좋음

67) 音筒

범종의 **신앙적 의미**는 종소리를 듣는 순간만이라도 번뇌로부터 벗어날 수 있다고 믿는 데 있다. 따라서 종소리를 듣고 법문을 들으며 오래도록 생사의 고해를 넘어 불교의 은덕을 얻을 수 있다는 의미를 지닌다.

특히, 우리나라의 범종은 학명으로까지 '**한국종**[70]'이라고 불릴 만큼 독자적인 양식을 지니고 있다. 신라종의 우수성은 국내외에서 널리 알려져 찬사를 받고 있으며 독보적인 위치를 차지하고 있다. 현존하는 한국 범종의 상당수는 일본으로 반출되어 국보로 지정된 것이 20여 구 정도다.

오대산 상원사동종은 현재까지 국내에서 가장 오래된 범종으로 국보 제36호로 지정되어있다. 이 명문에는 통일신라 전기에 해당하는 725년(성덕왕 24)에 제작된 것으로

성덕대왕신종(국보 제29호)[71]

---

68) 奏樂像 : 불교에서 공양과 장엄(불·보살의 공덕을 기려하는 장식)을 위하여 천인(비천상 등)이나 하늘의 음악을 지어 이를 부르고 연주하는 형상

69) 龍鈕 : 범종의 가장 위쪽 용 모습을 한 고리로 쇠줄을 연결하여 종을 매닮

70) 한국종의 특징은 우아하고 안정된 외형을 지니고, 소리가 은은하고 맑다. 종정부(鐘頂部)의 단두룡(單頭龍)과 원통(圓筒)이 특징적이며, 이는 중국이나 일본의 범종양식이 쌍두룡(雙頭龍)임에 비해 한국의 경우는 한 마리의 용이 생동감 있는 자세로 허리를 구부리고 조각되어 구별되며, 종을 매달기 위한 고리의 역할을 하게 되어 있다. 특이한 것은 대나무 형태의 원통이다. 이것은 신라종에서 확립된 독특한 양식으로서, 최근 학계에서는 신라 동해구(東海口)의 '만파식적(萬波息笛)' 설화와 연관하여 신라의 국보였던 신적(神笛)의 형태를 형상화한 것으로 보고 있다. 종 상하의 종견(鐘肩)과 종구(鐘口)에는 당초(唐草)무늬나 보상화(寶相華)무늬의 섬세한 무늬대[文様帶]가 형성되어 있고, 종견의 무늬대에는 네 곳에 대칭으로 네모꼴의 유곽(乳廓)이 있으며, 유곽 안에는 9개씩 모두 36개의 유(乳)가 있다. 종신(鐘身)에는 종을 치기 위한 당좌(撞座)가 구획되어 있고 특히 비천상(飛天像)이 부조되어 있다.

71) 문화재청

기록되어 있으며, 우리의 전형적인 양식을 잘 나타내고 있다. 이 범종은 높이 167 cm로 경북 안동의 문루에 걸려 있다가 조선 초기에 현재의 위치로 옮겨졌다.

성덕대왕신종(에밀레종 또는 봉덕사종)은 현존하는 것 중에서 가장 큰 것으로, 높이 375 cm 입지름 227 cm에 달한다. 이 명문에 구리 12만 근이 소요되었다는 기록이 있고, 신라 경덕왕이 부왕인 성덕왕을 위하여 만든 것으로 혜공왕(771년)에 이르러 완성되었으며, 국보 제29호로 지정되어있다.

(13) 사리구

사리구[72]는 불탑에 사리를 봉안할 때 갖추어 사용하는 용기나 공물, 공예품 등을 총칭해서 나타내는 것으로, 국보로 지정되어 있는 게 많다. 특히, 불교의 상징인 **사리**를 봉안한 기구로, 높은 기술로 정성을 기울여 제작되었다. 사리구에는 **사리신앙**[73]에 의한 사리와 더불어 보석이나 공예품 등이 공물로 함께 봉안되어 발견되고 있으며, 불탑 건립의 경위나 발원하는 내용 등이 기록된 금석문 등도 함께 안치되었다. 따라서 당시의 사회나 경제 상황 등에 관한 기록을 전해주는 중요한 역사 자료로서 가치를 지니고 있다.

계사명 사리구(시도유형문화재 제123호)[74]

72) 舍利具
73) 사리는 산스크리트어 '육체'나 '사체'를 뜻하는 '사리라(sarira)'로, 불교에서 고승이나 덕을 쌓은 사람을 화장한 뒤에 유해에서 발견된다는 구슬 모양의 결정체를 가리킨다. 원래는 석가모니를 화장하고 난 뒤에 남은 유골과 잔류물을 가리켰는데 이를 진신사리라고 한다. 불교가 전래되는 과정에서 사리신앙도 중국으로 전파되었다. 중국 불교에서는 석가모니의 진신사리가 봉안되어 있는 인도의 스투파(stupa)라는 건축물의 양식을 본떠 불탑을 세우고, 부처의 깨우침이 담긴 불경을 법신사리라고 부르며 불탑 안에 봉안해 진신사리를 대신하는 신앙의 대상으로 삼았다. 그리고 점차 불교식 화장이 확산되면서 고승의 유해에서 발견되는 사리도 불탑에 봉안하고 숭배하게 되었다.
74) 문화재청

(14) 탈

탈은 일종의 가면으로 사람이나 동물의 얼굴모양을 만들어 얼굴에 착용하는 것으로, **하회탈**과 **병산탈**은 국보 제121호로 지정되어 있다. 이들은 주로 고려 말, 조선 초의 대표적인 탈이다.

탈은 동양이나 서양, 문명한 민족이나 미개한 민족을 막론하고 거의 모든 민족문화에 존재하며, 그 기원도 매우 오래되어 원시민족사회에까지 거슬러 올라간다.

탈은 원시시대 집단생활의 종교의식에서 신령·악귀·요괴·동물 등 비인간적인 것으로 가장하여 주술을 행할 때 사용되었다. 즉, 외적이나 악령을 위협하기 위하거나 신의 존재를 표현하였고, 죽은 사람을 숭배하기 위해 사용될 때는 죽은 사람과 비슷하게 만들기도 하였다. 이는 **토테미즘(totemism)** 신앙에서 여러 가지 동물로 가장하기 위한 의태로 여겨진다.[75]

방상시탈(국가민속문화재 제16호)

(15) 전적류

전적은 일정한 목적을 지닌 것으로 그 내용을 체계에 맞추어 사상, 감정, 지식 등을 글이나 그림으로 표현하여 직접 기록하거나 인쇄하여 묶어 놓은 것다. 우리의 인쇄발달사를 엿볼 수 있는 **해인사 대장경판(팔만대장경판)**은 국보 제32호로 세계적인 문화재다.

75) 한국민족문화대백과. 우리나라에서도 외적이나 악령을 위협하기 위한 탈로는 50여년 전만해도 상례(喪禮) 때 사용되었던 방상시가면(方相氏假面)과, 음력 정초의 악귀를 쫓고 복을 부르는 행사 때 사용되었던 사자가면(獅子假面) 등

문화재보호법상 **동산문화재**[76]로 분류되고 있는 전적문화재는, 넓게는 **문자나 기호 등에 의해 전달되는 모든 기록정보**를 말하며, 좁게는 **기록정보 가운데 각 학문분야에 있어 학술적 혹은 예술적 가치가 있는 기록자료**를 의미한다.

우리나라에는 삼국시대 이래로 역사적 가치를 지닌 많은 전적문화재들이 전해져 오고 있으며 이는 전적, 고문서, 서적으로 구분할 수 있다.

전적은 직접 붓으로 써서 엮은 **사본**과 목판 및 활자로 찍어서 만든 **인쇄본**으로 분류되며, 사본은 고본과 전사본, 사경, 일기 등으로 나누어지고, 인쇄본은 목판본과 활자본으로 구분된다.

서적은 필자가 직접 글로서 예술과 사상을 표현한 것으로 서화, 시문, 서간 등이 포함된다.

고려시대의 문서나 과거 합격증 등도 국보로 지정되어 있으며, 조선의 한글창제 사료인 **훈민정음**(국보 제70호)과 한자음을 읽기 위한 **동국정운**[77](국보 제71호, 국보 제142호) 등도 국보로 지정되어 있다.

대표적인 것으로는 충무공 이순신의 **난중일기**(국보 제76호)와 류성룡의 **징비록**(국보 제132호), 조선시대 역사기록인 **조선왕조실록**(국보 제151-1호)과 **비변사등록**(국보 제152호), **의정부등록**[78], **일성록**(국보 제153호) 등 역사적 문헌도 국보로 지정되었다.

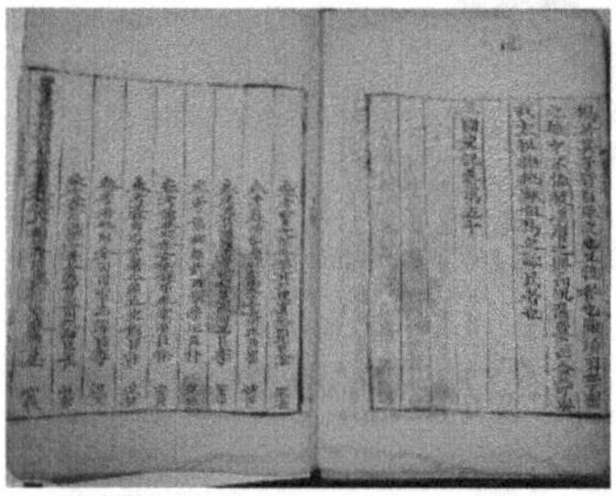
삼국사기(국보 제332-2호)

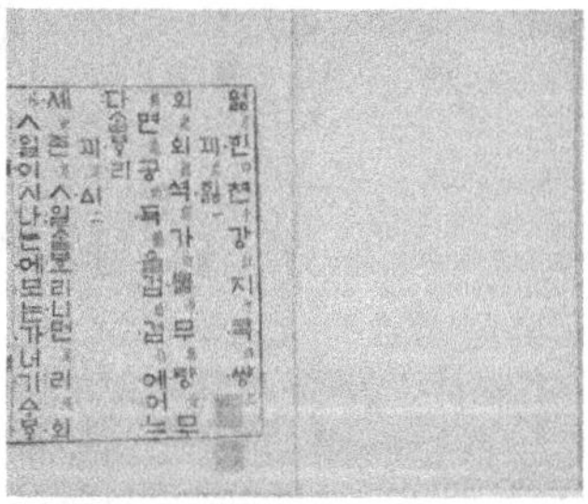
월인천강지곡(국보 제320호)[79]

76) 동산문화재 : 이동이 가능한 모든 문화재. 건물과 같이 땅 위에 고정되어 움직일 수 없는 '부동산문화재'에 대응하는 개념. 전적·서적·문서, 회화·조각, 공예품, 고고자료, 무구 등

77) 활자본 6권 6책으로, 왕명에 따라 집현전 학사 신숙주, 최항, 성삼문, 박팽년, 이개, 강희안, 이현로, 조변안, 김증 등 9명이 편찬에 착수하여 1447년(세종 29) 완성해 다음해에 간행되었다. 임진왜란으로 소실되었으나 1940년 경상북도 안동에서 첫째 권과 여섯째 권이 발견되었고, 1972년 강원도 강릉에서 6권 6책의 전질이 발견되었다.

78) 조선시대 의정부에서 행한 각종 정사 및 동정을 기록한 책으로 영의정·좌의정·우의정·좌참찬·우참찬·의정부 관원이 수행하거나 참여한 의례·외교·인사·형사·정사와 의정부 관원의 제수·동정·국정참여 형태 등을 포괄적으로 기록한 것이다. 주요내용은 의례분야, 외교분야, 인사분야, 형정문제, 의정부관원 동정분야 등이다.

79) 문화재청

UNESCO 지정 한국의 세계기록유산		
	기록유산명	기록연도
1	훈민정음	1997.10
2	조선왕조실록	1997.10
3	불조직지심체요절	2001.09
4	승정원일기	2001.09
5	의궤(조선왕조 의궤)	2007.06
6	해인사 대장경판 및 제경판	2007.06
7	동의보감	2009.07
8	일성록	2011.05
9	5.18 민주화운동 기록물	2011.05
10	난중일기	2013.06
11	새마을운동 기록물	2013.06
12	한국의 유교책판	2015.10
13	KBS특별생방송 '이산가족을 찾습니다' 기록물	2015.10
14	조선왕실 어보와 어책	2017.10
15	국채보상운동 기록물	2017.10
16	조선통신사에 관한 기록	2017.10

(16) 회화

회화류의 바탕 재료는 종이, 마직, 견, 나무 등 다양하지만 근·현대를 통틀어 **편액**만은 나무를 사용하고. 그 이외의 대부분은 종이와 비단 재질로 된 것들이다. 전해져 오는 서화, 고문서, 서적 등을 보면 서양화의 액자방식과는 달리 **배접**을 통해 서화를 보호하고 있는 특징을 보인다.

국보나 보물로 지정된 회화로는 고려시대의 영정과 **혜원(신윤복)의 풍속도**(국보 제135호), **완당(김정희)의 세한도**(국보 제180호) 등이 있다.

[일반 산수화 현황]

연번	종목	번호	명 칭	소재지	시대	지정일	수량
1	국보	제180호	김정희 세한도	서울 용산구	조선시대	1974.12.31.	1축
2	국보	제216호	정선 인왕제색도	서울 용산구	조선시대	1984.08.06.	1축
3	국보	제217호	정선 금강전도	서울 용산구	조선시대	1984.08.06.	1축
4	국보	제237호	고산구곡시화도 병풍	서울 종로구	조선시대	1987.07.16.	1점
5	보물	제522호	강세황 도산서원도	서울 용산구	조선시대	1970.08.27.	1폭
6	보물	제873호	정선 육상묘도	대전 서구	조선시대	1986.10.15.	1축
7	보물	제1046호	화개현구장도	서울 용산구	조선시대	1990.09.20.	1폭
8	보물	제1393호	김홍도 추성부도	서울 용산구	조선시대	2003.12.30.	1폭
9	보물	제1394호	경기감영도 병풍	서울 용산구	조선시대	2003.12.30.	1점
10	보물	제1442호	일월반도도 병풍	서울 종로구	조선시대	2005.08.12.	1쌍
11	보물	제1864호	소상팔경도	경남 진주시	조선시대	2015.03.04.	8폭
12	보물	제1875호	정선 풍악도첩	서울 용산구	조선시대	2015.04.22.	14폭
13	보물	제1929호	김윤겸 영남기행화첩	부산 부산전역	조선시대	2017.03.08.	1점
14	보물	제1949호	정선 해악전신첩	서울 성북구	조선시대	2017.12.26.	1첩
15	보물	제1950호	정선 경교명승첩	서울 성북구	조선시대	2017.12.26.	2첩
16	보물	제1951호	정선 풍악내산총람도	서울 성북구	조선시대	2017.12.26.	1폭
17	보물	제1952호	정선 청풍계도	서울 성북구	조선시대	2017.12.26.	1폭
18	보물	제1953호	정선 여산초당도	서울 성북구	조선시대	2017.12.26.	1폭
19	보물	제1985호	이징 산수화조도첩	서울 성북구	조선시대	2018.06.27.	1첩
20	보물	제1986호	심사정 촉잔도권	서울 성북구	조선시대	2018.06.27.	1축

(17) 토기

토기는 점토를 반죽하여 500℃ 이상의 고온에서 소성하여 만든 용기로, 1만2천년전부터 사용되었다. 우리나라에서는 구석기시대부터 무문후육토기가 사용되었으며, 신석기시대의 농업·목축업으로 정착하면서부터 빗살무늬토기가 대표적으로 사용되었다. 우리나라의 대표적 유물이다.

토기의 사용은 음식물 조리에 주로 사용되었으나, 물을 담아 메마른 곳에서도 식수의 공급이 가능하도록 하였다. 이는 활동공간의 확장을 가져오는 계기가 되어 주었다. 이외에도 곡물, 장신구, 공구, 옷 등을 안전하고 편리하게 보관하거나 운반용으로도 사용하였을 것이다. 특히, 여러 가지 무늬를 새기거나 장식품을 매단 토기를 만들어 제사나 성인식, 혼례식 등에서 소중한 물품으로 활용되었다.

남겨진 토기는 사용된 점토와 가마의 구조에 따른 열의 강약 등에 의해서 다양한 질을 보인다.

토기문화는 삼국시대와 통일신라시대에 입자가 고운 점토를 사용하고, 인공 유약을 만들어 표면에 덧바르는 연유도기가 생산되어 고급 용기로 보급되었으며, 우리나라의 대부분 박물관에는 시대별로 많은 토기가 전시되고 있다.

삼국시대 고분출토의 **이형토기**와 통일신라시대의 **녹유 뼈단지** 등이 국보로 지정되었다. 대표적인 것으로는 **신라도기 기마인물형 명기**(국보 제91호), **도기 기마인물형 뿔잔**(국보 제275호), **토우장식 장경호**(국보 제195호) 등이 있다.

신석기시대 토기용기문 발(국보 제57호)

(18) 청자

우리나라의 대표적인 **자기**는 **청자**로, **강진요**와 **부안요**에서는 독특한 청자를 만들어내었다. 원래 자기는 중국에서 시작되었으나, 10세기 무렵 고려시대를 들어와 급속도로 성장하였으며, 12세기 무렵 **비색청자**라 불리는 독창적인 생산을 통해 중국의 청자를 능가하는 뛰어난 작품을 만들었다. 더불어 고려는 백토나 자토를 밑바탕에 상감하여 청자유를 씌워 굽는 독특한 창의로, 상감청자를 생산하며 청자문화의 새로운 경지를 보이기도 하였다. 또, 13세기에는 금채를 가미한 화금청자, 진사를 시유한 청자진사채 등 기교에서 뛰어난 청자가 만들어졌으며, 13세기 후반부터 그 생산이 쇠퇴되었다.

자기는 1,200℃ 이상의 고온에서 구워지는 경질의 도자기로서, 유리질이 반투명으로 되며 흡수성이 없고, 금속성의 맑은 소리가 난다.

대표적인 국보로는 고려시대의 **청자 기린형두껑향로**(국보 제65호), **청자 상감모란문 표주박모양 주전자**(국보 제116호), **청자 모자원숭이모양 연적**(국보 제270호), **청자 참외모양 병**(국보 제94호) 등이 있다.[80]

80) 문화재청

(19) 백자

백자는 백토로 만든 형태에 무색의 투명한 유약을 입혀 1,300~1,500℃ 정도에서 구워낸 일종의 자기다. 조선시대 자기가 대표적이다.

조선 전기에는 소박하고 건실한 **분청사기**를 생산하여 한국 도자기 문화의 독특한 우수성을 보여 주었으며, **청화백자**는 세종 이후에 생산하기 시작하였고 철화, 진사 등의 우수한 자기들이 생산되었다. 이들 자기 중 시대적 · 예술적 가치가 크고 대표적인 것은 국보로 지정되어 있다.

대표적인 것으로는 조선시대 **백자 천·지·현·황**(국보 제286호), **백자 철화포도원숭이문 항아리**(국보 제93호), **백자 동화매국문 병**(국보 제168호), **백자 철화매죽문 항아리**(국보 제166호)등이 있다.[81)]

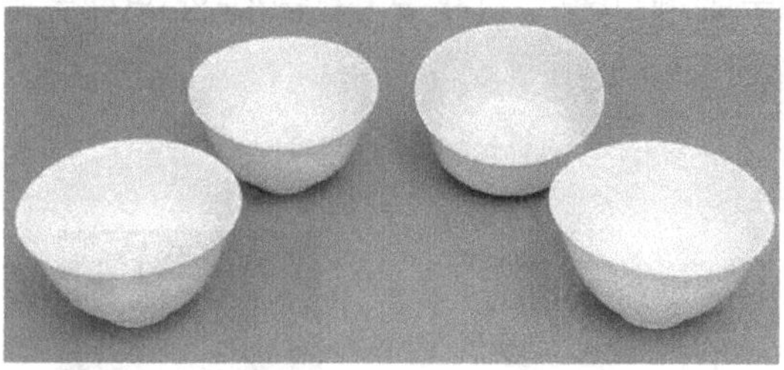

81) 문화재청

16 무형문화재

무형문화재는 여러 세대에 걸쳐 전승되어 온 무형의 문화적 유산 중 보존·전승이 필요한 종목에 대해 문화재청장이 국가무형문화재로 지정한 것이다. 1964년 **종묘제례악**을 국가무형문화재 제1호로 지정한 후 전통 공연·예술, 전통기술, 전통지식, 구전 전통 및 표현, 전통 생활관습, 의식·의례, 전통 놀이·축제 및 무예 등 여러 분야의 다양한 종목을 국가무형문화재로 지정하고 있다.

전통 공연·예술	음악, 춤, 연희, 종합예술, 그 밖의 공연·예술
전통기술	공예, 건축, 미술
전통지식	민간의약지식, 생산지식, 자연·우주지식, 그 밖의 전통지식
구전 전통 및 표현	언어표현, 구비전승, 그 밖의 구전표현
전통 생활관습	절기풍속, 의생활, 식생활, 주생활, 그 밖의 생활관습
의례 · 의식	민간신앙의례, 일생의례, 종교의례, 그 밖의 의식·의례
전통 놀이 · 무예	놀이, 축제, 기예, 무예

□ 전통공연·예술 : 음악

연번	종목	번호	명 칭	소재지	지정일
1	국가무형문화재	제1호	종묘제례악	서울 서울전역	1964.12.07.
2	국가무형문화재	제5호	판소리	기타	1964.12.24.
3	국가무형문화재	제11.1호	진주삼천포농악	경남 사천시	1966.06.29.
4	국가무형문화재	제11.2호	평택농악	경기 평택시	1985.12.01.
5	국가무형문화재	제11.3호	이리농악	전북 익산시	1985.12.01.
6	국가무형문화재	제11.4호	강릉농악	강원 강릉시	1985.12.01.
7	국가무형문화재	제11.5호	임실필봉농악	전북 임실군	1988.08.01.
8	국가무형문화재	제11.6호	구례잔수농악	전남 구례군	2010.10.21.
9	국가무형문화재	제16호	거문고산조	서울 서울전역	1967.06.16.
10	국가무형문화재	제19호	선소리산타령	서울 서울전역	1968.04.18.
11	국가무형문화재	제20호	대금정악	서울 은평구	1968.12.21.
12	국가무형문화재	제23호	가야금산조및병창	기타	1968.12.21.
13	국가무형문화재	제29호	서도소리	기타	1969.09.27.
14	국가무형문화재	제30호	가곡	기타	1969.11.10.
15	국가무형문화재	제41호	가사	서울 서울전역	1971.01.08.
16	국가무형문화재	제45호	대금산조	기타	1971.03.16.
17	국가무형문화재	제46호	피리정악및대취타	서울 서울전역	1971.06.10.
18	국가무형문화재	제51호	남도들노래	전남 진도군	1973.11.05.
19	국가무형문화재	제57호	경기민요	경기 경기전역	1975.07.12.

(다음 페이지에 계속)

연번	종목	번호	명 칭	소재지	지정일
20	국가무형문화재	제83-1호	구례향제줄풍류	전남 구례군	1985.09.01.
21	국가무형문화재	제83-2호	이리향제줄풍류	전북 익산시	1985.09.01.
22	국가무형문화재	제84-1호	고성농요	경남 고성군	1985.12.01.
23	국가무형문화재	제84-2호	예천통명농요	경북 예천군	1985.12.01.
24	국가무형문화재	제95호	제주민요	제주 서귀포시	1989.12.01.
25	국가무형문화재	제129호	아리랑	기타	2015.09.22.
26	시도무형문화재	제7-4호	남원농악	전북 남원시	1998.01.09.
27	시도무형문화재	제8호	판소리(고법)	경남 사천시	1985.01.23.
28	시도무형문화재	제9호	판소리장단	전북 전주시	1992.06.20.
29	시도무형문화재	제23호	대전향제줄풍류	대전 중구	2016.02.12.
30	시도무형문화재	제40호	거창상여디딜방아액막이소리	경남 거창군	2016.12.15.
31	시도무형문화재	제41호	경산 보인농악	경북 경산시	2017.01.05.
32	시도무형문화재	제51호	화순 도장리 밭노래	전남 화순군	2013.08.05.
33	시도무형문화재	제59호	가야금 병창	전남 장성군	2017.08.24.
34	이북5도 무형문화재	제2호	퉁소 신아우	함경남도 전역	2017.08.30.
35	이북5도 무형문화재	제4호	평북농요	평안북도 전역	2016.04.11.

□ 전통공연·예술 : 춤

연번	종목	번호	명 칭	소재지	지정일
1	국가무형문화재	제12호	진주검무	경남 진주시	1967.01.16.
2	국가무형문화재	제21호	승전무	경남 통영시	1968.12.21.
3	국가무형문화재	제27호	승무	경기 경기전역	1969.07.04.
4	국가무형문화재	제39호	처용무	서울 서울전역	1971.01.08.
5	국가무형문화재	제40호	학연화대합설무	서울 서울전역	1971.01.08.
6	국가무형문화재	제92호	태평무	경기 경기전역	1988.12.01.
7	국가무형문화재	제97호	살풀이춤	기타	1990.10.10.
8	시도무형문화재	제37호	대목장	경북 경산시	2015.02.02.
9	시도무형문화재	제47호	호남산조춤(산조춤,이길주)	전북 전주시	2013.05.24.
10	이북5도 무형문화재	제3호	함북 선녀춤	함경북도 전역	2018.05.01.
11	이북5도 무형문화재	제4호	평남 수건춤	평안남도 전역	2018.04.30.

☐ 전통공연·예술 : 연희

연번	종목	번호	명 칭	소재지	지정일
1	국가무형문화재	제2호	양주별산대놀이	경기　양주시	1964.12.07.
2	국가무형문화재	제6호	통영오광대	경남　통영시	1964.12.24.
3	국가무형문화재	제7호	고성오광대	경남　고성군	1964.12.24.
4	국가무형문화재	제15호	북청사자놀음	서울　서울전역	1967.03.31.
5	국가무형문화재	제17호	봉산탈춤	서울　서울전역	1967.06.16.
6	국가무형문화재	제18호	동래야류	부산　동래구	1967.12.21.
7	국가무형문화재	제34호	강령탈춤	서울　서울전역	1970.07.22.
8	국가무형문화재	제43호	수영야류	부산　수영구	1971.02.24.
9	국가무형문화재	제49호	송파산대놀이	서울　송파구	1973.11.11.
10	국가무형문화재	제61호	은율탈춤	인천　미추홀구	1978.02.23.
11	국가무형문화재	제69호	하회별신굿탈놀이	경북　안동시	1980.11.17.
12	국가무형문화재	제73호	가산오광대	경남　사천시	1980.11.17.
13	국가무형문화재	제79호	발탈	기타	1983.06.01.
14	국가무형문화재	제81호	진도다시래기	전남　진도군	1985.02.01.

☐ 전통기술 : 공예

연번	종목	번호	명 칭	소재지	지정일
1	국가무형문화재	제4호	갓일	기타	1964.12.24.
2	국가무형문화재	제10호	나전장	기타	1966.06.29.
3	국가무형문화재	제14호	한산모시짜기	충남 서천군	1967.01.16.
4	국가무형문화재	제22호	매듭장	경기 성남시	1968.12.21.
5	국가무형문화재	제28호	나주의샛골나이	전남 나주시	1969.07.04.
6	국가무형문화재	제32호	곡성의돌실나이	전남 곡성군	1970.07.22.
7	국가무형문화재	제42호	악기장	기타	1971.02.24.
8	국가무형문화재	제47호	궁시장	기타	1971.09.13.
9	국가무형문화재	제53호	채상장	전남 담양군	1975.01.29.
10	국가무형문화재	제55호	소목장	기타	1975.01.29.
11	국가무형문화재	제60호	장도장	전남전역	1978.02.23.
12	국가무형문화재	제64호	두석장	기타	1980.11.17.
13	국가무형문화재	제65호	백동연죽장	전북 남원시	1980.11.17.
14	국가무형문화재	제66호	망건장	제주 제주시	1980.11.17.
15	국가무형문화재	제67호	탕건장	제주 제주시	1980.11.17.
16	국가무형문화재	제77호	유기장	기타	1983.06.01.
17	국가무형문화재	제80호	자수장	부산전역	1984.10.15.
18	국가무형문화재	제87호	명주짜기	경북 경주시	1988.04.01.
19	국가무형문화재	제88호	바디장	기타	1988.08.01.
20	국가무형문화재	제89호	침선장	서울 강동구	1988.08.01.
21	국가무형문화재	제93호	전통장	경북 경주시	1989.06.15.
22	국가무형문화재	제96호	옹기장	기타	1990.05.08.
23	국가무형문화재	제99호	소반장	기타	1992.11.10.

(다음 페이지에 계속)

연번	종목	번호	명 칭	소재지	지정일
24	국가무형문화재	제100호	옥장	전남 목포시	1996.02.01.
25	국가무형문화재	제101호	금속활자장	충북 괴산군	1996.02.01.
26	국가무형문화재	제103호	완초장	인천 강화군	1996.05.01.
27	국가무형문화재	제105호	사기장	경북 문경시	1996.07.01.
28	국가무형문화재	제107호	누비장	경북 경주시	1996.12.10.
29	국가무형문화재	제109호	화각장	인천 남동구	1996.12.31.
30	국가무형문화재	제110호	윤도장	전북 고창군	1996.12.31.
31	국가무형문화재	제112호	주철장	충북 진천군	2001.03.12.
32	국가무형문화재	제113호	칠장	서울전역	2001.03.12.
33	국가무형문화재	제114호	염장	경남 통영시	2001.06.27.
34	국가무형문화재	제115호	염색장	전남 나주시	2001.09.06.
35	국가무형문화재	제116호	화혜장	서울 송파구	2004.02.20.
36	국가무형문화재	제117호	한지장	전북전역	2005.09.23.
37	국가무형문화재	제119호	금박장	경기 성남시	2006.11.16.
38	국가무형문화재	제120호	석장	경기전역	2007.09.17.
39	국가무형문화재	제124호	궁중채화	경남 양산시	2013.01.14.
40	국가무형문화재	제128호	선자장	전북 전주시	2015.07.08.
41	시도무형문화재	제18호	연관장	경남 진주시	1995.05.02.
42	시도무형문화재	제25-1호	영덕 옹기장	경북 영덕군	2003.12.15.
43	시도무형문화재	제30호	전통자수장	강원 강릉시	2017.11.17.
44	시도무형문화재	제32-4호	문경사기장(백자)	경북 문경시	2017.08.14.
45	시도무형문화재	제44호	함양방짜유기장	경남 함양군	2017.12.21.
46	시도무형문화재	제49호	홍염장	서울 은평구	2017.04.13.
47	시도무형문화재	제52호	서천 베틀장	충남 서천군	2016.09.22.
48	시도무형문화재	제57호	진안고원형옹기장	전북 진안군	2017.01.06.

☐ 전통기술 : 건축

연번	종목	번호	명 칭	소재지	지정일
1	국가무형문화재	제74호	대목장	기타	1982.06.01.
2	국가무형문화재	제91호	제와장	전남 장흥군	1988.08.01.
3	국가무형문화재	제121호	번와장	서울 강북구	2008.10.21.
4	시도무형문화재	제25호	하단돛배 조선장	부산 사하구	2016.12.28.

☐ 전통기술 : 미술

연번	종목	번호	명 칭	소재지	지정일
1	국가무형문화재	제31호	낙죽장	전남 보성군	1969.11.29.
2	국가무형문화재	제35호	조각장	기타	1970.07.22.
3	국가무형문화재	제48호	단청장	기타	1972.08.01.
4	국가무형문화재	제78호	입사장	서울 강남구	1983.06.01.
5	국가무형문화재	제102호	배첩장	기타	1996.03.11.
6	국가무형문화재	제106호	각자장	서울 서초구	1996.11.01.
7	국가무형문화재	제108호	목조각장	기타	1996.12.31.
8	국가무형문화재	제118호	불화장	경기 고양시	2006.01.10.
9	시도무형문화재	제42호	염색장(쪽물장)	경남 김해시	2017.10.12.

□ 의례·의식 : 민간신앙의례

연번	종목	번호	명 칭	소재지	지정일
1	국가무형문화재	제70호	양주소놀이굿	경기 양주시	1980.11.17.
2	국가무형문화재	제71호	제주칠머리당영등굿	제주 제주시	1980.11.17.
3	국가무형문화재	제72호	진도씻김굿	전남 진도군	1980.11.17.
4	국가무형문화재	제82-1호	동해안별신굿	부산 기장군	1985.02.01.
5	국가무형문화재	제82-2호	서해안배연신굿 및 대동굿	인천 인천전역	1985.02.01.
6	국가무형문화재	제82-3호	위도띠뱃놀이	전북 부안군	1985.02.01.
7	국가무형문화재	제82-4호	남해안별신굿	경남 통영시	1987.07.01.
8	국가무형문화재	제90호	황해도평산소놀음굿	인천 인천전역	1988.08.01.
9	국가무형문화재	제98호	경기도도당굿	경기 경기전역	1990.10.10.
10	국가무형문화재	제104호	서울새남굿	서울 서울전역	1996.05.01.
11	시도무형문화재	제35호	밤섬부군당도굿	서울 은평구	2008.03.17.
12	시도무형문화재	제9호	철원상노리지경다지기	강원 철원군	2000.07.01.
13	시도무형문화재	제48호	서울맹인독경	서울 성북구	2017.01.05.

□ 의례·의식 : 종교의례

연번	종목	번호	명 칭	소재지	지정일
1	국가무형문화재	제50호	영산재	서울 서대문구	1973.11.05.
2	국가무형문화재	제125호	삼화사 수륙재	강원 동해시	2013.12.31.
3	국가무형문화재	제126호	진관사 수륙재	서울 은평구	2013.12.31.
4	국가무형문화재	제127호	아랫녘 수륙재	경남 창원시	2014.03.18.
5	시도무형문화재	제41호	불모산영산재	경남 창원시	2016.12.15.

□ 기타 의례·의식

연번	종목	번호	명 칭	소재지	시대	지정일
1	국가무형문화재	제9호	은산별신제	충남 부여군		1966.02.15.
2	국가무형문화재	제56호	종묘제례	서울 종로구		1975.05.03.
3	국가무형문화재	제85호	석전대제	서울 종로구		1986.11.01.
4	국가무형문화재	제111호	사직대제	서울 종로구	조선	2000.10.19.
5	시도무형문화재	제54호	보령 외연도당제	충남 보령시	기타	2017.12.10.

☐ 전통축제

연번	종목	번호	명 칭	소재지	지정일
1	국가무형문화재	제13호	강릉단오제	강원 강릉시	1967.01.16.
2	국가무형문화재	제44호	경산자인단오제	경북 경산시	1971.03.16.
3	국가무형문화재	제122호	연등회	서울 종로구	2012.04.06.
4	국가무형문화재	제123호	법성포단오제	전남 영광군	2012.07.23.

☐ 전통기예

연번	종목	번호	명 칭	소재지	지정일
1	국가무형문화재	제58호	줄타기	경기 과천시	1976.06.30.

☐ 전통놀이

연번	종목	번호	명 칭	소재지	지정일
1	국가무형문화재	제3호	남사당놀이	서울 서울전역	1964.12.07.
2	국가무형문화재	제8호	강강술래	전남 진도군	1966.02.15.
3	국가무형문화재	제24호	안동차전놀이	경북 안동시	1969.01.07.
4	국가무형문화재	제25호	영산쇠머리대기	경남 창녕군	1969.02.11.
5	국가무형문화재	제26호	영산줄다리기	경남 창녕군	1969.02.11.
6	국가무형문화재	제33호	광주칠석고싸움놀이	광주 남구	1970.07.22.
7	국가무형문화재	제62호	좌수영어방놀이	부산 수영구	1978.05.09.
8	국가무형문화재	제68호	밀양백중놀이	경남 밀양시	1980.11.17.
9	국가무형문화재	제75호	기지시줄다리기	충남 당진시	1982.06.01.
10	국가무형문화재	제131호	씨름	기타	2017.01.04.
11	시도무형문화재	제3호	영덕별신굿	경북 영덕군	1980.12.30.
12	시도무형문화재	제40호	구미 무을농악	경북 구미시	2017.01.05.
13	시도무형문화재	제42호	예천청단놀음	경북 예천군	2017.08.14.

☐ 전통무예

연번	종목	번호	명 칭	소재지	지정일
1	국가무형문화재	제76호	택견	충북 충주시	1983.06.01.

17 세계문화유산

유네스코 세계유산은 **세계문화및자연유산보호에관한협약**에 따라 전 인류가 공동으로 보존하고 후손에게 전수해야 할 탁월한 보편적 가치가 있다고 인정되어 세계유산목록에 등재하는 유산이다.

세계문화유산 지정의 **목적**은 자연재해나 전쟁 등으로 파괴의 위험에 처한 유산의 복구 및 보호 활동 등을 통하여 보편적 인류 유산의 파괴를 근본적으로 방지하고, 문화유산 및 자연유산의 보호를 위한 국제적 협력 및 나라별 유산 보호 활동을 고무하기 위한 것이다.

이 밖에도 유네스코에서는 무형유산의 보호를 위해 **무형문화유산보호협약**을 채택해서, 인류무형유산 목록으로 등재해 보호하고 있으며, 또한 세계적인 중요성을 갖는 기록물에 대해서는 세계기록유산 제도를 운영하고 있다.

세계유산이나 인류무형유산과는 달리 별도의 협약이 있는 것은 아니고, 민간도 참여할 수 있는 프로그램 형태로 등재하고 있다.[82]

세계문화유산은 **문화유산, 자연유산, 복합유산** 세 종류로 구분된다. 세계유산에 등재되면, 해당 유산의 우수성이 국제적으로 공인 받는 것으로, 국내외에 널리 알려지는 기대효과가 있다.

문화유산(Cultural Heritage)은 유적, 건축물, 문화재적 가치를 지닌 장소 등 전체 세계유산의 77.5% 정도며, **자연유산**(Natural Heritage)은 생물학적 군락, 지질학적 생성물, 멸종위기에 처한 동식물 서식지 등이고, **복합유산**(Mixed Heritage)은 문화유산과 자연유산의 특징을 동시에 충족하는 유산을 의미한다.

세계유산의 등재현황은 총 165개국 1,052건으로, 문화유산 814건, 자연유산 203건, 복합유산 35건, 위험에 처한 세계유산 55건, 공동등재 세계유산 34건 등이 있다.

우리나라는 1995년 **석굴암·불국사, 해인사 장경판전, 해인사 장경판전, 종묘** 등이 지정되었으며, 1997년에는 **창덕궁, 화성**이 지정되었다.

82) 문화재청

이어 2000년에는 **경주역사유적지구, 고창·화순·강화 고인돌 유적**이 지정되었고, 2007년에는 **제주화산섬**과 **용암동굴**이 지정되었다. 2009년에는 **조선왕릉**, 2010년 한국의 역사마을인 **안동 하회**와 **경주 양동**, 2014년 **남한산성**, 2015년에는 **백제역사유적지구**가 선정되었다.

한편, **잠정적 지정**은 강진 도요지, 설악산천연보호구역, 남해안일대 공룡화석지, 염전, 서남해안 갯벌, 대곡천암각화군, 중부내륙산성군, 외암마을, 낙안읍성, 우포늪, 한국의 서원, 한양도성, 김해·함안 가야고분군, 고령 지산동 대가야 고분군, 한국의 전통산사, 화순 운주사 석불석탑군 등이 있다.

18 인류문화유산

무형문화유산은 공동체, 집단 및 개인들이 그들의 문화유산의 일부분으로 인식하는 실행, 표출, 표현, 지식 및 기술뿐 아니라 이와 관련된 전달 도구, 사물, 유물 및 문화 공간 모두를 의미한다.

유네스코 **무형문화유산보호협약**에 따르면 무형문화유산의 전달체로서의 언어를 포함한 구전 전통 및 표현, 공연 예술 , 사회적 실행, 의식 및 축제, 자연과 우주에 대한 지식 및 관습, 전통적 공예 기술 등이 그 대상이다.

그리고 무형유산의 중요성에 대한 인식 제고에 기여함으로써 전 세계 문화다양성을 보여 주고 인류 창의성을 증명하는 데 기여할 것과, 해당 유산을 보호하고 증진할 수 있는 보호 조치가 구체화되어 있을 것 및 공동체, 단체, 개인의 자유로운 동의에 기반한 광범위한 참여가 있어야 한다. 특히, 해당 유산은 등재신청 당사국이 영토 내에 있는 무형유산을 위해 만든 분류목록에 포함되어야 한다.

이와 같은 조건을 만족하여 인류문화유산으로 등재되는 경우, 무형유산의 국내적, 국제적 가시성 제고를 통한 무형유산의 이해 증진시키기 위하여 다음과 같은 효력이 발생한다.

- 무형유산 보호를 위한 유네스코의 지원
- 국제적 차원에서의 정보 및 경험 교환 지원
- 무형유산의 보전의 다양한 측면과 관련된 연구
- 전문가 및 활동가 지원
- 필요한 인력에 대한 훈련 및 규범마련 지원
- 보호를 위한 재정 및 기술 지원 등

2003년 유네스코 무형문화유산 보호 협약에 따라 문화적 다양성과 창의성이 유지될 수 있도록, 대표목록 또는 긴급목록에 각국의 무형유산을 등재하는 제도에 의해 인류문화유산으로 지정된다. 현재는 128개국 378건이 등록되어있다. 2005년까지 인류구전 및 무형유산걸작이라는 명칭으로 유네스코 프로그램 사업이 있었으며 지금은 세계유산과 마찬가지로 정부간 협약으로 발전하였다.

우리나라의 경우 등재된 것으로는 종묘제례 및 종묘제례악(2001), 판소리(2003), 강릉단오제(2005), 강강술래(2009), 남사당놀이(2009), 영산재(2009), 제주칠머리당 영등굿(2009), 처용무(2009), 시조시 가곡(2010), 대목장(2010), 매사냥(2010), 줄타기(2011), 택견(2011), 한산모시짜기(2011), 아리랑(2012), 김장문화(2013), 농악(2014), 줄다리기(2015), 제주해녀문화(2016) 등이 있다.

19 천연기념물

천연기념물은 동물, 식물, 광물, 동굴, 지질, 생물학적 생성물, 자연현상 중에서 민족의 역사성을 확인시켜주는 역사적, 문화적, 과학적 가치가 있거나, 경관이 특별히 아름다우면서 학술적 가치가 큰 것으로서 **문화재보호법**에 의거하여 지정한 것이다.

천연기념물로 보호하는 동물은 **서식지**와 **번식지**, **도래지**까지 포함시키는 개념이며, 식물에 대해서는 **자생지**까지 포함한다.

문화재보호법에 의해 지정된 천연기념물은 동물, 식물, 지질(천연동굴 포함), 천연보호구역 등이 있다.

(1) 경상남도 천연기념물

1) 통영 비진도 팔손이나무 자생지(천연기념물 제63호 1962.12.07.)

팔손이나무는 두릅나무과에 속하는 상록관목으로 경상남도 남해와 거제도 등 해변의 산골짜기에서 자란다. 잎이 손바닥모양과 같이 7~9갈래로 갈라진데서 붙여진 이름이며, **팔각금반** 또는 **팔금반**이라고도 한다.

통영 비진도의 팔손이나무 자생지는 통영시 한산면 비진도라는 섬에 위치하고 있다. 한때 태풍으로 큰 피해를 받은 일이 있으며, 동백나무, 후박나무, 생달나무, 자금우 등과 함께 자라고 있다.

팔손이나무 전설은, 옛날 인도에 '바스바'라는 공주가 있었다. 공주의 열일곱 생일날 어머니가 예쁜 쌍가락지를 선물로 주었다. 그런데 공주의 한 시녀가 공주방을 청소하다가 반지에 호기심이 생겨 양손의 엄지손가락에 각각 한 개씩 껴 보았다. 하지만 한번 끼워진 반지가 빠지지 않자 두려움에 시녀는 그 반지 위에 다른 것을 끼워 감추었다. 반지를 잃고 슬퍼하는 공주를 위해 왕이 궁궐의 모든 사람을 조사하자, 시녀는 왕의 앞에서 두 엄지를 제외한 여덟 개의 손가락을 내밀었다. 그때 하늘에서 천둥과 번개가 치고 벼락이 떨어지는 순간 시녀는 팔손이나무로 변했다.

2) 통영 욕지도 모밀잣밤나무 숲(천연기념물 제343호 1962.12.07.)

이 숲은 동항마을 뒷산에 위치한 상록수림으로, 숲을 구성하고 있는 식물들은 대표적인 모밀잣밤나무 100여 그루 외에 상록수인 사스레피나무, 보리밥나무, 팔손이, 생달나무, 모람, 자금우, 마삭줄, 광나무 등과 넓은 잎이 봄에 돋았다가 가을에 떨어지는 작살, 때죽나무, 떡윤노리, 개서어나무, 검노린재, 굴피나무, 청미래덩굴, 붉나무, 누리장, 두릅나무, 예덕, 칡, 계요등, 인동, 벚나무, 굴참, 쇠물푸레, 멍석딸기, 댕댕이덩굴, 섬덜꿩, 보리수, 국수나무, 진달래, 조록싸리, 팥배나무 등이 있고, 보기드문 식물인 해변싸리, 애기등, 민땅비사리가 있으며, 소엽맥문동, 향등골나무, 마, 단풍마, 떡잎골무꽃, 산거울, 억새, 삽주, 하늘타리, 쇠무릅, 산박하, 애기나리 등의 풀들이 자라고 있다.

이 모밀잣밤나무 숲은 물고기를 보호하고 숲 가까이로 유인하는 **어부림**으로서 중요한 역할을 하고 있으며, 우리나라의 대표적인 상록수림 중의 하나여서 천연기념물로 지정하여 보호하고 있다.

3) 하동 중평리 장구섬 화석 산지(천연기념물 제477호 2007.05.07.)

장구섬은 무인도로 보존상태가 양호한 다량의 중생대 백악기 이매패류(유삼각조개, 낙동의 습주조개 등) 화석과 조각류 공룡의 발자국 화석이 산출될 뿐 아니라, 악어 두개골 화석, 오리주둥이 공룡 이빨 화석, 거북의 배갑 화석 및 각종 무척추동물의 생활흔적 화석 등 다양한 화석이 산출되고 있어 학술적 가치가 큰 화석산지다. 특히, 이곳에서 발견된 오리주둥이 공룡의 이빨은 우리나라 최초의 조각류 초식공룡 이빨화석이며, 원시 악어의 머리뼈는 지금까지 국내에서 발견된 모든 육상 척추동물의 화석 중에서 가장 완벽하게 보존된 머리뼈로 귀중한 자연사 자료로 평가되고 있다.

4) 가지산 철쭉나무군락 (천연기념물 제462호 2005.08.19.)

가지산[83] 철쭉나무 군락지는 울산광역시 울주군, 경상남도 밀양시, 경상북도 청도군에 걸쳐 있는 가지산의 산정상부에 위치한다.

---

83) 가지산은 해발 1,240 m이며, 백두대간에서 뻗어 나온 낙동정맥의 영남팔산 중에서 가장 높은 산으로 가지산도립공원의 주산이다. 철쭉나무 군락지와 주변의 식물상은 4강 35목 81과 225속 3아종 69변종 21품종 총 432종류이다. 까막딱다구리, 검독수리, 붉은배새매, 수리부엉이, 원앙, 하늘다람쥐, 수달 등의 천연기념물이 번식하거나 서식하는 것으로 알려져 있다.

철쭉나무는 진달래과 진달래속에 속하는 낙엽활엽관목으로 전국의 산에서 흔히 볼 수 있다. 신라 성덕왕 때 순정공이 강릉태수로 부임할 때 그의 부인 수로가 철쭉꽃을 갖고 싶어 하자 지나가던 농부가 꽃을 꺾어 바치고 불렀다는 **헌화가의 전설**이 삼국유사에 수록되어 있을 정도로 우리 민족 정서와 친숙한 꽃이다.

철쭉나무는 주로 활엽수림의 관목층을 이루는 것이 보통이다. 가지산의 철쭉나무 군락지에는 수고가 3.5~6.5 m, 수관폭이 6~10 m, 수령이 약 100~450년으로 추정되는 40여주의 철쭉나무 노거수 및 약 219,000여주의 철쭉나무가 산정상부인 981,850 ㎡에 집중적으로 군락을 형성하고 있어 학술적, 경관적 자원으로서 가치가 크다.

5) 통영 추도 후박나무[84](천연기념물 제345호 1984.11.19.)

바닷가 언덕에서 자라고 있는 이 후박나무는 나이가 500년 정도로 추정된다. 높이 14.4 m, 남쪽 줄기둘레 2.26 m, 북서 줄기둘레 2.1 m의 크기로 줄기는 중간에서 나누어져 하나는 수평으로 바다를 향해 뻗어 있고, 다른 하나는 위를 향해 자라고 있다. 주변에는 돈나무, 느티나무, 예덕나무, 꾸지나무, 보리밥나무 등이 같이 자라 바람을 막아 주는 방풍림의 역할도 하고 있다. 마을 사람들은 이 나무가 마을을 보호한다고 믿고 있다. 이 후박나무는 오랜 세월동안 조상들의 관심과 보살핌 가운데 살아온 나무로 민속적·생물학적 가치가 높아 천연기념물로 지정·보호하고 있다.

84) 후박나무는 녹나무과에 속하며 제주도와 울릉도 등 따뜻한 남쪽 섬지방에서 자라는 나무로 일본, 대만 및 중국 남쪽에도 분포하고 있다. 주로 해안을 따라 자라며 껍질과 열매는 약재로 쓰인다. 나무가 웅장한 맛을 주고 아름다워서 정원수, 공원수 등에 이용되고 바람을 막기 위한 방풍용으로도 심어지고 있다.

6) 통영 우도 생달나무와 후박나무(천연기념물 제335호 1984.11.19.)

생달나무는 남쪽의 따뜻한 해안가 평지에서 주로 자란다. 꽃은 4~5월에 피며 열매는 7~9월에 열린다.

후박나무는 울릉도와 제주도 및 남쪽 섬에서 자라며 주로 해안가에서 자란다. 나무가 웅장하고 아름다워서 정원수, 공원수 등에 이용되며 바람을 막아주는 방풍용으로도 많이 심는다.

통영 우도의 이 나무들은 마을을 지켜주고 보호해주는 서낭림으로 마을 뒷쪽에 생달나무 3그루와 후박나무 1그루가 높이 20 m 정도의 작은 숲을 이루고 있다. 생달나무 중 가장 큰 나무의 나이는 400년 정도로 추정되며, 후박나무의 나이는 500년으로 추정하고 있다. 나무 밑에는 계요등, 섬딸기 등이 자라고 있으며, 주변에는 작은 동백나무 숲이 있다. 마을 사람들은 생달나무와 후박나무가 마을을 지켜주고 있다고 믿어 오랜 세월동안 잘 보호해 왔으며, 문화적·생물학적 보존가치가 인정되어 천연기념물로 지정·보호하고 있다.

7) 통영 홍도 괭이갈매기 번식지(천연기념물 제335호 1982.11.20.)

괭이갈매기는 우리나라 해안과 섬 지방 전역에 서식하는 텃새로 일본, 연해주 남부, 사할린 남부, 쿠릴열도 남부, 중국연안 등지에서 번식한다. 암컷과 수컷이 같은 모습이며, 몸길이는 약 43 ㎝ 정도다. 풀밭이나 작은 나무, 덤불들이 드문드문 자라는 곳에 둥지를 틀며, 둥지는 마른 풀로 만든다. 먹이는 주로 어류, 양서류, 연체동물, 곤충류 등이다. 물고기떼가 있는 곳에 잘 모이기 때문에 어장이나 어군을 찾는데 도움을 주어 옛날부터 어부들의 사랑을 받았다.

홍도는 경상남도 통영에서 50.5 ㎞ 떨어진 거리에 위치하는 섬으로 주위가 암벽으로 둘러싸여 있다. 동백나무가 곳곳에 있고 대부분 풀과 같은 연한 식물로 덮여 있다. 괭이갈매기는 암초 또는 나무나 풀이 드문드문 자라는 곳에 둥지를 만들지만 번식이 끝나면 이 섬을 떠나 남해안의 항구나 해안가에 무리를 지어 생활한다. 홍도 괭이갈매기 번식지는 괭이갈매기가 번식할 수 있는 천연적 생활환경 조건을 갖추고 있어 남해안의 대표적인 번식지로서 학술적 가치가 높아 천연기념물로 지정·보호하고 있다. 현재 통영 홍도는 괭이갈매기 번식지 보호를 위해 공개제한지역으로 지정되어 있어 관리 및 학술 목적 등으로 출입하고자 할 때에는 문화재청장의 허가를 받아 출입할 수 있다.

8) 합천 해인사 학사대 전나무(천연기념물 제541호 2012.11.13.)

합천 해인사 학사대 전나무는 신라말기 대학자이자 문장가인 최치원과 관련된 문헌기록(동국여지승람 등)과 지역의 전설로 전해지고 있다. 1757년경 후계목을 식재한 기록(백불암집)도 남아 있어서 역사적·문화적 가치가 인정된다. 나무의 굵기나 높이에 있어서도 보기 드문 전나무로 수령이 250년 정도로 추정되는 **노거수**다. 이미 지정된 천연기념물 제495호 진안 천황사 전나무와 비슷한 크기로 수목 규모와 역사성이 우수하다.

9) 진주 호탄동 익룡·새·공룡 발자국 화석산지(천연기념물 제534호 2011.10.14.)

이 익룡 발자국은 숫자와 밀집도면에서 국내 최대며, 좁은 장소에서 익룡 발자국 화석들이 다수 발견되어, 세계적으로도 드문 학술적 가치로 중요성이 매우 높은 화석산지다. 다른 공룡과 새의 발자국 화석들도 함께 발견되기 때문에 중생대 백악기 고생태 및 지질학 연구 및 교육에 있어 매우 중요한 지역이다.

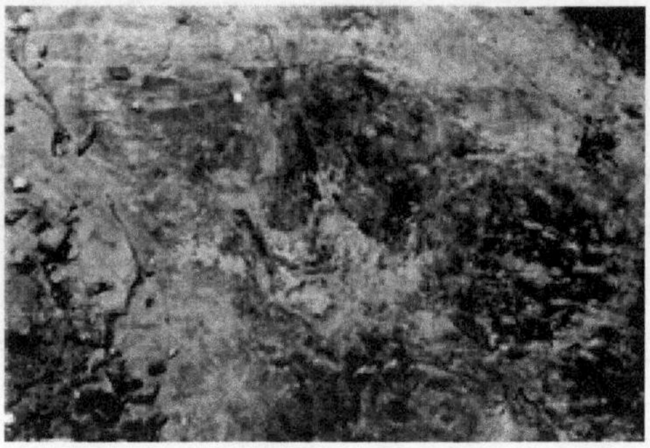

10) 진주 가진리 새발자국과 공룡발자국화석 산지(천연기념물 제395호 1998.12.23.)

진주 가진리의 새발자국 및 공룡발자국 화석지는 세계적으로 찾아보기 힘든 1억년 전 중생대 백악기의 물떼새, 공룡, 익룡의 발자국이 혼합해 당시의 생태계를 잘 보여주는 자연사 박물관의 기능을 지닌 장소다. 화석이 발견된 지역은 원래 해발 55 m 정도의 구릉지로, 경남과학교육원 건물을 신축하기 위해 약 35 m까지 땅을 파 내려가다가 돌 속에서 화석이 발견됨에 따라 알려지게 되었다.

발굴 결과 5개 지역에서 도요물떼새발자국 2,500개, 공룡발자국 80개, 익룡발자국 20개, 30×40 ㎝ 크기의 새발자국 화석 365개가 수집되었다. 또한 땅의 겉표면이 말라 거북이 등처럼 갈라져 터진 모양 및 물결자국 등도 발견되었다.

11) 김해 상동 분청사기 가마터(시도기념물 제288호 2017.07.13.)

세종실록지리지에 김해도호부 동쪽에 하품을 생산하던 **감물야촌**[85)]에 1개의 자기소가 있었다는 기록이 있으며, 상동면 대감리는 대감물야리가 축약되어 생긴 지명으로 조선시대 **공납 자기소**일 가능성이 높은 지역이다.

분청사기 가마 1기와 폐기장 3개소가 확인되었고 1호 가마와 1호 폐기장 하부에서 **삼국시대 분묘**가 확인되었다. 유적 내에서는 분청사기 편과 장흥이란 지명이 상감된 자기편이 출토되어 조선 중기 자기가마터로 추정되고, 이곳에서 생산되는 자기는 김해, 양산 부산지역으로 공급되었을 것으로 추정되는 중요한 유적이다.

---

85) 지역명칭 : 고려시대 감물야향(甘勿也鄕), 세종실록지리지 김해 감물야촌(甘勿也村)

12) 하동 범왕리 푸조나무(시도기념물 제123호 1993.01.08.)

푸조나무는 따뜻한 지방의 하천과 마을 인근에 많이 자란다. 곰솔, 팽나무와 함께 소금기 섞인 바닷바람에 잘 견디기 때문에 바닷바람을 막아주는 방풍림으로 적당하다. 팽나무와 비슷해서 곳에 따라서는 개팽나무, 개평나무 또는 검팽나무라 불리기도 한다.

하동 범왕리 푸조나무의 나이는 500년 정도로 추정되며, 높이 25 m 둘레가 6.25 m다. **최치원**이 신라말 혼탁한 세상을 등지고 지리산으로 들어가 더러워진 귀를 씻었다는 세이암 건너편에서 자라고 있다.

이 나무가 **세이암** 건너편에 자리하게 된 **전설**이 전해지는데, 최치원 선생이 지리산 신흥사로 들어갈 때 꽂아 두었던 지팡이에서 싹이 자란 나무라고 하며, 선생은 이 나무가 살아 있으면 나도 살았고 이 나무가 죽으면 나도 죽을 것이라고 말했다고 한다.

13) 거제 윤돌섬 상록수림(시도기념물 제239호 2002.02.14.)

윤돌섬은 거제시 일운면 구조라리 서쪽, 양지마을 남쪽 500 m 해상에 위치하고 있으며 면적은 11,207 m로 섬의 70~80%가 상록활엽수로 덮여있는 무인도다.

상록수림을 형성하고 있는 주된 수종은 동백나무와 구실잣밤나무의 점유율이 가장 높다. 그 외에도 광나무, 팔손이, 센달나무, 자금우, 보리밥나무, 남오미자, 돈나무 등의 상록수가 자라고 있다. 상록수림 바닥에는 이대(신위대)가 무성하고 남쪽 절벽 가까이는 해송이 번성하고 있다. 특히 이 섬의 남쪽 높은 곳에는 1 m 높이의 나무 둘레가 2.5~3.5 m나 되는 구실잣밤나무 노거수들이 여러 그루 자라고 있다.

낙엽활엽수로는 팽나무, 예덕나무, 보리수나무, 천선과나무, 산검양옻나무, 자귀나무, 사위질빵, 개머루, 으아리, 자금우, 칡 등이 상록수림 가장자리에 자라고 있다. **초본식물**로는 털머위, 큰천남성, 계요등, 며느리밑씻개, 비짜루, 맥문동, 산국, 단풍마, 은꿩의다리, 망초 등이 자라고 있다.

이 섬의 **전설**은 옛날 윤돌섬에 한 과부가 윤씨 성을 지닌 삼형제를 데리고 살고 있었다. 건너편 양지마을에는 바다에서 아내를 잃고 날마다 허공에 뜬 달만 쳐다보고 있다고 해서 주위 사람들이 망월이라고 부르는 홀아비가 살고 있었다. 이들 두 사람은 어느덧 서로 간에 연정을 느끼게 되었고, 물이 많이 빠지는 밤이면 윤돌섬의 과부

는 발을 걷어 올리고 물을 건너 양지마을 망월 노인을 찾아가곤 하였다. 추운 겨울이 되자 이를 몰래 바라보고만 있던 아들 삼형제는 어머니를 위하여 큰 돌을 옮겨 징검다리를 놓아주니 그 후로는 어머니는 버선을 벗지 아니하고도 양지마을 망월 노인을 수시로 찾아갈 수 있게 되었다. 윤씨 삼형제가 어머니를 위하여 돌다리를 놓았다 해서 윤돌섬 또는 효자섬이라고 부르게 되었다고 한다.

14) 하동 정금리 차나무(시도기념물 제264호 2006.01.12.)

이 차나무는 정금리 회강이골 해발 약 200 m의 산중턱에 계단식으로 조성된 차원 중상부에 생육하고 있으며, 수고는 4.2 m, 지표면 부분의 나무둘레는 57 cm, 수관폭 5.6 m며, 수령은 100여년으로 추정된다.

지금까지 알려진 바로는 우리나라에서 **가장 굵고 큰 차나무**다.

15) 하동 청룡리 은행나무(시도기념물 제253호 2004.03.18.)

청룡리 은행나무는 수령이 약 600여년으로 수고 38 m, 흉고둘레 10.6 m나 되는 거목으로 경상남도에서는 **가장 굵은 나무**다. 생육상태는 나무의 원줄기가 고사하였고, 그 줄기에서 직립으로 돋아난 맹아지[86] 8개가 붙어 자라 하나의 큰 줄기를 형성하고 있다. 또한 세상에 큰 변고가 있을 때 이 나무는 울음소리를 낸다는 전설 등이 있다.

86) 휴면상태에 있던 나무의 눈에서 자란 가지

이 은행나무에 얽힌 **전설**은 흥미롭고 다양하며, 동민들은 이 나무를 마을의 **수호신**으로 섬기면서 오늘날에도 매년 음력 정월 그믐날이 되면 이 나무 아래에서 동제를 지내고 있다. 하동 옥종면에서는 10월 1일을 은행나무 축제일로 정하여 문화행사를 개최하는 등 우리 조상들의 자연숭배 문화가 오늘날에도 고스란히 유지되고 있으므로 가치가 있다.

16) 함안 명관리 공룡발자국(문화재자료 제545호 2012.02.16.)

이 화석은 명관리 소재 백이산의 서북편 계곡에 위치한 화석으로 중생대 백악기 공룡 발자국으로 추정하고 있다. 일정 지역 내 암석의 지표면 3군데에 나타나고 있는 공룡발자국 화석은 지표면의 노출과 풍화작용으로 표면이 매우 거치나, 규칙적 배열과 일정한 크기와 형태 등으로 공룡의 발자국임을 짐작할 수 있다.

공룡발자국 화석이 분포하고 있는 이 지역은 9천만년 전 낮은 호수 주변의 부드러운 토사면 지역으로 이곳을 공룡들이 지나가면서 발자국의 흔적을 남겼으며, 그 후 압력과 열 등으로 암석으로 굳어지고 다시 융기하는 동안 침식을 받아 현재 지표면에 노출된 것으로 추정하고 있다.

전체 발자국의 규모는 100여개가 넘게 분포하고 있으며 2족보행과 4족보행의 배열이 고르게 나타나고 있으며, 모두 2족 보행의 조각류 공룡4마리와 4족 보행의 용각류 공룡 3마리의 발자국이 찍혀있어 학술적인 가치가 인정되었다.

(2) 숲의 분류

- **성황림**은 숲 안에 성황당(서낭당, 당집 등)이 있고 숲이 마을을 보호하여 준다고 믿어지는 숲으로 원주 성남지의 성황림(천연기념물 제93호), 주도의 상록수림(천연기념물 제28호) 등이 있다.
- **호안림**은 홍수 때 하천의 범람을 방지하고 제방을 보호함으로써 마을을 안전하게 하려는 숲으로 주로 줄나무 형태로 되어 있으며, 천연기념물 제366호로 지정된 담양의 관방제림 등이 있다.
- **방풍림**은 주로 해안가나 바람이 많은 곳에 조성되어 강풍을 막아주는 역할을 하며, 호안림과 마찬가지로 줄나무의 형태로 조성된 것이 대부분으로, 주도의 상록수림(천연기념물 제28호) 원주 성남지의 성황림(천연기념물 제93호)이 있다.
- **어부림**은 바닷가에 조성되어 있는 숲으로 해안의 강풍을 막고 물고기가 살 수 있는 쾌적한 환경을 형성하여 주며, 마을 사람들은 이러한 숲에 대부분 풍어제를 지낸다.
- **보해림**은 풍수지리설에 의한 마을의 지형적인 결함을 보완하기 위해 조성한 숲으로서 천연기념물 제108호인 함평 대동면의 줄나무가 이에 해당되는데, 화산인 마을 앞 수봉산의 불의 기운을 억누르기 위해서 심었다는 이야기가 전해온다.
- **역사림**은 숲과 관련된 특별한 고사나 전설 등이 전해지는 숲으로 함양 상림(천연기념물 제154호)은 신라시대 최치원이 조림하였다고 전해지고 있다.

원시림은 원생림, 처녀림(시대적으로 정정되어야 함)이라고 하며, 이때까지 인간이 이용한 적이 없는 삼림으로 천연상태로 있고 조림과 보육에 있어서 거의 인공이 가해지지 못한 산림이다.

천연림(자연림)은 자연 상태를 유지하고 있거나 비슷한 과정에 있는 산림으로 인공림의 반대적 개념이다.

인공림은 대부분의 산림이 이에 해당하며 인공적으로 나무를 심어 이루어진 인공조림이나 천연갱신으로 성립된 산림이다. 천연림 또는 원시림과 대응하는 것으로, **식재림**과 같은 의미로도 사용된다.

활엽수림은 활엽수로 이루어진 산림으로, 상록활엽수림과 낙엽활엽수림이 있다. **상록활엽수림**은 일년 이상 고사하지 않고 넓은 잎을 지닌 수림이며, **낙엽활엽수림**은 동계절에 잎을 떨어뜨리는 광엽수종으로 구성된 숲이다.

2차림은 벌채나 산불에 의해 파괴되었던 천연림이 사람의 간섭 없이 자연적으로 복원된 산림으로, 원시림이 사람 또는 자연의 큰 방해(**벌채, 산불, 해충 등**)작용에 의해 황폐화되어 다시 자연적으로 조성되고 성숙한 자연림이 되어 있는 삼림을 의미한다.

20 명승

명승이란 예로부터 경치가 좋기로 이름난 경승지로서 역사적·예술적·경관적 가치가 크며, 자연미가 빼어나게 아름다울 뿐만 아니라 그 형성과정에서 비롯된 고유성·희귀성·특수성이 큰 곳이 지정된다. 명승을 경관적 요소로 구분하면 산악경관, 계곡·폭포경관, 하천경관, 호소경관, 도서경관, 해안경관, 수계경관, 고원·평원경관, 암벽경관, 식생경관, 온천·냉광천지경관 등 다양한 형태가 있다.

번호	명 칭	소재지	지정일
제1호	명주 청학도 소금강	강원도 강릉시	1970.11.23.
2	거제 해금강	거제시 남부면	1971.03.23.
3	완도 정도리 구계동	전남 완도군 완도읍	1972.07.24.
4	해남대둔산일원	전남 해남군 삼산면	사적및명승지로전환
5	승주송광사선암사일원	전남 순천시 승주읍	
6	울진 불영사 계곡일원	경북 울진군 근남면	1979.12.11.
7	여수 상백도 하백도 일원	전남 여수시 삼산면	1979.12.11.
8	옹진 백령도 두무진	인천 옹진군 백령면	1997.12.30.
9	진도의 바닷길	진도군 고군면·의신면	2000.03.14.
10	삼각산	경기 고양시 덕양구	2003.10.31.
11	청송 주왕산 주왕계곡 일원	경북 청송군 부동면	2003.10.31.
12	진안 마이산	전북 진안군 진안읍	2003.10.31.
13	부안 채석강·적벽강 일원	전북 부안군 변산면	2004.11.17.
14	영월 어라연 일원	강원 영월군 영월읍	2004.12.07.
15	남해 가천마을 다랑이 논	경남 남해군 남면	2005.01.31.
16	예천 회룡포	경북 예천군 용궁면	2005.08.23.
17	부산 영도 태종대	부산 영도구 동삼동	2005.11.01.
18	소매물도 등대섬	경남 통영시 한산면	2006.08.24.
19	예천 선몽대 일원	경북 예천군 호명면	2006.11.16.
20	제천 의림지와 제림	충북 제천시 모산동	2006.12.04.
21	공주 고마나루	충남 공주시	2006.12.04.
22	영광법성진숲쟁이	전남 영광군 법성면	2007.02.01.

(다음 페이지에 계속)

번호	명 칭	소재지	지정일
제23호	봉화 청량산	경북 봉화군 명호면	2007.03.13.
24	부산 오륙도	부산 남구 용호동	2007.10.01.
25	순천 초연정 원림	전남 순천시 송광면	2007.12.07.
26	안동 백운정·개호송 숲 일원	경북 안동시 임하면	2007.12.07.
27	양양 낙산사 의상대와 홍련암	강원 양양군 강현면	2007.12.07.
28	삼척 죽서루와 오십천	강원 삼척시 성내동	2007.12.07.
29	구룡령 옛길	강원 양양군 서면	2007.12.07.
30	죽령 옛길	경북 영주시 풍기읍	2007.12.07.
31	문경 토끼비리	경북 문경시 마성면	2007.12.07.
32	문경 새재	경북 문경시 문경읍	2007.12.07.
33	광한루원	전북 남원시 요천로	2008.01.08.
34	보길도 윤선도 원림	전남 완도군 보길면	2008.01.08.
35	성락원	서울 성북구 선잠로2길	2008.01.08.
36	서울 부암동 백석동천	서울 종로구 부암동	2008.01.08.
37	동해 무릉계곡	강원 동해시 무릉로	2008.02.05.
38	장성 백양사 백학봉	전남 장성군 북하면	2008.02.05.
39	남해 금산	경남 남해군 상주면	2008.05.02.
40	담양 소쇄원	전남 담양군 남면	2008.05.02.
41	순천만	전남 순천시 안풍동	2008.06.16.
42	충주 탄금대	충북 충주시 칠금동	2008.07.09.
43	제주 서귀포 정방폭포	제주 서귀포시 칠십리로	2008.08.08.
44	단양 도담삼봉	충북 단양군 단양읍	2008.09.09.
45	단양 석문	충북 단양군 단양읍	2008.09.09.
46	단양 구담봉	충북 단양군 단성면	2008.09.09.
47	단양 사인암	충북 단양군 대강면	2008.09.09.
48	제천 옥순봉	충북 제천시 수산면	2008.09.09.
49	충주 계립령로 하늘재	충북 충주시 수안보면	2008.12.26.
50	영월 청령포	강원 영월군 남면	2008.12.26.
51	예천 초간정 원림	경북 예천군 용문면	2008.12.26.
52	구미 채미정	경북 구미시 남통동	2008.12.26.
53	거창 수승대	경남 거창군 위천면	2008.12.26.
54	고창 선운산 도솔계곡 일원	전북 고창군 아산면	2009.09.18.
55	무주 구천동 일사대 일원	전북 무주군 설천면	2009.09.18.
56	무주 구천동 파회·수심대	전북 무주군 설천면	2009.09.18.
57	담양 식영정 일원	전남 담양군 남면	2009.09.18.

(다음 페이지에 계속)

번호	명 칭	소재지	지정일
제58호	담양 명옥헌 원림	전남 담양군 고서면	2009.09.18.
59	해남 달마산 미황사 일원	전남 해남군 송지면	2009.09.18.
60	봉화 청암정과 석천계곡	경북 봉화군 봉화읍	2009.09.18.
61	속리산 법주사 일원	충북 보은군 속리산면	2009.09.18.
62	가야산 해인사 일원	경남 합천군 가야면	2009.09.18.
63	부여 구드래 일원	충남 부여군 부여읍	2009.09.18.
64	지리산 화엄사 일원	전남 구례군 마산면	2009.09.18.
65	조계산 송광사·선암사 일원	전남 순천시 승주읍	2009.09.18.
66	두륜산 대흥사 일원	전남 해남군 삼산면	2009.09.18.
67	서울 백악산 일원	서울 종로구 청운동	2009.09.18.
68	양양 하조대	강원 양양군 현북면	2009.09.18.
69	안면도 꽃지 할미할아비 바위	충남 태안군 안면읍	2009.09.18.
70	춘천 청평사 고려선원	강원 춘천시 북산면	2010.02.05.
71	남해 지족해협 죽방렴	경남 남해군 삼동	2010.08.18.
72	지리산 한신계곡 일원	경남 함양군 마천면	2010.08.18.
73	태백 검룡소	강원 태백시 창죽동	2010.08.18.
74	대관령 옛길	강원 강릉시 성산면	2010.11.15.
75	영월 한반도 지형	강원 영월군 한반도면	2011.06.10.
76	영월 선돌	강원 영월군 영월읍	2011.06.10.
77	제주 서귀포 산방산	제주 서귀포시 안덕면	2011.06.10.
78	제주 서귀포 쇠소깍	제주 서귀포시 쇠소깍로	2011.06.10.
79	제주 서귀포 외돌개	제주 서귀포시 서홍동	2011.06.10.
80	진도 운림산방	전남 진도군 의신면	2011.08.08.
81	포항 용계정과 덕동숲	포항시 북구 기북면	2011.08.08.
82	안동 만휴정 원림	경북 안동시 길안면	2011.08.08.
83	사라오름	제주 서귀포시 남원읍	2011.10.13.
84	영실기암과 오백나한	제주 서귀포시 하원동	2011.10.13.
85	함양 심진동 용추폭포	경남 함양군 안의면	2012.02.08.
86	함양 화림동 거연정 일원	경남 함양군 서하면	2012.02.08.
87	밀양 월연대 일원	경남 밀양시 용평동	2012.02.08.
88	거창 용암정 일원	경남 거창군 북상면	2012.04.10.
89	화순 임대정 원림	전남 화순군 남면	2012.04.10.
90	한라산 백록담	제주 서귀포시 토평동	2012.11.23.
91	한라산 선작지왓	제주 서귀포시 영남동	2012.12.17.
92	제주 방선문	제주 제주시 오등동	2013.01.04.

(다음 페이지에 계속)

번호	명 칭	소재지	지정일
제93호	포천 화적연	경기 포천시 영북면	2013.01.04.
94	포천 한탄강 멍우리 협곡	경기 포천시 관인면	2013.02.06.
95	설악산 비룡폭포 계곡 일원	강원 속초시 설악동	2013.03.11.
96	설악산 토왕성폭포	강원 속초시 설악동	2013.03.11.
97	설악산 대승폭포	강원 인제군 북면	2013.03.11.
98	설악산 십이선녀탕 일원	강원 인제군 북면	2013.03.11.
99	설악산 수렴동·구곡담 일원	강원 인제군 북면	2013.03.11.
100	설악산 울산바위	강원 속초시 설악동	2013.03.11.
101	설악산 비선대,천불동 일원	강원 속초시 설악동	2013.03.11.
102	설악산 용아장성	강원 인제군 북면	2013.03.11.
103	설악산 공룡능선	강원 일원	2013.03.11.
104	설악산 내설악 만경대	강원 인제군 북면	2013.03.11.
105	청송 주산지 일원	경북 청송군 부동면	2013.03.21.
106	강릉 용연계곡 일원	강원 강릉시 사천면	2013.03.21.
107	광주 환벽당 일원	광주 북구 충효동	2013.11.06.
108	강릉 경포대와 경포호	강원 강릉시 저동	2013.12.30.
109	남양주 운길산 수종사 일원	경기 남양주시 송촌리	2014.03.12.
110	괴산 화양구곡	충북 괴산군 청천면	2014.08.28.
111	구례 오산 사성암 일원	전남 구례군 문척면	2014.08.28.
112	화순 적벽	전남 화순군 이서면	2017.02.09.
113	군산 선유도 망주봉 일원	전북 군산시 옥도면	2018.06.04.
114	동해 추암	강원 동해시 추암동	2018년

21 궁궐

궁궐의 특징은 **배산임수**형으로 뒤로는 산이 감싸고 앞으로는 물이 흐르도록 한다. 궁궐을 바라보며 왼쪽에는 **사직단**[87], 오른쪽에는 **종묘**[88]가 있는 **좌묘우사**를 지키고 있으며, 왕실의 존엄성과 권위를 상징하기 위해서 대규모로 화려하게 건축되었다.

궁궐은 여러 건축물로 이뤄지며 그 크기와 격에 따라 전, 당, 합, 각, 재, 헌, 루, 정으로 구분된다.[89] **전당합각재헌루정**은 품격이 높은 것에서 낮은 것으로 가는 순서며 건물들의 신분과 위계질서가 유지되었다.

전은 가장 격식이 높고 규모도 큰, 여러 건물들 중 으뜸인 건물로 왕, 왕비 또는 상왕대비, 왕대비 등 궐 안의 웃어른이 사용하는 건물에 그 이름이 붙으며, 근정전, 강령전, 교태전, 자경전 등이 있다.

당은 전에 비해 규모는 비슷하나 한 단계 낮은 격이다. 전은 공식적 성격을 지니는 반면 당은 다소 사적인 용도로 사용되며, 전에 딸린 부속건물이거나 부속공간의 중심건물을 격을 지닌다. 양화당, 희정당, 명륜당 등이 있다.

합(각)은 전과 당의 부속건물이거나 또는 그것을 보위하는 건물이 대부분이다. 양정합, 일신합, 덕성합, 규장각, 동십자각, 곤령합 등이 있다.

재(헌)은 모두 왕실의 주요인물보다는 왕실가족이나 궁궐에서 활동하는 사람들이 주로 사용하는 건물에 붙여지는데, **재**는 주로 일상적 주거용으로, **헌**은 공무적 기능을 가진 경우가 많으며, 낙선재, 집옥재, 영춘헌, 정관헌 등이 있다.

누(루)는 원두막 모양으로 마루를 지면으로부터 높이 띄워 습기를 피하고 통풍이 원활하도록 만든 건물로 휴식과 유희를 주목적으로 하는 건물로, 경회루, 광한루, 용무루, 촉석루, 영남루 등이 유명하다.

정은 정자를 의미하며 휴식이나 연회공간으로 활용된다. 누와 사용 목적은 비슷하나 정은 규모가 작고 개인적인데 비해, 누는 건물이 크고 공공성을 가지며 사적인 행사보다는 공적인 행사를 위한 시설로 주로 사용되었다. 향원정, 청의정, 상양정 등이 있다.

---

87) 토지신인 국사신과 곡물신인 국직신의 제사를 올리는 곳
88) 역대 왕과 왕비의 신위를 봉안한 사당
89) 전(殿), 당(堂), 합(閤), 각(閣), 재(齋), 헌(軒), 루(樓), 정(亭)

또, 궁궐은 **오문삼조**의 공간구조를 이루는데 이는 중국 고대부터 전해오는 궁궐 구성의 원칙적인 구성에 원인이 있다.

오문삼조는 궁궐은 궁성으로 둘러싸여 있고, 그 내부가 몇 개의 구역으로 나뉘어있는 것으로, 각 구역에는 들어가는 문이 남에서 북으로 가면서 다섯 개가 배열되어 있는 구조다. 이 다섯 문 안에 외조, 치조, 연조라는 세 조정이 있어 오문삼조라 한다.

외전은 왕이 공식적으로 신하들을 만나는 공간으로, 핵심이 되는 공간이 바로 정전이다. **정전**은 궁궐에서 외형상 가장 화려하고 권위가 있는 공간으로 조정의 조회와 사신의 응대, 각종 잔치를 벌이는 국가의 공식적인 의식을 거행한다. **편전**은 왕이 일하던 곳으로, 공부도 하고 신하들과 회의도 나누던 곳으로 모두 기록된다.

내전은 궁의 중앙에 위치하며, 왕과 왕비의 공식 활동과 일상적인 생활이 이루어지는 공간이다. 위치만 궁의 중앙에 있는 것만이 아니라 궁의 핵심을 이루는 기능도 하였다. 내전은 크게 보아 대전과 중궁전으로 구성된다. **대전**은 왕이 기거하는 공간이며, **중궁전**은 왕비가 기거하고 활동하는 공간으로 가장 안쪽에 위치한다. 한편, 왕의 침소는 **침전**이라 한다. **대비전**은 임금님의 웃어른이 사는 공간으로 왕의 효도는 중요한 일이었다.

동궁은 왕위의 계승자인 세자가 활동하는 곳으로, 왕위를 이을 세자는 국가적으로 중요한 인물이기 때문에 내전의 동편에 그 처소를 마련하여 '떠오르는 해'와 같다는 의식을 부여했다.

궐내각사는 궁궐 안에서 활동하는 여러 관리들이 업무를 보던 공간으로, 관서들을 이르는 말이다. 궐내각사에는 정치, 행정 업무를 담당하는 기구, 경비와 호위 등 군사 관계 업무를 담당하는 기구, 왕실 시중과 궁궐의 시설 관리를 맡는 관리기구 등이 있다. 궐내각사는 다음과 같은 것들이 있다.

- 빈청 : 정승, 판서 등 고위 관리들의 회의 공간
- 정청 : 이조와 병조의 관원들이 들어와 인사 업무를 처리
- 대청 : 사헌부와 사간원의 언관들이 언론 활동 논의
- 승정원 : 왕명 출납을 담당하는 승지들의 관서
- 홍문관 : 학문을 도야하여 왕의 주문에 대응하고 왕과 함께 경전과 역사 토론
- 춘추관 : 외교문서를 짓는 예문관, 실록 편찬 등 역사기록 등

22 고건축

(1) 지붕구조

팔작지붕은 양측 지붕면 위에 삼각형의 합각이 있어, 우진각지붕 상부를 수평으로 잘라 그 위에 맞배지붕을 올려놓은 것 같은 복합형 지붕형식이다. 가장 완비된 지붕형식으로 기와지붕의 구성에 아주 적절하다. 가구가 맞배지붕이나 우진각지붕보다 복잡하나 외관상 위용이 궁궐건축과 사찰건축에 있어 정전, 금당 같은 중심이 되는 건축에 적용되었다.

맞배지붕은 지붕의 완각이 잘려진 가장 간단한 지붕형식으로, 측면 가구가 노출된다. 지붕면이 양면으로 경사를 지어 팔자형(八)을 이룬다. 정면에서 보면 장방형의 지붕면이 보이며, 측면에서는 지붕면 테두리(내림마루)만 보인다. 수덕사 대웅전과 무위사 극락보전 등이 대표적이다.

우진각지붕은 지붕면이 사방으로 경사를 짓고 있는 형식으로, 정면에서 보면 사다리꼴 모양이며 측면에서는 삼각형이다. 팔작지붕이 중국 중원 지방의 중국식이라고 한다면, 우진각지붕은 북방성의 요나라방식 구조다.

고구려 지붕은 맞배지붕과 우진각지붕이 보편적이고, 당나라와의 교류 이후로 팔작지붕이 크게 보급된 측면이 있다.

남대문, 창덕궁, 돈화문, 덕수궁 대한문, 해인사 대장경판고 등이 우진각 형식이며, 궁궐건축 중에 정문이나 문루 등에 많이 보이는 형식이다.

팔작지붕

맞배지붕

우진각지붕

육모지붕[90]

90) 한국건축용어사전

모임지붕(육모지붕, 사모지붕 등)은 주로 정자건축에 사용되었으며, 지붕은 정자의 평면과 같은 형태다. 창덕궁 연경당의 농수정은 평면이 4각형으로 사모지붕이며, 경복궁의 향원정은 평면이 6각형으로 육모지붕으로 되어 있다.

(2) 주심포와 다포집

주심포는 공포를 기둥 위에만 배열한 것으로, 주심포건축은 주상포와 귀포가 특별히 구분되지 않는 경우가 많다. 그러나 부석사 무량수전은 팔작지붕이기 때문에 주상포와 귀포가 서로 다르다.

다포집은 공포를 기둥 위는 물론 기둥사이에도 꾸며 놓은 구조로,[91] 왕궁이나 사찰의 주요 법당 등에 부분적으로 채용되었다. 이는 매우 성행하여 조선 말기에는 지방의 조그마한 비각에도 채용되었다. 목조건축의 장식적 요소의 핵인 두공을 기둥머리 위에만 놓는 것이 주심포 양식의 특징이며, 두공이 많아서 기둥머리 위, 기둥과 기둥 사이에 공간포라는 두공을 배치한 것이 다포집이다.

귀포

91) 문화재청

지붕위의 구조물
• 치미 : 용마루 양 끝에 용 모양을 한 용두, 독수리 모양을 한 취두, 솔개모양
• 잡상 : 추녀마루나 내림마루에 설치하며, 마루끝 부분에서부터 위로 올라가면서 1)대당사부, 2)손행자, 3)저팔계, 4)사화상, 5)이귀박, 6)이구룡, 7)마화상, 8)삼살보살, 9)천산갑, 10)나토두 등을 순서대로 설치하고 보통 3좌가 기본이고 그 다음은 5, 7, 9 등 홀수로 설치

치미는 여러 가지 견해가 있으나 **길상**과 **벽사**[92]의 상징으로서 의장된 상상의 새인 **봉황**에서 비롯하였다는 게 일반적이다. 반우(한나라), 치미(진나라), 치문(당나라), **누미**(통일신라)[93] 등으로 시대마다 달리 불리었다.

잡상을 설치하는 것은 건물의 권위와 위엄을 상징하는 장식적 의미와, 재앙과 악귀를 막아주는 주술적인 의미다.

92) 吉祥, 辟邪 : 경사가 날 조짐, 귀신을 물리침
93) 반우(反羽), 치미(鴟尾), 치문(鴟吻), 누미(樓尾)

황룡사 치미

잡상

(3) 공포

처마의 무게를 받치기 위해 맞추어 댄 부재들을 통틀어 의미하며 **포**라고도 한다. 공포는 그 위에 올려진 보, 도리, 장혀 등으로 지붕의 무게를 균등하게 기둥에 전달하는 기능을 한다. **보**는 앞뒤로 위치한 두 기둥이나 벽 위에 수평으로 걸친 구조 부재고, **도리**는 보와 직각 방향으로 걸어 바로 그 위의 서까래를 받는 수평 부재로 지붕을 형성하는 뼈대다.

주심포형식은 기둥 위에만 포가 있는 공포형식으로 주로 조선 초기 이전에 많이 사용되었다.

다포형식은 기둥 위와 기둥 사이에도 포가 있는 공포형식으로 기둥 위에 있는 포를 주심포, 기둥 사이에 포를 **주간포** 또는 **간포**라 한다. 다포 형식은 주심포 형식에 비해 화려하고, 권위 있는 건물로 궁궐의 정전이나 사찰의 법당 등에 많이 사용되었다.

하앙형식은 특수한 다포형식으로 도리 아래 부재가 서까래처럼 경사를 갖고, 처마도리와 중도리를 지렛대처럼 받치고 있는 공포형식이다. 완주 화암사 극락전이 유일하다.[94]

---

94) 柱心包, 多包, 下昂

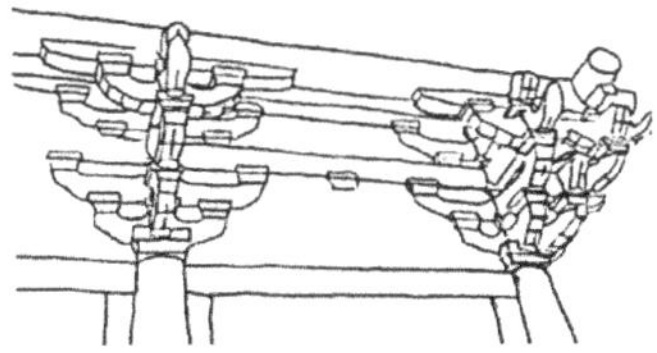

주심포형식

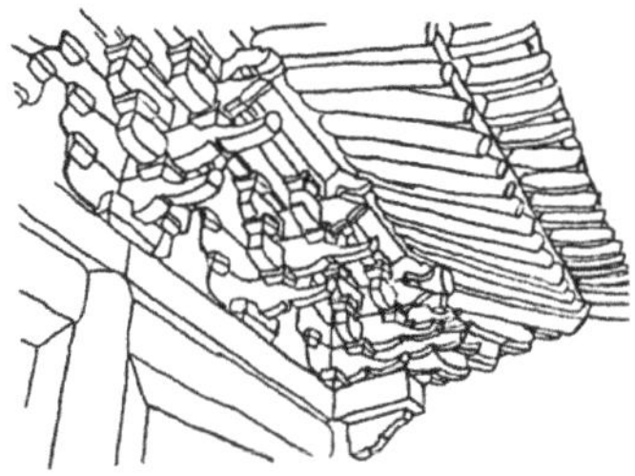

다포형식

익공양식

(4) 기둥

기둥은 지붕의 하중을 받아서 초석에 전달하는 수직구조물로 건축공간을 형성하는 기본뼈대다. 대들보가 수평력을 받는 부재라면 기둥은 수직력을 받는 부재로, 기둥을 세울 때는 원래 목재가 자라던 방향과 일치하도록 세워야 비틀림이나 갈라짐을 줄일 수 있다.

원통기둥은 기둥의 머리, 배, 뿌리의 굵기가 모두 같은 형식이다.

민흘림기둥은 기둥머리 지름보다 밑동 지름이 큰 기둥으로, 남대문, 수원 장안문, 개암사 대웅전, 화엄사 각황전 등이 있다.

배흘림기둥은 둥근기둥 중 기둥머리의 지름이 가장 작고 기둥몸이 가장 크며, 밑동이 기둥머리보다는 크고 기둥몸보다는 작은 기둥이다. 배흘림기둥은 고려시대부터 조선 초기까지 이어졌으며, 동서양에서 공통적으로 사용되어온 기둥 형식이다. 대표적으로 부석사 무량수전, 수덕사 대웅전, 강릉 객사문 등이 있다.

원통기둥

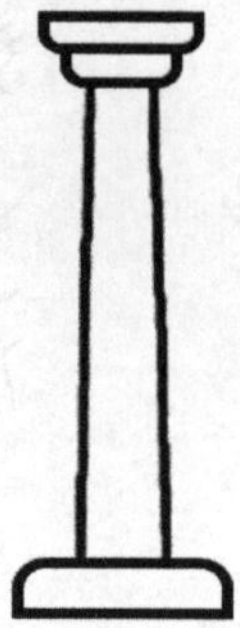

민흘림기둥

배흘림기둥

23 성곽

(1) 성곽의 구조

성곽은 적을 방어하기 위하여 흙이나 돌로 높이 쌓은 담을 의미하며, **성**은 안쪽에 쌓은 내성을 의미하고, **곽**은 바깥쪽 외성을 가리키지만 일반적으로는 이를 통틀어 **성**이라고 한다.

세 겹으로 구축된 성의 경우도 있으며, 이 때 가장 안쪽을 **내성**, 다음을 **중성**, 바깥을 **외성**이라 한다. **도성**의 경우에는 안쪽을 **왕성** 또는 **궁성**, 그 바깥쪽을 **나성**이라고 한다.

재료에 따른 분류

- **토성** : 흙으로 만든 성으로, 흙을 다져서 쌓는 **판축법**과 성터의 경사진 땅을 깎아서 만든 **삭토법**이 있다. 판축법에 의한 토성은 서울풍납리토성, 부여의 부소산성, 익산의 왕궁리 토성 등으로 주로 평지에 축조된다.
- **석성** : 돌을 쌓아 만든 성으로, 성을 쌓는 방법에는 편축법과 협축법이 있다. **편축법**은 눈에 보이는 외벽만을 돌로 쌓아 올리고 그 내부에는 흙이나 잡석을 채워 넣어 성벽을 축조하는 방식이며, **협축법**은 성벽의 안팎에서 돌을 쌓아올리는 방식이다.
- **목책성** : 나무를 이용하여 쌓은 성으로 초기의 형태다. 고구려와 신라에서 목책을 세웠다는 기록이 있으며, 조선시대에도 행주산성과 진주성, 남원성에 부수적으로 목책이 설치되었다.
- **전축성** : 벽돌로 쌓은 성으로, 임진왜란 후 실학자들이 전축성의 실리를 강조함에 따라 숙종대에 강화산성을 수축하면서 벽돌을 사용하였고, 이를 강화전성이라고 부른다. 수원 화성은 일부가 벽돌로 축조되었다.

성곽의 용도에 따른 종류[95)]

- **도성** : 왕궁이 있는 성으로 왕성이라고도 한다. 우리나라의 도성은 자연 지세에 따라 자연스럽게 축조한 특징이 있다. 고구려의 평양성, 백제의 부소산성, 신라의 금성과 반월성, 조선시대의 서울성곽 등이 대표적이다.
- **나성** : 안팎의 이중으로 된 성곽의 바깥 성벽으로, 삼국시대 초기에는 평지의 왕성과 그 배후에 있는 산성이 조를 이루고 있는 도성이 일반적이었으나 6세기경에 이르러 나성을 갖춘 도성제가 성립되었다. 삼국 중 신라의 경우에만 나성이 축조되지 않고 경주 주변의 동서남북 산 위에 산성을 쌓아 나성의 기능을 대신하게 하였다.
- **산성** : 산에 쌓은 성으로 우리나라에서는 산성이 발달하였다. 주로 평야를 앞에 둔 높은 산에 위치한다.
- **읍성** : 지방 행정부가 있는 고을에 쌓은 성으로 성 안에 관아와 민가가 있다. 행정기능과 군사적 기능을 가지며, 조선시대에는 행정구역의 대부분에 읍성을 쌓았다.
- **진성** : 조선 초기부터 수영이나 병영 밑에 두어 군대가 머물기 위한 성이다.
- **왜성** : 임진왜란 때 경남의 해안가(거제 4곳)에 주둔한 왜구들에 의해 축조된 일본식 성곽이다. 장문포왜성, 송진포왜성웅천안골왜성, 울산왜성, 순천왜성 등이 있다.
- **장성** : 여러 지역을 길게 둘러싼 성으로, 고구려 영류왕 때 동북의 부여성에서 요동지방에 이르는 해안선 1,000여리의 천리장승이 있다. 현존하는 유적으로는 신라가 왜적을 막기 위해 축조한 관문성과 남해장성 등이 있다.

95) 한국콘텐츠진흥원

성곽 용어[96)]

- **개거식 성문** : 성문의 입구 윗부분이 개방된 형태의 성문
- **평거식 성문** : 성문의 양쪽에 성벽을 쌓고 그 위에 장대석이나 판석을 걸쳐 방형으로 입구를 만든 성문
- **곡행문** : 안과 바깥이 S자형으로 굽어들며 들어가도록 된 문
- **현문식 성문** : 성문의 바닥이 일정 높이에서 시작되는 형식으로 다락문처럼 만들었으며 성문을 통해 출입하고자 할 때는 사다리 같은 도구를 활용하도록 만들어진 성문
- **문루식 성문** : 성 출입구 위에 문루를 만들어 감시 및 지휘소 역할을 하는 성문
- **노대** : 성 가운데에 활쏘기 등 공격이 쉽도록 높게 지은 대
- **돈대(공심돈)** : 성안의 높은 곳 평지에 축조한 포대
- **각루(각대)** : 성의 굴곡부나 돌출부 등에 지은 다락집
- **망루** : 적의 동태를 살피기 위한 누각
- **미석** : 성벽 맨 윗부분에 바깥으로 나오도록 얹은 돌
- **성우** : 적의 접근을 저지하기 위하여 돌이나 흙으로 만든 구축물
- **성가퀴(성첩, 여장, 타첩)** : 성 위에 낮게 쌓은 담
- **수문(수구문)** : 성 안의 물을 성 바깥으로 흘러나가게 한 도랑에 낸 문
- **아성** : 장군이 총지휘하는 내성
- **암문** : 성벽에 누각 없이 적에게 보이지 않도록 만든 작은 성문
- **옹성** : 성문의 앞을 가려 성문을 방어하는 작은 성
- **장대** : 장수 지휘대
- **적대** : 성문 양 옆에 외부로 돌출시켜 옹성과 성문을 적으로부터 지키는 사각형의 대
- **치** : 성벽에서 바깥쪽으로 튀어나오도록 쌓은 성벽, 적을 빨리 관측하고 성문을 보호하며 전투할 때 성벽에 접근한 적을 다양한 측면에서 공격하도록 한 시설
- **포루** : 적탄을 막고 아군의 사격을 효율적으로 하기 위하여 성면에서 돌출시켜 지은 건물
- **해자** : 성 밖을 둘러 판 물길
- **현안** : 성 밑을 살피거나 성에 접근하는 적을 겨냥해 낸 구멍
- **홍예** : 건축물 입구에 상부의 하중을 지탱하기 위하여 돌이나 벽돌 등으로 사다리꼴 또는 쐐기형으로 만들어 반원형이나 지게 모양의 곡선형으로 벽을 쌓은 곡선형의 뼈대 모양

치성

암문

포루

돈대

노대

각루

96) 한국콘텐츠진흥원

4부

문화관광해설 기법

24 문화관광해설사 정의와 역할

문화관광해설사의 정의와 역할은 다음과 같다.

문화관광해설사의 정의와 역할
• 관광객에게 현장에서 전문적 지식을 재미있고 손쉽게, 눈높이에 맞춰 전달하는 역할 • 관광객들의 재미와 감동, 체험요소를 제고하기 위해 인문사회, 자연과학 등 폭넓은 지식의 전달자(커뮤니케이터) 역할 • 관광종사원으로서 다양한 정보와 서비스의 제공을 위한 전문적 지식전달 • 방문 목적이나 관심분야, 연령층이 다양한 관광객을 만족시키기 위해 일반적인 시사와 같은 유머 등 가벼운 이야기 위주의 재미난 해설로부터 역사, 문화, 자연환경 등 관광자원에 대한 전문적 해설 • 감동과 재미를 주기 위한 준비와 연출 및 공연을 하는 **에듀테이너** (edutainer : education & entertainment) • 관광객의 추억 만들기, 대상지와 관광객 간의 우호적인 관계설정 • 관광객 방문 경험의 질적 향상 기여 • 관광정보의 생산 및 확산 • 관광객의 체류시간을 늘이고 재방문 유도 등 관광수요 창출 • 관광객들의 바람직한 관람예절과 건전한 관광문화 유도 • 자연환경과 문화재 등 주변 환경보호 선도 • 자원봉사[97]활동자로서 대가없이 자발적 시간과 노력 제공

97) 무보수성, 자발성, 공익성, 비영리성, 비정파성, 비종교성 등의 원칙으로 하는 수행

25 해설서비스

문화관광해설사의 전문성을 제고하기 위해서는 **교육과정의 강화**와 **해설서비스의 질적 수준제고**가 있어야 하며, 문화관광해설사 **운영사업**에 대하여 **평가**하고, 그 결과에 대한 **환류체계**를 구축하여야 한다.

또, 이의 기초적인 자료를 확보하기 위한 문화관광해설에 대한 **고객만족도 조사**가 필요하다.

이러한 운영과정은 지속적인 서비스 질 향상을 위한 자료가 될 것이며, 기존의 관주도 **하향식**(Top-to-Bottom)의 개발방식을 지양하고 잠재이용객의 수요를 바탕으로 참여를 유도하는 **상향식**(Bottom-to-Top)개발을 추진하기 위한 수단이 필요하다.

해설서비스 이용형태는 다양하게 나타나고 있으며, 일반적인 유형을 분석하면 문화관광해설사를 관리하는 방향을 검토할 수 있다.

이를 위한 분석은 다음과 같다.

해설서비스 이용형태
• 이전 해설서비스 경험 여부 • 문화관광해설사 인지도 • 문화관광해설사 인지경로 • 문화관광해설사 예약여부 • 문화관광해설사 예약경로 • 문화관광해설사 홍보/예약관련 • 시급 개선사항 등

26 해설서비스 만족도 제고

해설서비스 만족도 평가
• 해설서비스 만족도 • 이용 용이성 만족도 • 체감 만족도 • 타인 추천 의향 • 재이용 의향 • 타 지역 방문 시 해설서비스 이용 의향 • 해설내용 추가 포함 정도 • 기타 전반적인 만족도

해설사의 필수사항
• 전문적인 지식 보유 • 해설내용을 쉽도록하여 흥미유도 • 자연스러운 해설진행 • 주제를 잘 유지하는 해설내용 • 적절한 해설속도 • 깔끔한 복장

관광객들은 전문적인 지식을 갖춘 해설사가 해설을 쉽고 재미있게 구성해서, 자연스럽고 일관된 내용을 적절한 속도로 전달해 주기를 원하며, 설명 시 깔끔한 복장을 갖추기를 바란다.

기타 만족도 제고를 위한 고려사항

- 해설내용이 **방문자 특성에 따른 차별화** 구성·운영 정도
- 어린이, 성인, 노인, 대학생, 주부, 동호회, 모임 등 사전에 대상자 **특성별로 해설서비스 매뉴얼 구성**하여 해설하는 방식 수준
- 숙박체류자의 경우, 체류자당 체류시간도 해마다 증가하고 있으므로 **당일 방문자**와 **1박 이상 체류자**의 특성을 고려한 연계 관광지 안내 및 행사, 맛집, 볼거리 등 다양한 내용 포함
- 기타 체류자에 대한 **종합적 관광 가이드라인** 개발
- 해설내용에 각 지역의 **설화나 유래, 지역특산물, 지역축제 등을 접목**해 해설내용의 풍부성과 다양성으로 수요자의 흥미와 요구 충족
- 방문지에 대한 **다양한 정보제공**, 방문지의 **역사적 배경**, **주변 관광지 소개** 등

27 전문성

(1) 기획력과 해설을 위한 전문성

1) 기획안 작성

- 기획안 준비와 성실성
- 내용과 형식의 적절성

2) 준비 및 도입

- 사전준비 : 문화관광해설을 위한 준비(복장 등)
- 참가자와의 관계형성 : 참가자들과의 친밀한 분위기 조성
- 테마에 관한 관심유발 : 해설 주제에 대한 흥미와 관심 유도

3) 테마

- 참가자 특성에 맞는 테마 선정
- 테마에 부합하는 소재와 내용선정
- 해설 장소와 테마의 적합성

4) 흐름

- 정보량의 적절성
- 불필요한 지식 나열여부
- 앞뒤 내용의 연관성 및 일관성
- 집중과 이완
- 정적활동과 동적활동의 적절한 배치

5) 내용

- 내용의 과학성 및 정확성
- 소재활용 적합성
- 대상지 특성반영
- 해설가 및 참가자의 경험과 연관한 설명

6) 진행기술 및 태도

- 주의와 관심의 효율적 집중과 배분
- 적절한 해설위치 선정
- 위치별 시간 안배
- 해설자의 열의와 진지한 태도
- 질문에 대한 성실하고 전문적인 답변
- 자료 및 교구의 적절한 활용
- 안전사고 및 돌발 사고에 대한 대처 능력

7) 요약 및 정리

- 해설내용의 적절한 정리 요약
- 테마의 강조

8) 표현 및 공유

- 체험내용에 대한 표현 및 공유

(2) 기본소양

문화관광해설사의 경우, 주어진 주제를 전달하여 관광객으로 하여금 감동적인 관광시간이 되도록 해야 하며, 이를 위해 기본적으로 지녀야 할 소양은 다음과 같다.

문화관광해설사 기본적인 소양
• 문화관광해설사의 의미와 역할 • 문화관광해설사의 정의 이해 • 문화관광해설사의 자세와 태도 • 문화관광해설사의 역량 • 문화관광해설사의 책임과 임무 • 관광산업의 이해 • 지역별 문화관광해설사 정책 및 현황 이해 • 지역별 관광정책 및 동향 등 파악

문화관광해설사 자질
• 기본적인 대인·대고객 소양 • 정확한 언어 구사 : 발음, 문법, 속도, 강약, 고저 등 • 자원봉사자로서의 의지와 사명감 • 관광서비스 마인드 : 친절도, 친근감, 비혐오감 • 지속적인 활동 가능자 : 주2회, 월5회 이상 • 의무 봉사기간 이행 • 지역산업발전에 대한 이해 • 원만한 대인 관계적 인격 : 긍정성, 비감정성 • 논리적이고 근면·성실 등

(3) 지역역사, 문화, 관광, 산업 부문

이를 위해 일정한 교육 등을 통해 습득하고 필요한 경우 현장 답사 및 실습이 요구된다.

지역 역사 및 문화 부문
• 지역 사찰, 성곽, 전통건축의 이해 • 지역 역사, 문화재, 기념물 이해 • 지역 문화유적, 지역 역사문화의 특성 이해 • 지역 미술(회화, 도자기 등) • 전통 음악(국악, 판소리 등) • 종교 문화 (불교, 유교문화) 등 • 지역의 음식, 특산물 • 지역의 인물(예술가, 유명인물 등)

지역 자연, 생태, 환경자원 부문
• 지역의 자연문화 유산 • 지역별 관광자원의 이해 • 지역 축제, 지역 특산물 등 • 숲 해설 능력 • 환경보전과 보존의 개념 • 지속가능한 발전의 개념

주요 문화관광지별 표준 시나리오
• 인사 • 예약내용 • 해설 내용 • 마무리

(4) 외국어와 컴퓨터 부문

외국어 능력
• 문화관광 **영어, 일본어, 중국어** 등 • 관광 및 문화재 **전문용어** 및 표현 기법 • 지역 문화관광해설 **표현력** • 외국어권별 현장실습을 통한 실무적 능력 • 외국인 관광객에 대한 **응대 능력**

컴퓨터 능력
• 문화관광해설사 홈페이지 및 **유관기관 정보 검색 능력** • 예약방법, 고객관리, 운영관리 능력 • 정보검색·수집 및 활용 능력 • 워드프로세스(한글), 스프레드시트(엑셀), 프리젠테이션(파워포인트) 도구 활용능력 • SNS를 통한 해설정보 및 관광객과의 교류 능력 • 유투브, 페이스북, 블로그, 카페 등 소셜 네트워크 활용 및 사용 능력

(5) 안전관리 및 응급처치

안전관리 및 응급처치 능력
• 안전교육의 이론과 실제 • 장소 및 요인에 따른 사례 및 현황 분석 • 응급상황별 대응요령 • 야외활동 인솔요령 • 해설지에서 발생할 수 있는 안전사고 • 위험요소 모니터링 방법 • 위험요소 관리 및 사전예방법 • 기본적인 응급처치 및 기술 • 응급상황 대처요령 (환자 이송 및 관리) • 야외활동의 특징 및 주의사항

(6) 수화

수화 능력
• 수화 기본 회화 • 관광 관련 필수 단어, 표현 • 문화재 관련 필수 단어, 표현 • 수화해설

(7) 관광객 심리·특성분석

심리분석 및 소외계층 이해 능력
• 관광객의 심리 및 요구 특성 • 관광객 방문목적 유형, 관광객 특성별 접근전략 • 외국 관광객 국가별 정보 (역사, 종교, 음식, 분쟁 등 주의사항 학습) • 관광객 연령 및 타겟별 해설방법 • 소외계층에 대한 에티켓 • 장애인 응대 방법 • 커뮤니케이션 및 참여기술

(8) 기타

기타 능력
• 언어적, 비언어적 커뮤니케이션을 위한 자세와 표정 • 발표력과 표현력 • 시니리오 작성 • 동선을 위한 지리적 구조 : 멈춤장소, 뷰포인트, 포토존 등 • 모니터링 기법

28 해설표준안[98)]

단 계	서비스 내용
인사 및 환영	**1. 관광객에게 정중히 인사하고 환영** "안녕하십니까? 오늘 여러분과 함께 oooo코스를 여행하게 될 문화관광해설사 ooo입니다." "저는 oo시에서 oo년째 문화관광해설사 자원봉사를 하고 있습니다." "먼저, oo에 있는 oo에 오신 여러분을 환영합니다."
⬇	
예약 내용 확인 커뮤니케이션	**2. 문화관광해설 예약 내용을 확인** (관광객 성명 확인) "ooo님 오셨습니까? 예 반갑습니다." "ooo님 오셨습니까? 예, 어디에서 오셨어요? 먼 곳에서 오셨군요, 반갑습니다."
⬇	
주의 집중시키기	**3. 주의를 집중시켜 관광객이 해설을 경청하는 조건 만듦** * 다음은 판단에 따라 선택적 활용 1) 실제 있었던 이야기로 시작하기 2) 자원에 얽힌 유래로 시작하기 3) 질문으로 시작하기 : 부담스러운 질문은 피함 4) 통계로 시작하기 5) 다른 유사한 것과 비교하면서 시작하기 6) 관광객을 참여시키며 시작하기 7) 관광객들에게 해설이 무슨 도움이 되는지 말하기 "혹시 오늘 돌아보게 될 oo에 대해 조금이라도 아시는 분 계세요?" "oo이라는 이름은 어디서 나왔을까요?" "예, 맞습니다. 대답해주셔서 감사합니다. oo은 oo에 있어서 oo이라고도 합니다."
⬇	

98) 한국관광공사

단 계	서비스 내용
해설내용 안내	**4. 관광객이 어떤 해설을 듣게 될 것인지에 대한 전체상황 파악과 이해도를 높이고 흥미를 갖도록 하는 것으로 해설할 사항의 주요 골격 설명** "해설에 앞서 오늘 관광코스에 대해 간략하게 말씀드리도록 하겠습니다. 지금 여러분께서 서 있는 이곳은 oo입니다. 이곳을 시작으로 oo을 지나 (인접한 도시나 마을 또는 관광지 등) oo 까지를 돌아보고 처음 시작한 oo에서 마무리하는 코스입니다."
⬇	
해 설 및 마무리	**5. 해설을 할 관광자원에 대한 해설** * 주의점 1) 많은 것을 말하지 않는다 : 3~4개 정도 2) 일방적으로 말하지 않는다 : 의문문, 수사 의문문 사용 3) 짧고 선명한 문장을 사용한다. 4) 중간마다 인상적인 표현들을 사용하여 청중의 주의를 다시 집중시킨다. 5) 전문적인 내용에 대해서는 근거를 제시한다. 6) 전환문구들을 잘 구사하여 자연스럽고 체계적으로 설명한다. "앞서 말씀 드린 것처럼 ooo한 배경을 지니고 있는 곳을 보셨습니다. - 질문이 있는 경우, 충분히 답변 - 처음에 언급한 내용을 정리하는 입장에서 간단히 전달하여 관광의 기대를 높임. - 인근을 연계하여 관광이 지속되게 함. - 기타 주의점 등을 제공 - 감사와 마무리 발언 - 기타

29 해설사의 태도

친절은 남을 대하는 태도가 성의 있고 정다우며 고분고분한 것을 의미한다. 즉, 서비스를 받는 상대방이 편안하고 고맙게 느끼도록 하는 것으로, 남에게 보상을 바라지 않고 호감과 기쁨을 주고 고마움을 느끼게 하는 정성된 마음가짐과 몸가짐으로 이들이 잘못될 경우 상대방과의 관계에서 문제가 된다.

친절은 '잘 모르는 남'과의 관계를 전제로 한다

친절이니 불친절이니 하는 것은 낯선 사이, 잘 모르는 사이를 전제로 성립하는 얘기다. 잘 아는 사이에 있어서 친절이란 큰 의미가 없다. 따라서 불친절을 지적받을 때, 친구에게는 친절하다고 설명하는 건 어색한 일이다.

친절에 대한 평가는 내가 하는 것이 아니라 상대방이 하는 것이다

이와 같이 친절은 기본적으로 상대방을 위하는 것이다. 사람이 친절하다는 것은 기본적으로 남을 위하는 마음이 그 바탕이 되며, 그 마음은 **봉사정신**이다. 그리고 상대방을 위한다는 것은 상대방의 입장이나 기분에서 보아야 하며, 자칫 자기만의 입장에서 생각하면 잘못되기 쉽다.

친절은 형식적이어서는 안 되고 마음속에서 우러나와야 한다. 이것은 본인이 마음만 먹으면 별로 어려운 일이 아니다. 말속에서도 친절한 마음이 드러나야 한다. 친절과 봉사는 내가 좋아서 그리고 그렇게 하는 것이 보람 있고 기쁘기 때문에 한다고 생각해야 한다. 사람은 자기가 하고 싶은 것을 할 때 가장 행복하기 때문이고, 상대방을 즐겁게 하고 이로 인하여 나 자신도 즐겁기 때문이다.

사회구성원 모두가 친절을 당연히 좋은 것이라고 믿을 때 우리의 이웃과 사회는 따뜻하고 인정이 넘쳐 행복도가 증가할 것이다.

친절은 일순간을 유지하기는 쉽다. 그러나 이를 지속하지 못하면 결국 처음의 자세도 지적받게 된다. 바쁠수록 침착하고 여유 있게 그리고 상대방을 대하고 있어서 즐겁다는 마음자세를 지속하는 것이 중요하다. 이렇게 하는 것이 친절해 보일 뿐만 아니라 필요 없는 시비를 줄일 수도 있다.

친절은 인내심이 필요하다

처음에는 친절해야지 하고 마음먹고 있다가도 이것이 지속되지 못하는 것은, 인내심이 부족하기 때문이다. 격무와 반복적인 일상 속에서 짜증과 신경질이 나는 것은 자연스런 현상이지만, 때로는 참아내는 인내심이 필요하다. 한 번의 실수로 인해 이제까지의 친절이 모두 허사가 될 수 있기 때문이다.

친절은 표정이나 행동으로 나타난다
인사는 응대의 첫 동작이고 마지막 행동이다

밝은 **미소**는 응대하는 사람의 의무다. 웃는 얼굴일 때 상대방은 친근감을 느끼고 호감을 갖게 되며, 주변의 분위기는 밝아진다. 또한 자기 자신의 건강에도 좋다.

반가운 **인사**는 친절의 가장 **대표적인 상징**이다. 자신의 마음과 뜻이 담긴 인사는 메아리처럼 상대방의 머리와 가슴에 와 닿는다.

또, 친절은 자연스럽고 **나날이 발전**하는 것이다.

친절은 완전히 습관이 되어 잘 맞는 옷처럼 자기 몸에 배어야 한다. 친절한 행동을 하는 것이 조금도 어색하지 않고 아주 당연하고 자연스러운 것이 되어야 한다. 또한, 친절은 아직도 멀었다는 겸손한 자세를 항상 갖추어야 발전할 여지가 있다. 상대방의 욕구는 끝이 없는 것이다. 친절은 오늘은 만족할 수 있어도 내일은 그것만으로는 부족할 수도 있는 것이다.

친절한 태도는 습관에서 나온다
수시로 자신의 친절을 생각한다

친절의 원칙

- 친절은 비용이 들지 않는다.
- 친절은 건강에 도움이 된다.
- 친절하면 남녀노소 누구나 좋아한다.
- 친절하면 작은 실수도 눈감아 준다.
- 친절하면 경쟁에서 유리하다.
- 친절하면 많은 사람을 확보할 수 있다.
- 친절하면 철학이 만들어진다.
- 친절하면 성숙한 인격을 갖춘다.
- 친절하면 행복도가 높아진다.
- 친절은 성공의 지름길이다.

밝은 표정, 미소 띤 얼굴

밝은 표정과 미소는 서비스 업무를 담당하는 사람들이 갖추어야 할 가장 기본적인 덕목이다. 문화관광해설사에게 있어서도 밝은 표정과 미소로 관광객을 응대하는 것은 의무라고 할 수 있다. 밝은 표정과 미소는 본인의 매력적인 인상을 형성하고, 상대방의 호감을 얻게 하며, 조직 전체의 분위기를 밝고 활기차게 만드는 위력을 지닌다.

미소 없는 얼굴을 한 사람은 가게를 열지 말라 < 중국속담 >

밝은 표정과 미소는 동전의 양면과 같다. 밝은 표정의 연출에 있어서 그 만큼 미소가 중요한 역할을 하고, 미소 띤 얼굴을 하다보면 자연스럽게 밝은 표정이 만들어지게 되는 것이다.

◯ 미소를 위한 매일 반복 연습

미소는 친절서비스의 기본 중 기본이다. 이를 위해서는 매일 반복 연습하는 수밖에 없다. 미소의 연습은 필수적인 과정이다. 누구나 이런 연습 과정을 통하여 자연스럽고 보기 좋은 미소를 자기 것으로 만들 수 있다.

◯ 미소는 상대방이 분명하게 느낄 수 있도록

미소에도 종류와 등급이 있다. 밝고 따뜻한 미소, 보일 듯 말 듯 하는 희미한 미소, 어쩐지 비웃는 듯한 미소, 차가운 미소 등 갖가지 미소의 모습이 있다. 미소는 자기 혼자만 즐기는 것이 아니다. 말이 생각을 전달하는 것이라면 미소는 느낌을 상대방에게 전달하는 수단이다. 이런 점에서 본다면 미소는 상대방이 분명하게 느낄 수 있도록 해야 한다. 때로는 적절한 몸동작도 필요하다. 이렇게 자신의 미소를 상대방에게 분명하게 전달하려는 의식적인 노력이 있어야 한다.

◯ 매사를 긍정적으로 보는 삶의 자세가 필요하다.

얼굴에 웃음이 가득하려면 억지웃음으로는 안 된다. 마음속에 기쁨이 있어야 한다. 이러한 기쁨이 있으려면 매사를 긍정적으로 보는 삶의 자세가 필요하다. 일상생활이나 직장에서 매사를 긍정적인 시각에서 바라보라. 그러면 항상 찌푸린 얼굴로 부정적으로 보는 사람보다 모든 일이 훨씬 더 잘 풀릴 것이다.

◯ 연습 기법

자신의 표정이나 미소를 확인하고 보다 밝은 표정이나 환한 미소를 훈련하기 위해서는 객관적인 자신의 모습 파악, 타인의 조언 청취, 개선점 추출 등의 과정을 거치는 것이 좋다. 구체적으로는 거울이나 녹화 등을 사용하여 확인하고 개선할 수 있다.

이 때 자세의 체크 포인트는 웃으면서 손이 입으로 가지 않는가, 몸이 흔들리지 않는가, 웃을 때 혀가 나오지 않는가, 몸을 꼬며 뒷짐은 지지 않는가 등이다. 얼굴 표정의 체크 포인트는 밝고 상쾌한 표정인가, 얼굴 전체가 웃는 자연스러운 미소인가, 돌아서며 표정이 굳어지지는 않는 가 등도 중요하다.

◎ 시선 위치

온화한 표정을 만들기 위해서 시선은 상대방을 정면으로 향하여 밝은 눈빛으로 바라보도록 한다.

◎ 경쾌한 표정을 만드는 음성

입을 최대한 크게 벌려 입가의 근육을 부드럽게 펴준 후 배에 힘을 주어 천천히 큰소리로 '아, 이, 우, 에, 오' 등을 스스로가 아름다운 음성으로 느낄 때까지 반복 연습한다.

30 친절서비스

(1) 친절서비스

친절서비스란 상대방을 위하는 마음을 그 바탕으로 하여 정성된 마음을 담아 응대함으로써 상대방이 편안하고 고맙게 느낄 수 있도록 지속적인 노력을 기울이는 활동이다. 문화관광해설사에 있어서 친절서비스는 매우 중요하다.

고객은 요구가 다양하고 까다롭다

이런 **친절서비스**를 달성하기 위하여 고객과의 만남을 통하여 고객이 부드러운 느낌을 갖도록 정성을 다하여 응대함과 동시에, 고객의 뜻을 좇아 움직여줌으로써 고객의 욕구가 충족되고 즐거운 기분이 되도록 하는 것이 필요하다.

깨끗한 용모와 단정한 차림새로 품위를 유지한다
올바른 자세와 동작은 상대방에게 호감을 준다

자기관리에 철저해야 상대방이 호감을 갖는다. 틈틈이 얼굴이나 옷매무새를 점검해야 한다. 그리하여 항상 정갈한 상태를 유지함으로써 상대방에게 좋은 인상을 주도록 노력하여야 한다.

자세와 동작이 좋은 사람은 그것만으로도 상대방에게 호감을 주고 신뢰감을 주면, 결국엔 친절한 서비스를 제공하는 것이다. 또 근무 중의 정확한 자세유지는 업무능률 향상의 지름길이며 **자신감을 제공**해 준다.

정성이 담긴 안내는 상대방을 편안하게 한다

어느 위치에 있든 찾아오는 상대방을 반갑게 맞이하는 태도, 무엇인가 상대방을 도와주려는 자세, 예의바른 안내, 양보하는 자세, 겸손한 자세를 유지한다면 상대방은 **편안함과 고마움**을 동시에 느낄 수 있게 된다.

문화관광해설사는 말을 중심으로 정보를 전달하는 것이 기본적인 과정이므로 **대화에 능숙**해야 한다. 상대방에 대한 응대는 결국 말로 시작하여 말로 끝나게 된다. 그러므로 어떤 말을 해야 의사전달을 제대로 하고 호감을 살 수 있는지를 항상 생각해야 한다.

문화관광해설사는 자기 나름의 철학이 갖춰져야 한다

겉치레의 친절서비스가 아닌 참된 친절서비스가 되려면 정신적 바탕이 되는 자기 나름대로의 철학이 있어야 한다. 아무런 철학이 없이 윗사람이 시키니까 또는 관광객을 마주하니까 등 마지못해 하는 친절서비스는 바탕이 없기 때문에 오래 지속되지 못한다. 겉으로 드러나는 행동은 마음속에 **자기소신**이 있어야 오래 지속될 수 있기 때문이다.

특히, 일시적인 서비스가 아닌 문화관광해설사의 경우, 지속적이고 진정한 친절서비스가 되려면 친절한 서비스가 나는 물론 상대방에게 이익이 되고 모든 사람과 더불어 살아가는 지혜라는 자기소신이 있어야 한다. 언제나 어디서나 친절서비스를 할 수 있는 소신이 있는 사람은 인정받고 성공할 수 있다.

친절한 서비스의 바탕은 봉사정신이다

친절하다는 것은 기본적으로 남을 위하는 마음이 그 바탕이다. 남을 위하지 않고 오로지 자기 자신만을 위하는 이기심으로는 올바른 친절을 베풀 수 없다. 남을 위하는 마음은 봉사정신으로 이를 행하는 사람의 마음을 훈훈하게 만든다. 그리고 받는 이의 마음을 그 이상으로 따뜻하게 만드는 것이다. 우리가 각자 맡은 일을 하면서 조금만 봉사정신을 발휘하면 서로가 따뜻하고 훈훈해질 것이다.

바람직한 친절서비스
• 밝은 표정, 미소 띤 얼굴 • 마음과 정성이 담긴 인사 • 단정한 용모와 차림새 • 좋은 자세와 멋진 동작 • 섬세한 배려 • 부드러운 눈맞춤 • 안정적인 말투 • 예의바른 대화 • 막힘없는 지식 • 사후까지의 서비스 정신

[세 가지 의문]

한 임금이 인생에서 풀지 못한 세 가지 의문의 답을 찾기 위해서 성인으로 널리 알려진 산골의 은자를 찾아 갔다. 그 임금은 은자에게

첫째 모든 일에서 가장 적절한 시기는 언제인가 ?
둘째 어떤 인물이 가장 중요한 존재인가 ?
셋째 세상에서 가장 중요한 일은 무엇인가? 라고 물었다.

그러나 은자는 아무 대답 없이 밭만 갈고 있었다. 그때 갑자기 숲속에서 한 청년이 피투성이 몸으로 달려 나왔다. 임금은 자신의 옷을 찢어서 청년의 상처를 싸매 주고 정성껏 간호를 해 주었다. 알고 보니 그 청년은 임금에게 원한을 품고 있던 젊은 신하였다. 그 청년은 임금의 간호에 감격하여 원한을 풀고 충성스러운 신하가 되겠다고 맹세했다.

이 일이 있은 후 임금은 다시 은자에게 돌아 와 세 가지 물음에 대한 답을 계속 구했다.

첫째 세상에서 가장 적절한 때는 바로 지금입니다.
둘째 제일 중요한 존재는 당신이 지금 대하고 있는 신하 바로 이 사람이며,
셋째 제일 중요한 일은 지금 대하고 있는 바로 이 사람에게 정성을 다하여 사랑을 베푸는 일입니다.

- 톨스토이 단편소설 중에서 -

31 관광서비스 품질

관광객의 만족도는 문화관광해설사에 있어서 관광서비스 품질의 종합적 기준이다. 단순히 친절하거나 친절서비스만으로는 그 한계가 있다.

(1) 고객만족(Customer Satisfaction)

고객만족은 운영의 모든 부문을 고객의 입장에서 생각하고, 고객을 만족시키는 것을 목적으로 생각하는 자세다. 관광객의 만족도를 높이기 위해서는 관광객의 기대를 충족시킬 수 있는 서비스를 제공하고 불만을 효과적으로 처리하며, 자신의 만족도 등을 필수요소로 다뤄야 한다.

결국, 관광객 만족을 위한 서비스의 품질은 물론, 관광상품의 기획·설계·디자인·사후서비스 등 모든 과정에 걸쳐 내재된 것에 따른다. 관광객의 입장에서 이런 제공을 받게 되면 지역문화의 이미지와 함께, 관광지의 만족감이 충족되어 재방문율 등이 향상할 것이다.

(2) 고객감동(Customer Delight)

관광객의 감동을 위한 서비스 향상 활동은 시대를 앞서가는 독창적이고 매력 있는 서비스를 고객에 제안한다는 의미로 감동·감격을 제공하는 활동을 지속적으로 전개할 때 가능하다.

(3) 고객로열티(Customer Loyalty)

고객만족과 고객감동에 이어 고객로열티라는 개념은 최근에 비롯된 것으로, 이를 달성하기 위해서는 다음과 같은 활동자세가 필요하다.

1) 개별서비스

관광객을 위해 개별화 또는 단체별 맞춤서비스를 제공하는 것으로, 관광객의 입장과 특징을 고려하며 가장 알맞은 해설 등 서비스를 제공하는 것이다. 필요하다면 개별적으로 적합한 콘텐츠(Contents)를 제공한다.

서비스에 있어서 관광객의 주문은 주관적이기 때문에 해설사의 능동적이고 창의적인 역량이 요구되기도 한다.

이는 제품생산 공장의 경우와 유사하며, 생산과정에서의 친환경적 공정을 통해 제품을 생산하는 것이 제품고객들로 하여금 친환경적 활동에 간접적으로 지원한다는 생각을 지니게 하여 자긍심과 만족도가 향상되는 것과 같다. 고객이 제품을 사용하면서 환경적으로 우수한 기능을 보이도록 제품을 끊임없이 연구하면 고객은 그 제품을 사용하는 동안 자부심을 지니고 스스로 친환경적 의식을 갖게 된다.

이와 같이 관광객의 의식을 선도적으로 이끌어 감동의 수준을 지니도록 한다면 문화관광해설사로서의 역량은 어느 정도 달성한 것이다.

2) 고객요구 파악

고객로열티(CL)는 관광객의 요구조사를 철저하게 이해하는 것으로부터 시작된다. 이를 위해 단체 관광객이나 개별 관광객에 대한 인상을 기억하고 이를 해설의 과정에 접목하거나, 관광 이후 SNS 등을 통해 감사를 받는다면 이는 매우 큰 지역적 홍보가 될 뿐만 아니라, 지역경제 등에서도 큰 의미가 나타나는 것이다.

따라서 가능하면 문화관광해설사의 안내를 사전예약으로 접수받고 이를 분석하여 시나리오, 동선 등을 맞춤식으로 개선해야 한다.

특히, 문화관광의 경우, 특수한 관심이나 목적을 지닌 관광객이 있을 수 있다. 그럼에도 불구하고 일반적인 설명이나 안내로는 요구를 만족시키기 어려운 것이다.

3) 거래에 대한 감사

관광 이후 관광객으로부터 감사의 메시지가 온다면 이는 매우 다행한 일이다. 그러나 이러한 사후 소통은 또한 조심성이 필요하다.

따라서 공적으로 관리되어야 함을 원칙으로 한다. 만약 그렇지 못하고 개인적으로 소통이 전개되면 예측하지 못한 결과가 초래될 수도 있다.

공개적(예를 들어 시청, 관련 홈페이지 등)인 SNS라면 이는 매우 성공적인 것이기 때문에 오히려 적극적인 정보 등을 제공하므로 지속적인 지역관광이 이어지도록 한다.

단, 너무 빈번한 정보제공이나 감사는 고객에게 부담을 줄 수 있다. 특히 온라인상의 빈번한 소통은 자칫 스팸(spam)으로 취급될 수 있으므로 주의가 필요하다.

- 1단계 CS - **고객서비스(Customer Service)**
  고객에게 단순히 다양한 서비스를 제공하는 단계
- 2단계 CS - **고객만족(Customer Satisfaction)**
  고객에게 기본서비스 외에 추가적인 서비스를 제공하여 만족하는 단계
- 3단계 CD - **고객감동(Customer Delight)**
  고객만족에서 나아가 감동을 주는 단계
- 4단계 CL - **고객로열티(Customer Loyalty)**
  고객감동에서 나아가 고객을 중심으로 모든 행위를 이끌어 가는 단계

32 인사와 인사말

인사는 예절의 기본으로 관광객과 해설사의 인간관계의 시작이다. 인사는 정중하고 공손한 말씨로 하고, 첫 인상으로 작용하므로 소중히 하여야 한다.

마음과 정성이 담긴 인사는 서비스의 첫 관문이다

인사란, 사람들이 만나고 헤어질 때 상대방에 대하여 존경, 인정, 친애, 안녕의 기원 등을 표시하는 행동양식을 말한다. 인사는 모든 인간예절의 기틀일 뿐만 아니라, 사람됨의 인상을 결정짓는다는 점에서 그 중요성이 강조된다.

또, 인사는 친절서비스의 첫 동작이고 마지막 행동이다. 따라서 문화관광해설사에게 있어서 친절을 가늠하는 가장 기본적인 척도가 된다.

어떠한 경우라도 인사하는 것은 부족하기보다 지나칠 정도로 하는 것이 좋다.[99] 하지만 너무도 지나친 경우라면 부족만도 못하는 걸 상기할 필요가 있다. 과잉적인 인사는 때로 부담을 남기거나 의도적인 것으로 오해받을 수 있기 때문이다.

(1) 인사의 종류

1) 목례(눈인사)

목례는 눈으로 예의를 표시하며 상체를 굽히지 않고 가볍게 머리만 숙이는 인사를 말한다. 앉아 있거나 서 있을 때 또는 걸어갈 때, 길 또는 실내나 복도에서 사람을 자주 대할 때, 공동화장실, 목욕탕 등의 실내에서 아는 사람을 만났을 때, 바쁘게 일을 하는 중에 손님을 맞이할 때, 자신과는 직접관계가 없는 이들과의 조우 시 사용된다.

99) 톨스토이

2) 약례(약식 인사)

약례란 허리를 15도 정도로 굽혀서하는 인사다. **3미터 전방에 시선**을 두고 상황에 맞는 인사말을 한다. 상체를 허리부터 1초가량 숙인 후, 2초간에 천천히 편다.

3) 평경례(보통인사)

평경례는 상체를 30도 정도 구부려 하는 인사를 말한다. 이때 2~5미터 전방에서 **남자**는 두 팔과 손을 양옆에 붙여서 하고, **여자**는 앞으로 두 손을 모으면서 몸을 굽힌다. 인사말은 똑똑히 하되 너무 큰소리를 내어서는 안 된다. 우리의 일상생활에서 가장 많이 행하는 인사다. 상체를 허리부터 숙인 후(1초) 잠시 멈추고(1초) 천천히 허리를 편다(2초).

상대에 대한 정식인사, 손님맞이 할 때, 같은 나이 또래와 처음 만났을 때, 사회활동에서 보편적으로 처음 인사를 나눌 때, 나이 차이가 얼마 나지 않은 학교 혹은 사회선배를 만났을 때 등의 경우에 사용된다.

4) 큰 경례(정중인사)

경례란 바로 선 자세로 발꿈치를 모으고 허리를 약 45도 이상으로 굽혀 인사하는 것을 말한다. 서서하는 인사로서는 **가장 정중한 인사예법**이다. 상체를 허리부터 숙인 후(2초) 잠시 멈추고(2초) 천천히 허리를 편다(3초).

지인 등을 배웅할 때, 감사 또는 사과(사죄)를 표시할 때, 부모님에게 또는 스승을 만났을 때, 직위가 높거나 저명인사를 만났을 때 사용된다.

5) 거수 경례

제복을 입고 정모를 착용한 상태에서 오른손을 올려 인사하는 것을 말한다. 거수경례를 받았을 경우 민간인이라 할지라도 거수경례로 답한다. 아랫사람이 먼저 오른손을 올려 윗사람에게 경례를 하고 윗사람이 인사를 받고 손을 내린 후에 손을 내린다.

6) 악수

악수란 보통 미소 띤 얼굴에 허리는 곧게 펴고 두 손을 맞잡는 인사를 말한다. 악수 할 때 윗사람이나 존경하는 분께는 약간 고개를 숙인다.

악수는 반드시 오른손을 내밀어야 하고 상대의 눈을 바라보며 웃는 얼굴로 한다. 계속 손을 잡은 채로 말을 해서는 안 되고 손을 너무 세게 쥐거나 힘없이 잡아서는 안 되며, 왼손을 주머니에 넣거나 뒷짐을 져서도 안 된다.

7) 공수

공수란 어른을 모시거나 의식행사에 참여할 때 두 손을 포개 공손한 자세를 취하는 것을 말한다. **평상 시**는 남자는 왼손이 위로 오른손이 아래로 가도록 공수하고, 여자는 오른손이 위로 왼손이 아래로 가도록 공수한다. **흉사 시**는 평상 시와 반대로 한다.

(2) 상황에 따른 인사

정성과 감사의 마음가짐을 가지고 부드럽고 밝은 표정으로, 입은 다소곳이 다물고 눈은 믿음과 존경을 실어 상대방을 바라보며, 고개는 반듯하게 들고, 턱은 자연스럽게 당기며, 어깨는 힘을 빼며, 무릎, 등, 허리는 자연스럽게 곧게 편다. 양손을 남자는 가볍게 쥐어 바지 옆선에 붙이고, 여자는 공수하며, 발꿈치는 서로 붙이고 양발의 각도는 30도 정도로 벌린다.

1) 서 있을 때의 인사

상황에 따라 적절한 인사를 한다. 보통은 4박자 인사법에 따라, 상체를 허리부터 숙이고(1초간), 잠시 멈추고(1초간), 천천히 든다(2초간)의 요령으로 한다. 상대방이 멀리서 다가올 때에는 인사말을 먼저하고 인사하는 것이 좋으며, 상대방이 먼저 인사를 했을 때에는 반드시 대답을 한 후 인사한다.

2) 걸을 때의 인사

상대방과 2~3 m정도의 거리에 이르렀을 때, 상대를 향해 기본자세를 갖춘 후 인사한다. 상급자인 경우에는 상급자가 지나간 후에 움직이도록 한다.

3) 앉아 있을 때의 인사

허리를 곧게 펴고 바른 자세로 앉아서 인사한다. 이때는 15도 정도 숙인다.

(3) 인사할 때의 유의사항

1) 인사 목적

인사는 하는 데에 목적이 있는 것이지, 상대방이 받아 주느냐 아니냐는 문제가 될 수 없다. 상대에게 공손히 응대자의 의무를 다하면 그뿐이다. 상대방의 눈치를 볼 것도 없고 쑥스러워 할 이유도 없다. 당당히 자신의 할 일만 하면 된다.

2) 인사는 제대로 그리고 잘 하라

인사에서는 허리의 각도나 이론도 중요하지만 그 보다 더 중요한 것은 마음을 담아 제대로 인사말을 하고 행동으로 실천하는 것이다.

3) 마음을 실은 인사말 한마디가 중요하다

"어서 오세요" **"반갑습니다"** **"안녕하세요?"** 하는 말에 인사하는 사람의 반가운 마음과 뜻이 담길 때 그 효과는 더욱 분명해진다. 형식적이고 입에 발린 인사가 아닌 기쁘고 반가운 마음이 충분히 표현되도록 노력하는 것이 중요하다.

4) 활기찬 인사(악수)를 할 때 반가움을 전달할 수 있다

인사는 보다 활기차게 하는 것이 좋다. 특히, 남성의 경우 악수는 남성 사회에서 보편화 되어있는 만큼 좀 더 반갑고 활기차게 하여야 반가운 표현이 충분히 전달될 수 있다. 이와 반대로 마지못해 소극적으로 하는 악수는 상대방에게 친절감을 전달하지 못한다. 때로는 만남이 반갑지 않은 인상을 주게 되며, 어떤 때는 오히려 반감을 사기까지 한다.

해야 하는 악수라면 힘차게 그리고 반가움의 표현이 충분히 나타나도록 하는 것이 좋다.

5) 인사할 때 금기 사항

잘못된 인사
• 얼굴을 빤히 보고 하는 인사(턱을 들고 눈을 치켜뜨는 인사) • 숙임 없이 말로만 하는 인사 • 인사말이 분명치 않고 어물어물 하는 인사 • 급히 하는 인사, 뒷짐을 지고 하는 인사 • 고개만 까딱하는 인사 • 긴 머리로 얼굴을 덮거나 바로하기 위해 머리를 흔드는 인사 • 다리를 벌리고 하는 인사 • 망설임이 느껴지는 인사 • 분명하지 않은 형식적인 인사 • 말로만 하는 인사 • 무표정한 인사 • 눈맞춤이 없는 인사

(4) 기본적인 인사말

기본적인 인사말
• **허리를 가볍게 굽혀(15도 정도) 약례(약식 인사)를 하는 경우** - 덕분입니다 - 그렇습니다 - 제가 하겠습니다 - 어서 오십시오 - 실례합니다 - 네, 잘 알겠습니다 - 잠시만 기다려 주십시오 - 오래 기다리셨습니다 등 • **허리를 30도 정도 숙여 평경례(보통 인사)를 하는 경우** - 안녕하십니까 - 어서 오십시오 - 인사드립니다 - 감사합니다 등 • **허리를 45도 정도 깊게 숙여 큰 경례(정중 인사)를 하는 경우** - 안녕하십니까 - 감사합니다 - 죄송합니다 - 안녕히 가십시오 등

이 외에도 창의적인 인사말을 미리 준비하는 것도 좋다. 이를 테면 날씨나 단체의 성격, 첫인상 또는 가벼운 시사를 가미한 인사는 매우 의미가 있다.

33 문화관광스토리텔링

(1) 스토리텔링 개념

스토리텔링(storytelling)은 이야기(story)와 말하기(telling)의 합성어로서 **이야기하다**라는 의미다. 특히, 상대방에게 전하거나 알리고자 하는 바를 재미있고 생생한 이야기로 설득력 있게 전달하는 행위다.

이야기(story)란 포괄적인 개념으로 사람들끼리 서로 어울려서 벌인 행동이나, 사람과 사물이 관련되어 일어난 여러 가지 사건들에 관해서 자초지종을 가려, 처음(발단)과 중간(전개)과 끝(결론)을 만들고 일정한 시간의 경과를 구조화 한 것이다. 이야기는 자기 자신의 시간성을 이해하고 삶의 과정을 의미 있는 이야기로 형성하기 위한 인간의 수단이다. 따라서 이야기는 서술되어야 체험적으로 의미를 지닌다. 하나의 이야기를 구성하는 사건들은 **말하기**(telling)을 통해서 그 가치를 지닌다.

스토리텔링의 역사는 구전된 **신화**로부터 시작한다. 신화는 논리적 사고를 기반으로 감성적이고 이성적인 언어표현에 의해 그 곳에 깊은 뜻을 포함하고 있다. 즉 신성한 서술체계를 지닌다. 따라서 이러한 특성의 신화를 바탕으로 한 스토리텔링은 자연, 인류, 문화의 상태를 설명하고 이에 대한 의미를 부여하는 성격을 지니고 있다.

(2) 문화관광자원 스토리텔링의 필요성

스토리텔링은 이야기하고 듣기를 좋아하는 **인간본성**에 바탕을 둔다. 사람들은 주변의 각종 흥미로운 이야기에 관심을 보인다.

이런 측면은 문화·관광 상품에서도 마찬가지다. 예를 들어 식당에서 밥을 먹을 경우에도 어떤 유명인사가 앉았던 자리라는 건 매우 식사를 즐겁게 여기도록하기 때문이다. 숙소의 경우에도 어느 예술가가 묵었던 방이라면 늘 예약되었다는 말을 듣기가 십상이다. 악세사리나 소지품의 유행도 어쩌면 그러한 심리를 반영한 결과로, 이런 등등을 미루어 보면 사람들은 늘 이야기를 기대하고 그 속에서 잠시나마 상상을 통해 대리만족을 하고 있을 것이다.

따라서 동일한 자연환경이나 구조물을 지닌 관광지라도 관광객들에게 어떻게 적절한 **감응적 느낌**을 지니도록 하는 내재된 이야기를 구성하는 가는 매우 중요하다. 즉 관광지의 스토리텔링은 그 **상품차별화**의 가치를 좌우하게 한다.

문화재나 관광지의 독특한 가치를 가장 잘 설명할 수 있는 매력적인 스토리를 만들어야 하는 이유가 여기에 있다. 이야기가 주는 감동은 사람을 사람답게 하는 가장 중요한 문화적인 원동력이며, 인간은 다른 존재와 달리 **이야기하는 존재**이기 때문이다.

그리고 이때 이야기의 본질은 **기본적으로 재미있어야** 하며, 때론 그 이야기가 환상이나 동질감, 나아가 감동으로 이어진다면 단순한 관광이 아닌 삶의 큰 행복으로서의 관광을 경험하게 할 것이다.

문화관광스토리텔링은 문화재나 관광자원 해설자 또는 관광가이드의 설명과 해설 등과 유사하다. 그러나 스토리텔링은 보다 치밀하고 의도적이며 체계적이어야 한다.

문화관광스토리텔링은 사실과 허구사이의 분명한 가치를 구별하며 최대한의 관광가치를 창출하는 과정이다

그러기 위해 **사회 언어적 본질**과 밀접한 관계가 있으며, **어휘력, 연설, 대화, 목소리, 숙어, 문법, 텍스트, 태도, 표정, 소통, 이야기 구성, 소도구 등**이 중요하다.

이 측면은 스토리텔링에서 말하는 해설자의 입장에서 필요한 덕목이겠지만, 문화재 지역, 관광지, 관광 시설, 관광 프로그램 등에 스토리를 부여하면 관광객들이 흥미를 불러일으킬 수 있다는 의미가 된다.

동일한 이야기나 유사한 영화도 화자나 감독에 따라 그 느낌이 다르거나 남겨지는 여운이 다른 건 이러한 차이에 원인이 있다.

상호작용은 스토리텔링의 기본적인 원리다

따라서 해설자와 관광객 사이엔 상호작용성의 원리에 입각한 관광객 감성에 맞는 체험을 직간접적으로 제공하고, 함께 가치와 감동을 만들어 가는 교감의 체계를 구축해야 한다. 여기서 나아가 해당 지역의 주민이나 그들의 삶도 동화시킬 필요가 있다.

문화관광스토리텔링은 지역의 문화재나 관광상품에서 이야기를
끄집어내는 것이다

문화관광스토리텔링은 관광자원이나 관광지를 이야기하기(storytelling)라는 형식을 빌려 서술하는 형식 중의 하나다.

일반적으로 스토리텔링의 구성요소는 **사건**과 **등장인물**과 **배경**이다. 이 구성요소는 사건의 시간적 연속성으로 기술되는 특징을 지니며, 말하는 자와 주인공 같은 인물의 형상을 통해, 사건을 겪는 사람의 경험을 전달한다는 점에서 관광자원해설을 발전시킬 수 있다.

문화관광스토리텔링은 **이야기하기**(storytelling)의 대상 즉 '**무엇**'은 관광지 또는 관광자원이고, '**어떻게**'는 내용이며, 표현은 이야기 형식을 사용하는 것이지만, 이러한 과정에서의 이야기도 일반적 스토리텔링을 고려하지 않을 수 없다. 즉, 극적 드라마와 감동을 가미할 필요가 있는 것이다.

예를 들어 관광지의 역사부분에선 이러한 관점은 매우 중요하게 다뤄져야한다.

다만, 관광지의 스토리텔링은 구체적으로 관광객에게 관광스토리를 전달하는 의미를 지닌다. 관광객들에게 널리 알려진 이야기를 쉽게 받아들이도록 하는 한편, 관광객 개인적인 연관성과 의미를 끌어내고 싶어 하도록 자극할 수 있다면 이는 매우 성공적이다.

관광지가 성공적인 이미지를 구축하려면 이것이 가지고 있는 스토리 속에서 관광객들을 끌어들여 관광객 자신이 이야기꾼이 될 수 있는 분위기를 제공해야 한다. 즉 관광객들의 관광경험이 이루어지는 접점들이 모여 하나의 스토리로 만들어 가는 것이다. 관광객들이 관광지로 출발하기 전부터 가졌던 관광지에 대한 상상과 관광지에서 직접적 경험 그리고 관광 후의 회상하는 것에 결정적인 도움이 되는 것이 **문화관광스토리텔링**이다.

(3) 문화관광스토리텔링의 역할

문화관광스토리텔링은 관광객에게 관광자원을 알기 쉽게, 관광자원의 매력을 효과적으로 설명해주는 활동이다. 또 관광객에게 관광자원의 의미를 전달하는 수단이며, 장소, 대상, 사건 등에 대한 이야기를 전개하여, 과거의 재창조와 유대를 형성시키고, 자극과 제시를 통한 교육적 활동이다.

문화관광스토리텔링은 단순히 관광지에 대한 이야기를 하는 것이 아니라 이야기를 담고 있고 관광지를 자원화 하는 것이다

문화관광스토리텔링의 역할

- 관광지의 독특한 매력물을 시각적 체험 외에 해설사의 이야기를 통해 청각적 체험으로 유도
- 관광객 스스로 쉽게 관광자원의 이해와 관광 의미를 찾는 기회를 제공
- 커뮤니케이션 역할을 통해 관광지 보존과 관리의 유용한 수단제공
- 지역주민들이 갖는 문화유산의 가치를 관광객에게 전파
- 지역주민에게 지역의 정체성 확립과 문화의식을 고취
- 관광지의 자원, 지역주민, 관광객이 공동으로 만들어내는 가치체험으로 생태관광이나 지속가능한 관광으로 이어주는 가교역할
- 관광객 증대와 체류관광에 기여
- 문화의식과 관광지 예절 보급
- 문화시민으로 선진의식 함양 등

34 문화관광스토리텔링의 구성

(1) 절차

스토리발굴-대상선정-목표설정-테마 개발

문화관광스토리텔링의 첫 과제는 **스토리 발굴**이다. 지역 내의 관광자원들을 찾아 목록을 만드는 것으로 시작한다. 물론 이 경우 대부분의 문화관광해설사들은 이미 지정된 것으로부터 시작하겠지만, 여기서는 이를 보다 확대하고 발굴하는 측면을 고려한다.

스토리 발굴이 어느 정도 파악되면 어떤 것들을 통해서 이야기를 전해줄 것인지 **주요주제를 선정**해야 한다. 그 다음 성공적인 관광지 스토리텔링을 위해 **목표**를 정해야 하며, 관광객의 감성을 자극할 수 있는 **테마를 개발**하여야 한다. **테마**는 관광지를 순식간에 떠오르게 하는 하나의 간결한 기호체계로, 이를 개발하는 가장 중요한 목표는 해설 대상에 대한 관광객의 관심을 집중시키기 위한 것이다. 테마가 정해지면 각 관광지에서의 해설은 주요 테마를 충실하게 설명하는데 중점을 두어야 한다.

(2) 구성

스토리텔링 구성요소 : 콘텐츠(소재), 내용구성, 전달방식

1) 콘텐츠

문화관광스토리텔링은 무엇보다도 콘텐츠를 개발해야 한다. **콘텐츠**란, 우리의 주변과 일상에 존재하는 모든 문화적 소재를 기획과 창의력 나아가 상상력을 통하여 일련의 스토리텔링 체계를 갖춘 무형의 결과물이다.

문화관광해설사의 경우, 이러한 콘텐츠는 해설사의 몫이다. 다만 이 콘텐츠의 소재는 이미 지정되었거나 개별적으로 선정할 수 있다. 따라서 소재의 발굴에서 나아가 그 소재에 대한 콘텐츠를 만들어내는 작업은 매우 창작적으로 이뤄져야하고 이는 문화관광해설사의 새로운 역량을 요구하는 것이다.

먼저, **이야기의 소재**를 정한다. 다만, 소재에 대한 이야기가 추상적이거나 꾸밈 또는 지나친 과장은 관광객들로부터 공감을 자아내기 어렵다. 무엇보다도 이야기가 자신이 주장하고자 하는 메시지와 잘 부합하는지를 점검해야 하며, 이야기가 자신의 주장을 뒷받침하는 도구로 사용되는 만큼 전후 진행이 서로 연관성이 있고 긴밀해야 한다.

2) 내용구성

내용을 구성하는 단계에서는 이야기가 듣기 편하고 진행될수록 호기심이 발동하는 맛깔난 구성이 핵심이다. 이야기의 흐름이 긴장과 이완이 반복되도록 하고, 그 사이 관광객들이 무엇인가를 상상하거나 결말을 궁금히 여기도록 해야 한다. 이 과정은 특히 **반전**이라는 의외의 흐름을 제시하므로 극대화 될 것이다.

긴장과 이완의 구조는 이야기의 극적 요소를 가미하는 것으로 가능하다. 무미건조한 역사적 사실도 그 세부 내력을 연구해 보면 충분히 이러한 요소들을 발견할 수 있다. 물론 이 과정에서 불필요한 부분은 과감하게 삭제하여야 하며, 필요하다면 추가로 보충하는 방법도 좋다.

모든 이야기에는 등장인물이 없는 것보다는 있는 것이 이러한 내용구성에 유리하다. 등장인물의 경우, 사람에 국한할 이유는 없다. 다만 생명체의 경우 극적구사에 도움이 되지만 필요하다면 의인화하는 방법도 가능하다.[100]

3) 스토리의 극적구성

스토리는 상대방에게 어떤 생각을 일방적으로 강요하지 않으면서 상대방을 자신이 원하는 감정의 방향으로 이끄는 힘을 가진다. 스토리의 극적인 구조를 통해 청중의 집중도를 높이면서 메시지 전달의 효과를 극대화하려는 과정은 매우 전문적일수도 있다.

---

100) 차마고도 : 험준한 길과 상인의 감동적 스토리

그러나 이야기의 일반적인 극적구조는 감동 깊은 영화들이 지닌 구조와 같이, 먼저 주인공이 처한 배경과 이야기 전개를 위한 상황으로부터 시작한다(**기 : 배경**). 그리고 주인공은 예외 없이 위기에 처하고(**승 : 위기**), 주인공은 이를 극복하기 위해 어려운 난간을 이겨나가는 스릴을 보인다(**전 : 극복**). 끝으로 위기를 극복한 주인공은 새로운 변화에 처한다(**결 : 변화**). 물론 이에 더하여 극복의 과정에서 더욱 극적매력을 높이기 위해 반전에 **반전**을 거듭하기도 한다. 이 구조는 매우 전형적이고 정형적인 **기승전결**의 구조다.

4) 스토리의 논리성

건조하고 딱딱하거나 어려운 주제를 헷갈리게 이야기한다면 스토리텔링은 잘못된 것이다. 따라서 아무렇게나 말을 이어가며 이야기해선 안 되며, 이야기 구조를 논리적으로 구성하여 주제를 쉽게 펼치어야 한다.

스토리텔링은 어려운 주제를 쉽게 이해시키기 위한 방법이다

이야기가 어렵게 여겨지는 것에는 다음과 같은 원인이 있다.

- 같은 이야기가 반복된다(고의로 시간 늘리기도 있음).
- 이야기가 복잡하다.
- 이야기를 시작하면서 결론을 제시한다(의도적인 경우 있음).
- 결론이 불투명하다.
- 재미가 없다.
- 흐름에 긴장감이 없다.
- 너무 나열적이다 등

이 밖에도 화자의 태도 등에 따라서도 이야기가 쉽게 여겨지지 않는 경우가 있다.

- 이야기하는 태도가 산만하다.
- 주변이 소란하고 산만하다.
- 목소리가 작다.
- 상투적 용어가 많고 이념성이 짙다.
- 사사로운 내용이 많다.
- 너무 많은 사례를 든다.
- 톤에 변화가 없다.
- 습관적으로 반복된 행동을 한다.
- 잘못된 말버릇이 있다.
- 표정이 변화 없거나 무겁다.

5) 전달방식

문화관광해설사는 내용과 맥락에 알맞도록 전달하는 방법도 신중해야한다. 스토리텔링은 음성과 몸짓을 통해 관광객에게 이야기를 전달하는 것이기 때문이다. 말투나 표현 방식, 맺고 끊음, 속도, 표정, 몸짓에 따라 이야기의 효과는 달라진다. 아무리 적절한 소재에 내용 구성이 잘되어 있어도 전달할 때 감정을 싣지 못하거나 어려운 표현을 많이 사용하는 등 현장감이 떨어진다면 관광객의 공감을 얻어내기는 불가하다.

더불어 소도구 등을 미리 예측하여, 도구를 이야기와 함께 사용하면 더욱 효과적일 수 있다.

5부

거제시 문화관광자원

35 정체성

> **거제는 섬이다**
> **섬은 '서다'에 기인한다**

거제는 섬이다.

섬은 '**서다**'라는 말에 기원이 있을 것이다. 우리말은 용언이 명사와 같은 구실을 하게 하는 활용형을 만들어 사용하며, 용언의 어간에 '~ㅁ', '~음', '~기' 등을 붙여서 이루어진다. 예를 들어 '달림', '달리기', '먹음', '먹기', '봄', '보기' 등이 그러하다. 따라서 '서다'를 명사형으로 취하면 '서기'와 '섬'이 가능하고, 섬은 그렇게 만들어진다.

섬이 '서다'에서 왔다면, 수평의 바다에 우뚝 솟은 무엇을 본 후 '섬'이란 말을 상상하였을 것이고, 자연스럽게 그렇게 불리는 과정을 엿볼 수 있다.

섬은 물에 둘러싸인 땅이다.

그곳에서의 삶은 독립적이고 때론 육지 삶에 융합하며 형성된다. 그렇기에 폐쇄적인 섬에는 **독창적**이면서도 **종합적 요소**가 다양하게 서려있다.

거제도는 **해안선이 복잡**하다.

리아스식 해안(rias coast)인 탓이다. 더불어 본섬 거제도 이외에 부속도서가 많다. 그만큼 역사와 문화도 복잡하게 얽혀있다. 굽이굽이 마다 제각각의 해변, 그런 포구마다 지형·지리에 맞춘 삶, 사방이 바다라서 동서남북으로 흐르는 하천 그리고 이 하천마다의 들판과 갯벌, 이들을 통해 섬에서 시작하고 섬에서 살며 섬에서 꿈을 꾸었다. **폐쇄적인 섬은 이렇게 다양한 측면을 동시에 지닌다.**

섬에서의 역사는 섬을 닮는다.

섬은 바라는 것만 수용하지 않고, 파도에 밀려 온 육지의 잔해를 모두 받아들인다. 유배와 귀양은 사연 많은 사람의 입도로 이어졌고, 전쟁과 피난으로 또 무수한 사람들이 들어왔다. 이들은 자신들이 영위한 문화를 이어가다가 섬에 부합하며 변모하니 새로운 문화가 형성된다. 섬의 역사도 그러하다. 역사의 중심에 살다가 쫓기고 도망하여 피신처가 된 섬, 그곳에선 그들만의 역사를 꿈꾸지만 여의치 못할 때는 고스란히 녹아서 섬의 일부가 된다. 거제도의 역사와 문화는 이런 특징 속에서 새로운 섬이 되어왔다(**창의성**). 그리고 한동안 단절(**폐쇄성**)되며 고유하게 진화하다가, 어느 결 섬만의 **독창성**을 구축하니, 이는 모두 스스로의 역량으로 개선·발전시킨 것들이다(**독자성**).

섬은 **다양성**을 지니고 있다.

섬은 육지와는 달리 해양에서 뭍까지 생태계가 다양하다. 해양 생명은 뭍으로 오르고, 뭍의 그들은 바다를 탐하니 생명체의 이동이 분주하며 또 다른 생태계를 등장시킨다. 이러한 생명체의 다양성은 곧 생산적이고, 생산은 **생명성**을 유지한다.

섬은 폐쇄적이나 다양하다

주변국의 어선은 늘 거제도를 찾았다. 그들 중에는 이상향을 찾는 이도 있었고(**도전성**), 풍랑에 수동적으로 밀려들기도 했으며 풍어를 따라 오기도 하였다(**수동성**). 그들의 독특한 언어와 풍습과 기호는 섬의 문화와 접목되었으니 거제도 곳곳에 스며있다.

한편, 섬은 적당한 거리에 떨어져 있다(**격리성**). 이렇게 격리되고 분리된 곳에는 미움을 받고 쫓겨 오고 이들을 그리워하는 이가 찾아온다.

그러나 이와는 달리, 섬을 버리고 피신한 역사가 있다. **1271년**, 왜구의 지나친 노략질과 삼별초(1232년~1273년)의 항쟁 등은, 거제현민을 지금의 거창군(**가조현**)[101]으로 이주하게 하였다. 정책에 따른 강압적 소개가 이뤄진 것이다. 유랑자 거제인들이 한을 품고 갯마을로 돌아오기 시작한 것은 **151**(1271~1422)[102]**년**이 지나서였다. 그 사이 대대로 이어진 설움의 한은 거제만의 토박이 성향을 만들었고, 결국 섬은 격리되면서도 복귀하는 터전이었다(**격리성, 복구성**). 이토록 맺힌 한은 실존의식을 증폭시켜 **'나'**만을 의식하게 하는 토대를 만들었을 것이다.

따스한 온난해양지대 **북위 35도**, 이곳은 사람이 야외에서 가장 오랫동안 활동할 수 있는 천혜의 여건이 되어주었다. 이 특성은 긴 공정의 산업을 가능하게 한다. 거제도에

101) 아주, 가조, 수월, 용산, 죽림 등 동일한 지명
102) 교려 원종 12년~조선 세종 4년

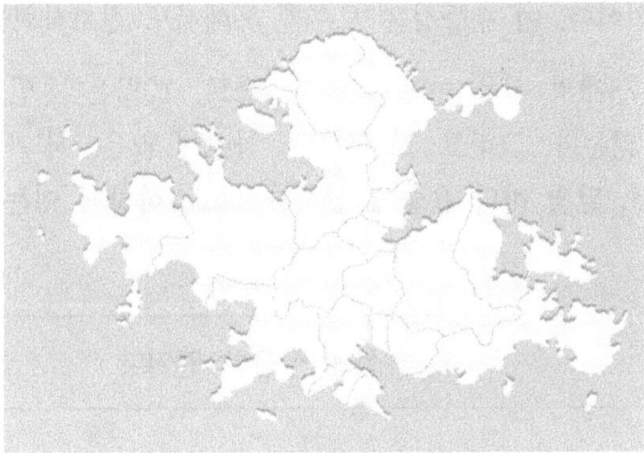

세계적 **조선소**가 둘씩이나 있는 것은 지당한 일이다. 조업기간 길어 생산성이 높은 거제도의 지리적 조건은, 철저하게 조선산업적이고 미래 **우주시대**에 부합한다. 우주선이 곧 선박이기 때문이다.

5대양을 오가며 움직이는 또 하나의 섬, 거대한 선박이 잉태되고 탯줄을 두며 그 첫 걸음을 내딛게 하는 거제도의 지리적 잠재 에너지는, 동백(시화)과 해송(시목)의 늘푸른 나무에서도 찾을 수 있다. 이것은 불멸의 **에너지**다(**생산성**).

'**도서**'라는 두 음절은 각각 섬을 지칭한다. '**도**'가 사람이 활동할 수 있는 큰 섬이라면, '**서**'는 작아서 그렇지 못한 것을 일컫는다. '도'에는 사람이 살고, '서'에는 그저 자연뿐이다. 거제에서는 '서'를 '**여**'라고도 한다. 한자인 **서**를 잘못 읽어 발생하였을 것이다.

섬은 도서[103]와 달리 평등한 언어다

'도'로서 이름을 갖지 못한 '**서(여)**'가 거제엔 무수하다. 한자는 '큰 섬 **도**'와 '작은 섬 **서**'를 구별하지만, 우리글 '**섬**'은 이들을 구별하지 않는다. 이는 마치 '강'을 한자어로 '**하천**'으로 표기하며 크기를 통해 구별하듯이, 우리말 '**바다**'를 '큰 바다 **양**'과 '작은 바다 **해**'로 구별하듯이 차별하는 것이 아니라, 섬의 크기와 무관하게 그냥 '**섬**'인 것이다. 이런 배경은 그 크기와 관계치 않는 우리의 **평등성**을 의미할 것이다.

103) 도서(島嶼)

거제도는 큰 섬이다. 이 평등성은 보수를 통해서도 진보사회를 지향하게 하였다.

한편, 거제는 **73개**의 섬을 아우르는 지명으로, 10곳은 유인도요, 63곳의 부속도서에는 사람이 살지 않는다. 그리고 '도'와 '도' 사이에 많은 '서'가 있다. 거제의 문화와 역사는 이와 같아서, **달빛 바다 윤슬에 신화가 되고, 하얗게 이는 파도에 역사가 되었다.**

섬은 평등한 언어다

우리나라의 섬은 대략 3,000여 개로 알려져 있다. 그렇다면 왜 정확한 섬의 개수조차 파악되고 있지 않을까? 이 점은 그동안 우리들의 섬에 대한 관심과 다르지 않다. 섬은 그저 작고 불편하며 열악하기만 하다는 인식이 국토의 일부인 섬에 대한 생각이었을지도 모른다.

섬의 개수를 아직은 명확하게 알지 못하는 이유로 섬에 대한 정의의 부족과 관심부족을 지적하기도 하지만, 예전부터 우리나라 섬의 개수는 도깨비도 모른다는 소리가 있는 것을 보면, 섬의 개수를 엄격하게 제시하지 못하는 것은 정의와 해석의 차이일 것이다.

국토교통부가 공식 집계하여 발표한 섬의 총수는 **3,358**개다[104]. 이 중에 무인도서는 **2,876개**로 전체 섬의 85.65%를 차지하고 있으며, 그 나머지인 **482개**가 유인도다.

한편, **행정안전부**가 전국 지자체가 확보하고 있는 통계를 통해 잠정 집계한 개수는 **4,201개**다. 이 중에 유인도는 **482개**, 무인도 **3,719개**로 밝히고 있다. 그러나 아직도 집계되지 못한 작은 섬 '서'는 무수할 것이며, 이런 이유로 섬의 개수를 명확히 규명하지 못하는 것이다.

104) 2010년 1월

[우리나라 30대 섬] (단위 : ㎢)

순위	도서명	소재지	면적
1	제주도	제주특별자치도	1,833.162
2	거제도	경상남도 거제시	379.233
3	진도	전라남도 진도군	374.981
4	강화도	인천광역시 강화군	305.750
5	남해도	경상남도 남해군	300.935
6	안면도	충청남도 태안군	113.460
7	영종용유도	인천광역시 중구	97.480
8	완도	전라남도 완도군	90.074
9	울릉도	경상북도 울릉군	72.861
10	돌산도	전라남도 여수시	70.307
11	거금도	전라남도 고흥군	64.765
12	지도	전라남도 신안군	54.703
13	창선도	경상남도 남해군	54.127
14	자은도	전라남도 신안군	52.193
15	백령도	인천광역시 옹진군	51.086
16	압해도	전라남도 신안군	49.232
17	안좌도	전라남도 신안군	48.923
18	교동도	인천광역시 강화군	47.141
19	비금도	전라남도 신안군	46.249
20	고금도	전라남도 완도군	45.558
21	도초도	전라남도 신안군	43.398
22	석모도	인천광역시 강화군	42.344
23	임자도	전라남도 신안군	40.049
24	암태도	전라남도 신안군	37.251
25	청산도	전라남도 완도군	32.963
26	보길도	전라남도 완도군	32.142
27	신의도	전라남도 신안군	31.668
28	신지도	전라남도 완도군	30.832
29	조약도	전란남도 완도군	28.701
30	금오도	전라남도 여수시	27.508

36 연혁

연대	연 혁
BC삼한시대	변한 12개국(6가야, 6포상국) 중 **독로국**(왕도지 : 현 사등성)
AD520	삼국시대 신라 23대 법흥왕7년 소가야국으로 개칭
532	삼국시대 신라 23대 법흥왕19년 금관가야국으로 개칭
677	삼국시대 신라 30대 문무왕17년 **상군**이라 칭함
757	삼국시대 신라 35대 경덕왕16년 거제군. 3속현(**아주.명진.송변**)을 둠
983	고려 6대 성종2년 **기성현**이라 칭함
1271	고려 24대 원종12년 왜구침입과 삼별초군의 입도로 거창군 가조현에 피거
1414	조선 3대 태종14년 거창과 거제를 통합 제창현으로 하고 이듬해 거제현으로 환원(1415)
1422	조선 4대 세종4년 왜구침입 종식으로 환군
1423	조선 4대 세종5년 고현(고정부곡)에 거제읍성 축성(1432년 낙성, 사등성에서 현아를 이전)
1489	조선 9대 성종20년 거제현을 거제부로 승격
1592	조선 14대 선조25년 임진왜란 발발 옥포대첩 승리하나 5월1일 읍성 함락
1895.5.26.	조선 26대 고종32년 칙령 제98호로 경상남도 거제군으로 승격
1896.8.4.	조선 26대 고종33년 칙령 제36호로 경상남도 거제부로 승격
1900.5.16.	조선 26대 광무4년 칙령 제19호로 진남군 설치. 한산면 분리. 가조도를 동면에 편입
1909.3.13.	조선 27대 융희3년 칙령 제28호로 진남군을 용남군으로 개칭.동면에서 가조도 분리
1909.6.25.	조선 27대 융희3년 칙령 제30호로 외포면 폐지. 덕포리는 이운면에 편입. 하청면 북부를 장목면으로 분리 신설(9면 156리로 개편)
1914.3.1.	부령 제111호(1913.12.29. 공포) 용남군과 거제군을 **통합 통영군**으로 칭함. 서부면을 거제면으로 개칭

(다음 페이지에 계속)

연대	연 혁
1929.4.1.	부령 제79호로 통영군 가조면을 폐지하고 창호리를 사등면에 환원
1938.10.1.	부령 제197호로 이운면을 **장승포읍**으로 승격
1944.11.30.	일운면에 고현출장소 설치
1953.1.1.	법률 제271호 통영군에서 분리하여 거제군으로 복군 대통령령 제737호 장승포읍 장승포리에 군청 개청(1953.1.22.)
1956.10.30.	대통령령 제1032호로 군청을 장승포에서 고현으로 이전
1959.2.22.	군 조례 제2호로 동부면 저구출장소 설치
1963.1.1.	법률 제1179호로 일운면 고현출장소를 **신현면**으로 승격(1읍9면)
1967.8.12.	군 조례 제127호로 장목면 외포출장소 설치(1읍9면2출장소)
1975.10.1.	대통령령 제7818호로 장목면 유호리 저도, 망와도를 진해시에 편입
1977.7.1.	군 조례 제412호로 하청면 칠천출장소 설치(1읍9면3출장소)
1979.5.1.	대통령령 제9409호로 신현면을 **신현읍** 승격(2읍8면2출장소)
1983.2.15.	대통령령 제11027호로 동부면 저구출장소를 남부면으로 승격(2읍9면2출장소). 동부면 명진리를 거제면에 편입
1986.12.1.	군 조례 제948호로 장승포읍 옥포출장소 설치(2읍9면3출장소)
1987.1.1.	대통령령 제12007호로 일운면 옥림리 0.16㎢(중촌1,2동)를 장승포읍 장승포리에 편입(대림 1,2동)
1987.10.20.	군 조례 제986호로 사등면 가조출장소 설치(1직할출장소2읍9면4출장소)
1989.1.1.	법률 제4050호로 장승포읍을 거제군에서 분리하여 **장승포시**로 승격
1993.12.1.	대통령령 제14006호로 진해시 안곡동 산102(저도), 산103(망와도)을 거제군 장목면 유호리 산88-1(저도), 산4(망와도)로 거제군에 환원
1995.1.1.	법률 제4774호 도농복합형태의 시 설치로 장승포시와 거제군을 통합 **거제시** 설치
1995.4.25.	거제시 조례 제125호로 옥포2동 관할구역 28개통을 30개통으로 조정
1997.1.13.	거제시 조례 제205호로 옥포2동 관할구역 30개통을 35개통으로 조정
1997.10.31.	거제시 조례 제226호로 신현읍 양정리 관할구역 중 양정, 제산1,2,3을 양정, 제산1,2,3,4,5,6으로 조정
1998.4.17.	거제시 조례 제247호로 신현읍 양정리 관할구역 중 제산6을 제산7, 덕산2,3,4로 분할

(다음 페이지에 계속)

연대	연 혁
2000.7.26.	거제시 조례 제350호로 장승포동 관할구역 7개통을 6개통으로 조정
2003.12.10.	거제시 조례 제503호로 신현읍 장평리 관할구역 중 장평1을 장평1,8로 조정. 신현읍 수월리 관할구역 해명2를 해명2, 수덕으로 조정. 능포동 관할구역 15개통을 16개통으로 조정
2008.7.1.	거제시 조례 제762호로 신현읍을 **장평동, 고현동, 상문동, 수양동**으로 전환
2009.4.1.	거제시 조례 제805호로 장평동, 상문동 관할구역 중 통을 각각 17개통 및 11개통으로 조정
2011.10.1.	거제시 조례 제979호로 일운면 소동리 관할구역을 소동1,2,3으로 조정. 장승포동, 장평동, 고현동, 아주동, 상문동 관할구역 중 통에 대한 전반적 조정
2013.1.10.	거제시 조례 제1074호로 연초면 죽토리 관할구역 중 양지를 양지, 희가로로 조정. 마전동 및 옥포2동, 상문동, 수양동 관할구역 중 통에 대한 조정
2014.12.1.	거제시 조례 제1197호로 사등면 사곡리 관할구역 중 두동을 두동, 영진으로 조정. 아주동을 13개통, 상문동을 15개통으로 조정
2014.12.1.	거제시 조례 제1198호로 양정동 31필지를 고현동으로 편입하여 행정구역 명칭 및 경계 조정
2016.5.1.	장승포동과 마전동을 장승포동으로 통합(9면9동 3출장소)

37 일반현황

(1) 위치

거제시는 경상남도의 남해안 중심부에 위치하고 있으며, 우리나라에서 제주도에 이어 두 번째로 큰 면적을 지닌 섬이다.

시청 소재지	경 도		위 도		해안선길이 (섬둘레)	면적
	방위	동경	방위	북위		
계룡로 125 (고현동)	동단	128°45'	남단	34°40'	443 ㎞ (유·무인 도서포함)	402.64 ㎢
	서단	128°27'	북단	35°02'		

(2) 행정구역

거제시 행정구역은 산업의 발전과 정부의 시책에 따라 급격히 변하였다. 이러한 변화는 인근 통영과의 관계와도 얽히며, 어느 문인[105)]의 출생지에 대한 분쟁도 있었다.

다음은 거제의 행정구역 면·동 및 리·통·반 단위로 분석한 것으로, 9면 9동에 205개 리와 180개 통 및 1,820개의 반으로 구성되어 있다. 이는 연도별로 얼마간의 변화가 지속될 수밖에 없다.

105) 청마 유지환

면동	리	통	반	비 고
계	205	180	1,820	
일운면	19		62	
동부면	18		50	
남부면	12		27	
거제면	23		75	
둔덕면	20		37	
사등면	31		109	
연초면	27		64	
하청면	27		56	
장목면	28		76	
장승포동		13	116	
능포동		16	136	
아주동		17	126	
옥포1동		12	79	
옥포2동		36	248	
장평동		22	168	
고현동		33	216	
상문동		17	106	
수양동		14	69	

(3) 상징[106]

1) 슬로건

① 블루시티거제

거제시는 사면이 푸른 바다며, 그 바다를 끼고 발전하는 **세계 1위의 조선산업 도시**이자 **해양관광·휴양도시**다. 따라서 그 상징으로 푸른 바다의 Blue와 산업역군을 의미하는 Blue칼라를 표현하여, 역동적이고 희망적인 도시 이미지를 나타내고 있다.

② **블루시티 심벌**의 의미

이 심볼은 조선산업과 해양관광도시를 뜻하는 배와 바다, 한려해상 국립공원의 풍치를 안겨주는 동백꽃, 시민의 힘찬 기상을 담은 갈매기를 모티브로 자연스러운 서체와 밝은 색상 그래픽 요소를 결합하여 새롭게 도약하는 거제시의 모습을 산뜻하고 친근하게 표현하고 있다.

슬로건에 사용된 주색인 파란색은 맑고 깨끗한 해양관광도시 거제를 나타내며, 분홍색과 주황은 풍요로운 관광자원과 따뜻한 거제의 의미를 내포하고, 연두색은 활기찬 시민의 기상을, 하늘색은 푸른 바다와 청정의 고장을 상징적으로 표현하였다.

③ 전용색상

Blue City GEOJE의 전용색상은 거제시를 차별화시키는 또 하나의 중요한 수단이므로, 지정된 색상을 통일성 있고 지속적이며 정확하게 사용하는 것이 중요하다. 전용색상은 지정된 별색 사용을 원칙으로 하며, 미디어의 표현매체에 따라 4원색으로 인쇄를 할 수도 있다.

---

106) 거제시청

전용색상의 활용 시에는 정확한 색상과 명도, 채도 등을 유지하여 사용, 관리되어져야 한다고 거제시는 명시하고 있다.

2) 거제시 심볼

거제시 심볼의 의미는 푸른바다와 태양은 태평양의 중심에서 세계로 나아감을 뜻하고, 갈매기 3마리는 조화, 균형, 화합을 나타내며, 가운데 바위모양은 시민의 강한 의지와 끈기를 표현하고, 4개의 잔잔한 물결은 지역의 안정과 평화로운 고장임을 상징한다.

1995년 1월 1일로 새로이 거제시가 출범함에 따라 통합된 시의 의미를 총체적으로 상징하였으며, 시민에게 일체감을 갖게 할 수 있는 심볼마크(symbol mark)를 제정하였다.

이 심볼마크의 전체적인 형태는 푸른 바다위에 찬란히 솟아오르는 태양과, 갈매기가 조화롭게 날고 있는 섬의 전형적인 이미지로 안정과 화합의 느낌을 제공하고, 거제시만의 독특한 개성적 이미지와 지방분권과 국제화시대에 맞는 미래지향적이고 발전적 이미지를 내포시켰다.

■ 컨셉(concept)

둥근 원은 찬란히 솟아오르는 태양을 나타내고 시민의 희망과 정열을 상징하고, 3마리의 갈매기는 조화와 균형을 이루면서, 서로 돕고 화합하는 진취적 기상으로 살아가는 해양관광도시를 의미한다. 가운데 바위모양은 해금강의 수려한 자연경관과 섬의 이미지로 시민의 강한의지와 끈기를 담고 있으며, 잔잔한 바다의 물결모양은 지역의 안정, 평화로운 고장을 상징하고, 세계를 향해 무한히 뻗어나가는 거제의 미래상을 나타낸다.

3) 로고

조형적 이미지를 고려하여 제작된 로고타입은, 심볼마크 뿐만 아니라 다른 디자인 요소와의 조화와 가독성을 고려하여 국문, 한문, 영문으로 구성되어있다.

로고타입의 사용은 기본적으로 인쇄나 컴퓨터 프린팅, 컬러복사기에 의한 복제를 원칙으로 하며, 특별한 경우 그리드시스템107)에 의한 작도 교정에 의거하여 정확히 표현되어야 한다.

거 제 시
巨 濟 市
GEOJE
GEOJECITY

거제시 巨濟市 GEOJE GEOJECITY

107) 그리드시스템(grid system) : 건축계획이나 도시계획에서 모듈로서의 기준 치수에 의한 격자형 패턴에 따라서 평면적, 입체적으로 구성하는 계획 수법

4) 시그니처 시스템[108]

이는 CI[109]의 기본요소인 심볼마크와 로고타입을 체계적으로 조직하고 효과적으로 조화시켜 거제시의 통일된 고유이미지가 형성되도록 디자인하였다. 이 조합체계는 CI 기본시스템의 완성형을 보여주는 매우 중요한 부분이며, 각 항목별 기준에 따라 정확하게 사용되어야 한다.

5) 상징물

① 시기

태양은 시민의 정열과 희망을 갖게 하고, 갈매기는 조화롭게 서로 돕고 화합하여 미래를 향해 나아가며, 바위섬 모양은 해금강의 수려한 자연경관을 부각시켰다. 물결은 4면의 바다를 나타낸다.

---

108) 시그니처(signature) : 서명과 특징이라는 의미. 평소에 자주 사용되는 서명

109) CI(Corporate Identity) : 기업 이미지를 통합하는 작업CIP(Corporate Identity Program)

② 시화(동백꽃)

한려해상국립공원의 풍치를 안겨주는 거제의 상징이며, 빨간 꽃봉오리는 시민의 순결과 정열을 나타낸다.

③ 시목(해송)

사계절 푸르게 변치 않는 시민기상을 나타내며, 해안변의 해송은 끈기와 남성다운 씩씩함과 강직함을 의미한다.

④ 시조(갈매기)

섬과 바다를 가꾸는 시민의 벗이며, 해양관광도시로 뻗어가는 시민의 힘찬 기상과 화합단결로 영원한 번영을 이룩함을 의미한다.

⑤ 시어(대구)

수산자원을 보호·육성하고 수산물에 대한 관심을 제고하며, 나아가 바다를 지키는 거제시민의 근면 성실성과 진취적 기상을 나타낸다.

6) 캐릭터(몽돌이, 몽순이)[110]

거제시의 상징 캐릭터로 선정된 몽돌이, 몽순이는 대내외적으로 시를 대표하고, 문화사절 및 홍보도우미로서 뉴밀레니엄시대의 거제시가 야심차게 펼치는 해양관광사업의 주역으로서 역할을 다할 수 있도록 차별화되고 양질화된 이미지 구현을 목표로 한다.

몽돌의 의미는 거제시 및 거제시민의 고유성인 친화력, 단결력, 생활력을 상징적으로 내포하고 있으며, **친화력**은 모나거나 편협하지 않아 세상 어떤 요인들과 절친해질 수 있는 원만한 성품을 나타내고, **단결력**은 시민이 화합을 이루어 다함께 잘 살 수 있는 단합된 힘을 표현하며, **생활력**은 인내와 끈기로 주어진 역경을 극복하고 변화에 적응하여 발전적 가치를 창출해 가는 강인한 정신을 지니고 있다. 이 외에도 부지런한 근면성과 한결같은 향상성 그리고 믿음직한 신뢰성을 포함하고 있다.

① 몽돌이

매사에 적극적이고 활동적이며 여유롭고 유머를 내재하고 있으며 개방적이다. 우직한, 든든한, 힘센, 책임감 있는, 총명한, 활기찬, 품격을 지닌, 친절한, 귀여운, 원만한 등의 형용을 의미한다.

상징형의 주된 이미지로서 호감 있는 인상을 불러일으킬 수 있도록 다양한 활동을 펼치게 하며, 필요시에는 단독으로 사용할 수 있다.

110) 1999년에 처음으로 제정하였으나, 시대에 맞춰 전체적인 색상과 도안에 대한 변경을 했다

② 몽순이

순하고 애교가 있으면서 사리판단이 빠르고, 적극성 있는 애살형이다. 더불어 생활력이 강한, 섬세한, 지혜로운, 덕성스런, 애정 어린, 살가운, 친절한, 귀여운, 원만한 등 형용사적 특징을 부여했다.

상징형의 서브이미지로서 호감적인 인상을 불러일으킬 수 있는 다양한 활동을 펼치며 필요시 단독으로 사용할 수 있다.

[거제문화관광해설사 배치 및 가능 관광지]

- 거제포로수용소 유적공원
- 옥포대첩기념공원
- 칠천량해전공원
- 김영삼대통령생가
- 각 면·동

✓ 청마기념관
✓ 조선해양문화관
✓ 포로수용소
✓ 자연예술랜드

38 8경 · 8미 · 8품

거제에는 볼거리의 8경과, 먹거리 8미 및 특산품으로 8품이 지정되어 있다. 그러나 8경에 **거가대교**를 더하여 **9경**으로 하고, 8미에 **죽순요리**를 추가하여 **9미**로 하며, 8품엔 전국적인 최대생산물인 **맹종죽**을 추가할 필요가 있다.

이렇게 9시리즈를 통해, 거제의 9경을 **'구경가자'**나, 거제에서 **'구미에 맞는'** 9미를 먹자 등 스토리 전개는 자연스러울 수 있을 것이다.

구분	내용
8경	외도·내도 해금강 학동 흑진주몽돌 홍포해변 계룡산 바람의언덕과 신선대 동백섬 지심도 공곶 **(거가대교)**
8미	멍게·성게 비빔밥 도다리쑥국 물메기탕 어죽 볼락구이 대구탕 굴구이 생선회 **(죽순요리)**
8품	유자 대구 멸치·멸치액젓 고로쇠 수액 표고버섯 굴 돌미역 한라봉 **(맹종죽)**

(1) 8경

1) 내도·외도 비경

일운면 동쪽 해상에 위치한 내도(안섬)와 외도(밖섬)는 호수에 떠 있는 돛단배처럼 아름답다. 안쪽에 있는 섬이 내도이고, 밖에 있는 섬이 외도다.

내도는 상록수림과 해안바위가 조화를 이룬 아름다운 섬으로, 서이말 등대에서 바라보면 거북이가 외도를 향해 떠가는 형상을 하고 있어 **거북섬**이라고도 한다.

외도는 인간 승리의 현장이으로, 천연 동백숲에 수많은 종의 아열대 식물이 어우러져 장관을 연출하고 있다. 더불어 기암괴석이 갖가지 형상을 하고 있어 이 또한 볼만하다. 이 섬에는 공룡의 발자국도 발견되어 학술적인 가치도 높다.

2) 해금강

생태적 보전가치가 높은 이 섬의 원명은 **갈도**다. 자연경관이 빼어나 1971년 **명승 제2호**로 지정되어 **거제 해금강**으로 등재 되었다. 섬은 수억 년 파도와 바람에 씻긴 형상이 갖가지 모습을 연출한다. 사자바위, 미륵바위, 촛대바위, 신랑바위, 신부바위, 해골바위, 돛대바위 등으로 둘러싸였으며, 자연 야생초가 많아 **약초섬**으로도 불린다.

수십 미터 절벽에 새겨진 만물상과 열 십 자로 드러나는 십자동굴은 걸작의 작품이며, 사자바위 사이로 솟는 일출의 모습은 환상적이다.

3) 학동 흑진주몽돌해변

이곳은 흑진주 같은 검은 몽돌로 이루어진 해변으로, 전국에서 가장 아름다운 해변으로 손꼽힌다. 남해안의 맑고 깨끗한 물이 파도 쳐 몽돌을 굴리면 그 소리가 환상적이며 **한국의 아름다운 소리 100선**에 선정되었다. 이곳의 뒤로는 노자산과 가라산의 능선이 부드럽고 희귀식물의 보고며, 야생 **동백림 군락지**에서는 천연기념물로 지정된 **팔색조**의 울음소리가 들린다.

곁에 있는 수산마을에는 별신굿이 이어져 오고 있다.

4) 홍포 해변 비경

망산 자락 밑에 모여 앉은 섬들의 모습은 이웃과 어울려 사는 거제인을 담은 한 폭의 그림이다. 해질 녘의 일몰이 만들어주는 노을은 바다 비경의 으뜸이 되어주고, 뒷산인 망산은 **천하일경**으로 유명하다.

가파른 산자락 아래 위치한 여차만의 몽돌해변은 파도가 밀려왔다가 밀려갈 때마다 자연의 소리를 들려주며, 이 소리에 자라는 자연산 돌미역은 진미의 일품이다.

5) 계룡산

거제 본섬의 중앙에 솟아 각 마을을 거느리는 듯한 계룡산은, 해발 566 m로 정상부엔 의상대사가 절을 지었다는 **의상대**가 있고, 능선을 따라 **불이문바위**, 장군바위, 거북바위, 장기판 바위 등 기암괴석이 즐비하다. 봄이면 진달래가 여린 향기를 뿌리고, 가을이면 은빛 찬란한 억새풀이 바다와 절묘한 조화를 이룬다.

시선을 돌려 고현방향인 동북부를 향하면, 삼성중공업의 거대한 세계적 조선소가 뵈고, 이를 야경으로 즐기면 천하의 볼거리다.

계룡산 자락에 위치한 거제포로수용소 유적공원은 분단의 아픔을 안고 있으며, 여기까지를 누구라도 오를 수 있도록 **관광모노레일**이 오간다.

6) 바람의 언덕과 신선대

해금강을 향하며 함목을 지나면 길목에서 북쪽으로 내려선 한 폭의 그림으로 도장포마을이 있고, 이를 돌아 바람의언덕이 있다. 이곳에서 보는 바다는 호수와 같다. **바람의언덕**엔 눈길마다 띠가 자라 **띠밭늘**로 불렸다. 다시 길을 올라 언덕을 넘으면 그 옛날 신선이 내려 와 즐겼다는 넓적한 바위 **신선대**가 있다.

7) 동백섬 지심도

동백섬의 대표적인 곳은 지심도다. 겨울의 찬기운에 봄이 그리우면 장승포항에서 20분 정도 도선을 타고 가는 섬, 동백섬으로 간다. 늘 푸른 나무의 동백은 계절을 이기고 붉게 피고, 바다멀리 대마도가 보이며 건너편 거제본섬은 언제라도 내달릴 수 있을 듯 가깝다.

쪽빛바다 초록의 섬에는 동박새와 직박구리, 박새가 많고, 이를 따라 큰 매가 높이 맴을 돈다. 붉은 꽃 틈으로 시선을 모으면 일제강점기의 잔해가 정신을 자극한다.

8) 공곶이

인간의 승리란 이런 것일까. 수선화와 같은 사람의 손으로, 큰 몽돌과 같은 사람의 마음으로, 쌓고 다듬고 가꿔 만든 큰 섬의 벼랑은 사계절 꽃들이 피어난다.

와현 해수욕장을 스쳐 안으로 깊숙이 들면 **예구마을**에 닿고, 그곳에서 작은 산 하나를 오르면 먼저 눈앞에 **내도**가 있다. 다시 내도를 피해 시선을 내리면 공곶이로 불리며 돌담과 동백동굴을 통해 바닷길로 안내한다. 나이든 부부가 만든 **다랑이(다랭이**[111]**)화원**, 이곳에서 사람의 겸손과 근면을 배운다.

(2) 8미

1) 멍게·성게 비빔밥

멍게비빔밥과 성게비빔밥은 거제의 손꼽히는 특미다. **멍게비빔밥**은 4~6월경에 거제의 연안에서 채취하는 멍게를 속의 뻘을 제거하고 다진 후, 약간의 양념으로 간을 맞춰 버무린 다음 저온에서 반숙성 시킨다. 비빔밥으로 먹을 땐 참기름, 깨소금, 가루를 낸 김 등과 함께 뜨거운 밥 위에 올린다. 이 비빔밥은 향긋한 멍게향이 일품이다.

성게비빔밥은 청정해역 거제바다에서 해녀들이 채취한 성게를 사용한다. 이 비빔밥은 쌉쌀하면서도 향긋하다. 이는 식욕을 살리고 영양을 균형 잡아준다. 성게는 **밤송이조개**라고 하지만, 제주도에서는 **구살**이라고 부른다. 비빔밥은 비교적 간편한 구조다. 그렇기 때문에 사랑받는 식단일 것이다.

2) 도다리쑥국

거제의 봄은 도다리와 쑥이 펼치는 드라마가 펼쳐진다. 예로부터 육지의 대표적인 봄철음식인 쑥과, 바다의 대표 봄철음식인 도다리가 만나는 것이다. 봄철의 단단하고 부드러운 생도다리에 쑥과 된장을 넣어 끓인 도다리 쑥국은, 구수한 향은 물론 담백한 맛으로 봄의 서정을 돋우며 어느 바닷가에서라도 앉아 먹을 만하다.

111) 경북방언

3) 물메기탕

예전의 어부들은 물메기를 잡으면 흉측한 모양과 여린 육질로 버려왔다. 동해 강원도에서 **곰치**라 하지만 남해에선 **물메기(물미기)**라 부른다.

물메기탕은 누구라도 시원한 맛을 즐기고, 미식가들은 초회무침을 즐긴다. 거제에선 주로 11월부터 겨우내 물메기 조업이 성하여 한겨울의 미각을 잊지 못하게 한다.

4) 어죽

어죽은 감성돔, 대구 등의 생선을 이용하여 끓인 것이다. 어죽은 짐작과 달리 그 맛이 매우 깔끔하다. 내륙지방에서는 민물고기를 사용해서 어죽을 끓이기도 하지만, 거제도 어죽은 기름기가 적고 신선한 것을 주로 사용하여 비릿한 맛을 제거시킨다. 어죽은 건강식으로 식욕이 없거나 몸의 기운이 없을 때 즐겨 먹는다.

5) 볼락구이

거제에선 **뽈락구이**로 더 잘 통하며, 잘 구운 볼락의 쫄깃하고 짭짤한 껍질 맛은 한 번의 시식으로 만족할 수 없게 한다. 부드러우면서 구수한 속살은 그 어떤 생선구이와도 비교되지 않는다.

6) 대구탕

대구는 머리가 크고 입이 커서 붙여진 이름이다. 생김새는 명태와 비슷하지만 몸 앞쪽이 보다 두툼하고 뒤쪽은 점점 납작해지며, 전반적으로 명태보다는 큰 편이다. 대구는 10월에서 다음해 2월 사이에 진해만에서 주로 잡히며, 한때 어획량이 급속히 감소하여 귀한 생선으로 취급되었다. 지금은 치어방류사업 등 다양한 복원사업을 통해 어획량이 많이 늘었으나 여전히 고급어종으로서 그 맛과 영양을 자랑한다. 제철인 12월에는 거제 외포에서 **대구축제**가 개최되고, 거제시의 **시어**로 지정되어있다. 겨울에 먹는 대구탕의 깊은 맛은 형언조차 어렵게 한다. 대구는 탕으로도 먹지만 갖은 양념으로 버무린 찜도 즐겨 찾는 음식으로 다양한 요리가 가능하다.

7) 굴구이

거제는 청정해역으로 **미 FDA**에서도 인정하고 있다. 그 일대에서는 **바다의 우유**라는 굴 양식이 성하다. 굴이 남성은 물론 여성의 미용에도 좋다는 보고가 있은 후, 굴의 제철이면 굴구이를 먹기 위한 인파가 곳곳에서 장사진을 이룬다. 이에 따라 굴양식도 증가하여 비교적 저렴한 비용으로 넉넉하게 먹을 수 있다.

거세의 굴구이는 숯불이나 일반 석쇠에 굽는 형식이 아니라, 큰 양철 솥에 굴을 가득 채우고 불기에 쪄서 익혀먹는다. 굴은 최근에는 구이와 더불어 다양한 요리가 선을 보이고 있고, 혼자 먹기보다는 단체나 가족끼리 먹기에 좋다.

8) 생선회

생선회는 모든 바닷가에서 즐겨 먹는 대표적 음식이다. 하지만 거제의 생선회는 남해의 풍부한 영양분과 거칠고 힘찬 바다 속 환경에서 자란 생선으로 요리되어, 그 맛은 더할 나위가 없다.

거제는 계절별로 최적한 생선을 회로 장만하는데, **정월은 도미, 2, 3월엔 가자미(도다리), 4월엔 삼치, 5월 농어, 6월 숭어, 7월 장어, 9월 전어, 10월은 갈치**다. 그리고 겨울인 11월과 12월에는 모든 생선회가 가능하다.

(3) 8품

1) 유자

거제에 유자가 들어온 내력은 확실하게 알려져 있지 않다. 다만, 구전으로 **장보고**가 **문성왕2년(840년)**에 당나라에서 가져와 남해안 지역에 전파한 것으로 전해진다. 세종실록 세종8년(1426년) 전라, 경상도에 유자를 심게 하였으며, 착과량을 조사하여 상납하게 하였다는 기록이 있다. 동국여지승람에서는 유자 생산지역으로 경남권에는 거제, 곤양, 남해, 사천, 하동, 창원, 능천, 기장이 있다고 기록되어 있다.

거제유자는 연평균기온이 13℃ 이상의 온난한 기후에서 자라 색깔이 진하고 과피가 두꺼우며, 과피에는 유포가 잘 발달되어 향이 강하고 오래 지속되는 특징을 지니고 있다.

2) 대구

대구는 동해와 서해에서 분포하는 한대성의 심해어로, 깊은 바다에 떼를 지어 살며 겨울철에는 냉수층을 따라 진해만까지 산란하기 위해 이동한다. 동남해안에서 잡히는 대구는 50 cm 이상이며, 서해에서 잡히는 대구는 50 cm 미만이다. 거제에선 진해만을 중심으로 무게 7.5 kg 이상 나가는 대구를 최상급으로 여기며 가장 큰 편에 속한다.

조선왕조실록(태종실록~중종실록 까지)에서는 매년 10월 천신 품목으로 거제 대구를 진상했다는 기록하고 있다.

대구는 단백질 17.6%, 지방 0.5% 들어있는 고단백질 저지방 식품으로, 간세포의 재생을 원활하게 하며, 시스테인과 메티오닌 등 필수 아미노산이 풍부하여 해독작용에 관여하는 글루타치온 이란 물질을 잘 합성할 수 있게 한다.

또, 노폐물을 체외로 활발히 배설시키는 기능도 있으며, 여기에다 맛 성분인 글루탐산은 암모니아와 젖산 대사를 촉진하기 때문에 피로회복 효과까지 있다.

3) 멸치·멸치액젓

거제는 난류와 한류가 교차하는 청정해역이다. 이런 곳에서 갓 잡아 삶은 후 햇볕 아래서 바닷바람으로 건조시킨 **거제멸치**는, 살이 연하고 비린내가 나지 않으며 신선도가 뛰어나고 맛이 담백하다. 따라서 멸치고유의 맛이 뛰어나 풋고추 멸치볶음, 멸치야채튀김, 잔멸치조림, 파멸치무침, 맥주안주 등 여러 가지 용도로 사용할 수 있다.

멸치의 종류는 일반적으로 크기를 기준으로 하며, 멸치가 잡히는 시기별로 구분하는 이름이 각각 있다. 7, 8월에 나는 것은 **초사리**, 9, 10월에 나는 것은 **오사리**, 11월에 나는 것은 **중사리**, 12~3월에 나는 것은 **늦사리**라 한다. 이를 다시, 7월1일~8월20일 사이에 나는 것을 **하절품**, 8월20일~11월20일 사이에 나는 것을 **추절품**, 11월20일~1월30일 사이에 나는 것을 **동절품** 그리고 2월1일~3월30일 사이에 나는 것을 **춘절품**이라 한다.

나아가, 색상별로는 백색멸치(시로구찌) 황백색멸치(우스시로), 황색멸치(우스), 황적색 멸치(우스야까), 적색멸치(아까) 등으로 구분한다.

이런 거제의 멸치를 이용하여 지하 5미터 저장탱크에서 2년간 충분한 발효와 숙성 과정을 거쳐 만든 **멸치액젓**은 멸치 본래의 맛과 영양이 살아 있는 거제의 전통 수산 식품이다.

4) 고로쇠 수액

고로쇠는 통일신라말 도선국사가 백운산에서 이른 봄 득도한 후, 잠시 쉬려 일어서려고 하였으나 무릎이 펴지지 않았다. 그때, 곁에 잇던 나무를 잡고 일어서다 부러진 나무에서 물이 떨어지는 것을 보고 그물을 마시고 무릎이 펴졌다고 한다. 이를 뼈에 이로운 물이라고 하여 **골리수**[112] 라 불렀으며, 고리수, 고로쇠 등으로 불리고 있다.

고로쇠는 단풍나무과에 속하는 낙엽활엽수로, 잎은 원형이며 다섯 갈래로 얕게 찢어져 있고, 4~5월에 담황색 꽃이 피어 9월에는 열매가 익는다. 암수 한 그루의 나무다. 거제에는 노자산, 가라산, 북병산, 계룡산 자락에 약 2만 여 그루가 자생하고 있으며, 연간 고로쇠 약수 생산량은 20만ℓ 정도다.

5) 표고버섯

거제에서 생산되는 표고버섯은 왕에게 진상되었으며 맛과 향기가 일품이다. 신선하고 단백한 최고의 무공해 식품인 표고버섯은, 고급요리에 사용되며 약리효과가 뛰어나 동맥경화증과 고혈압을 예방하고 항암작용, 항바이러스 작용 등 성인병 예방에 좋은 건강 증진 식품이다. 거제표고버섯은 참나무 원목에서 재배하며 적기 수확과 선별, 규격출하로 소비자들의 반응이 좋다.

표고버섯의 종류는 1등급부터 5등급으로 나뉘고, **화고, 흑화고, 동고, 향고, 향신, 등의** 등으로 불린다.

6) 굴

거제의 굴은 **미 FDA** 에서 청정지역으로 지정한 연안에서 생산된다. **비타민A, 칼슘**이 다량함유 되어, **스테미너(stamina) 식품**으로 단연 최고로 꼽히어 전국적으로 유명하다.

7) 돌미역

거제의 견내량과 여차 등지에서 생산되는 자연산 돌미역은, 3~4월 봄철 전통방식으로 채취된다. 채취된 미역은 바닷바람에 건조시키는 방식으로 청정해역에서 자란

112) 골리수(骨利水)

돌미역은 최고의 무공해 웰빙상품이다. 특히, 견내량에서 생산되는 돌미역은 대대로 이어온 전통방식 그대로 미역을 채취하는데, 빠른 물살에 배가 떠내려가지 않도록 닻을 내린 후, 장대를 이용해 미역을 둘둘 말아 끌어 올린다.

학동과 여차의 미역은 미 FDA가 지정한 청정해역에서 생산되며, 몽돌해변에 자연산 미역을 말리는 풍경은 어촌마을의 최고의 정취를 만들어 준다.

8) 한라봉

거제 한라봉은 지역의 풍부한 일사량으로 인해 새콤달콤한 맛이 특징으로 당도가 높아 소비자의 기호가 매우 높다.

* 맹종죽

거제 하청면을 중심으로 대단위 군락을 이루고 있으며, 전국 맹종죽 재배의 80%를 차지하고 있다. 수확시기가 빨라 3월말부터 생산하고 가공 등 다양한 상품으로 개발되어 판매되고 있으며, 하청면에는 맹종죽축제를 이어가고 있다.

39 행정과 산업

(1) 행정

거제시 행정조직은 청사를 중심으로 시장 직속업무를 수행하기위해 4개의 담당관을 두고 있으며, 주민의 편익을 위해 5개의 국을 두고 있다. 이는 인구에 따라 행정안전부의 조직 권고를 준수하고 변화와 혁신을 위한 결과다.

직속기관으로 보건소와 농업기술센터를 두고 있으며, 환경사업소도 두어 관리하고 있다.

(2) 의회

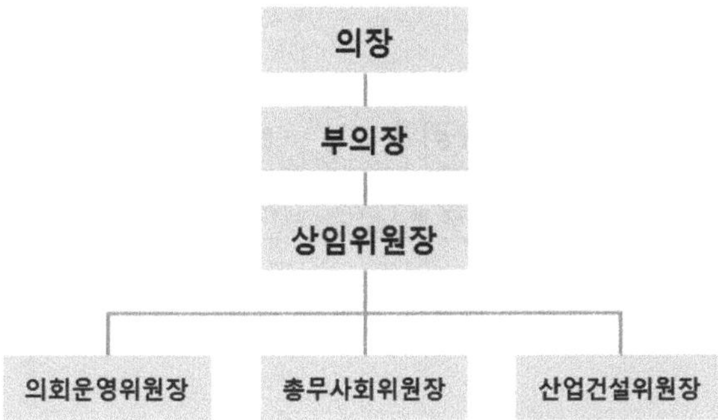

(3) 산업체 현황

○ 지역별 분포

계	동부면	거제면	둔덕면	사등면	연초면	하청면	장목면	아주동	옥포2동	장평동	고현동	수현동
144	8	9	12	43	45	12	8	1	1	2	1	2

용도별 분포

계	관리지역			공업지역		공업지역	농림지역		자연녹지	2종 주거·생산
	일반	계획	지구단위	일반	준		진흥	임업용		
144	27	35	25	14	4	1	7	3	8	24

규모별

대 기 업(300이상)		중소기업(50~299)		소기업(1~49명)	
업체수	종업원수	업체수	종업원수	업체수	종업원수
6	64,186	21	2,077	117	1,744

업종별

조선관련업		수산(가공)업		농축산(가공)업		기타	
업체수	종업원수	업체수	종업원수	업체수	종업원수	업체수	종업원수
61	66,397	26	857	15	197	42	558

세부업종별

계	조선해양				수산업				농축산				레미콘	아스콘	가스제조
	선박구성	강선건조	금속조립	도금도장	가공처리	건조염장	냉동	훈제조리	과실채소	도정도축	건강보조	액상장류			
144	42	5	11	3	8	11	3	4	8	1	5	1	5	4	2

기계장비	비료질소	재생플라	공기정화	방송장비	비금속광물	금속구조	제어장치	석면암면	제재씽크	벽돌블록	창호	의복	천막	도로관료	전기장비조명	농약	시멘트
4	2	1	1	1	1	4	2	1	3	2	1	1	1	1	3	1	1

(4) 국가산업단지

단지명	업체명	조성년도	면적(㎢)	유치업종	생산품
계	3		12,949.1		
죽도공단	삼성중공업(주)	1974~2015	4,260.1	중형조선소, 조선기자재공장	선박 및 해양플랜트
옥포공단	대우조선해양(주)	1977~2015	5,747	신조선, 해상플랜트, 특수선박 등	선박 및 해양플랜트
지세포자원비축공단	한국석유공사거제지사	1981~2010	2,942	원유 비축시설	원유

(5) 어항현황

구분	계	국가어항	지방어항	어촌정주어항 (80)		마을공동 어항
				육지부	도서부	
계	117	6	20	52	28	11
일운면	9	지세포 구조라		와현, 예구, 양화, 망치, 옥림	지심도, 내도	
동부면	11		율포, 동호, 가배	영북, 영월 오송, 수산 학동, 함박 쪽박, 양지말		
남부면	10	다대·다포 대포·근포	도장포, 쌍근	명사, 저구, 여차, 탑포, 갈곶		홍포
거제면	12		거제, 죽림	오수, 내간, 소랑, 고당, 법동	실리, 산후 산전	외간, 아지랑
둔덕면	13			어구, 녹산, 호곡, 술역, 내평, 학산, 아사	면포, 발포, 송포, 미포, 왜선포, 염막포	
사등면	21		성포, 유교	광리, 사곡, 견내량, 청포, 청곡, 후포, 지석, 항도, 금포, 성내	고개도, 신교, 실전, 계도, 창촌, 신전, 군령포, 창외, 진두	
연초면	1		한내			
하청면	17		하청, 물안, 송포	석포, 덕곡, 유계	어온, 대곡, 연구, 곡촌, 황덕도 금곡, 옥계, 장곶	해안, 와항, 실전
장목면	21	외포	장목, 유호, 농소 시방, 관포, 황포, 이수도	송진포, 궁농, 구영, 두모, 대금, 대계, 소계, 흥남		동진개, 임호, 신촌, 매동, 군항포
능포동	1	능포				
옥포동	1			덕포		

40 축제

(1) 신년해맞이축제

- 장소 : 경상남도 거제시 장승포동 66번지 일원
- 기간 : 1월 1일
- 주최 : 신년맞이행사추진위원회
- 개요 : 새해 첫날, 장승포 몽돌개에서 다채롭게 펼쳐지는 이 축제는, 한해의 무사안녕을 빌고 새해 아침 첫 해돋이를 맞이하기 위한 것으로, 장승포의 각 단체가 주관하며 거제시가 후원한다. 전국적으로 많은 관광객들이 찾아오고 있으며, 관광객들에게 새로운 볼거리를 제공하고 활력 넘치는 거제시를 대외적으로 널리 알리는 계기가 되었다. 특히, 12월 31일 **송년불꽃축제** 행사를 함께 개최하여 이틀간에 펼쳐지므로 참여자로부터의 인기가 높다.

(2) 송년불꽃축제

- 장소 : 장승포항 일원
- 기간 : 12월 31일
- 주최 : 거제시
- 개요 : 한해를 보내는 아쉬움과, 새해를 맞이하는 희망과 설렘을 이어가는 축제로서, 민속놀이와 이색체험행사 각종 축하공연과 더불어 화려하게 하늘을 수놓은 불꽃을 연출한다. 더불어 공연팀과 지역가수 공연 등이 이어지며, 불꽃축제 카운트다운으로 불꽃행사가 수십 분 동안 진행된다.

(3) 국제펭귄수영축제

- 장소 : 덕포해수욕장
- 기간 : 1월 중순
- 주최 : 거제도국제펭귄수영축제위원회(옥포동, 덕포동)
- 개요 : 겨울의 깨끗하고 푸른 바다에 뛰어드는 젊음과 낭만 속에서 피어나는 우정과 사랑, 행복을 만드는 특별한 축제로 알려지며, 2004년도 1월에 처음 개최된 이후, 전국적 관심을 모으고 있다. 한겨울 바다 수영 및 맨손으로 광어 잡기, 에어로빅 공연 등 볼거리가 부족한 한겨울 추위에 도전하는 짜릿함을 느낄 수 있는 행사다. 또, 이 시기는 거제 시어로 지정된 대구가 많이 잡히는 계절로 장목면 외포 등 거제 전역에서 담백한 대구 요리를 맛볼 수 있다. 주요내용으로는 풍물마당 지신밟기, 축하공연과 본마당으로 50 m 반환수영, 펭귄미인선발대회 등이 진행된다.

(4) 바다로세계로

- 장소 : 거제종합운동장, 구조라해수욕장, 학동흑진주몽돌해변, 와현모래숲해변, 지세포항 등
- 기간 : 매년 7월 말~8월 초
- 주최 : 거제시청 관광 해당부서
- 개요 : 천혜의 관광자원과 문화예술공연을 함께 즐길 수 있는 **전국 최대 규모의 해양축제**로서, 구조라, 학동, 와현 등 여러 해수욕장에서 동시에 개최된다. 주요행사는 플라이보드대회, 뷰티바디챔피언십, 드래곤보트대회, 핀수영대회 등 해양스포츠와 더 블루콘서트, 정오의 희망곡 공개방송, 맨손고기잡기 체험 등 다양한 프로그램으로 4일간 진행되며, 거제의 여름을 시원하고 낭만이 가득한 추억을 만들어준다.

(5) 섬꽃축제

- 장소 : 거제시농업개발원(거제면)
- 기간 : 10월 ~ 11월
- 주최 : 거제시청 해당부서
- 개요 : 미래 지향적 농업방향 제시와 난지농업의 활로 개척, 관광거제에 부응하는 대표적 가을축제로 정착한 행사다. 가을국화꽃 전시, 국화작품전시, 꽃동산 전시, 첨단농업전시, 국화전시 및 농특산물 홍보 판매 등 다양한 전시 및 행사가 열린다. 2006년 가을꽃전시회로 시작된 **거제 섬꽃축제**는 농업개발원의 난지농업 시험장을 기반으로 하여 독창적인 축제모델로 발전시켜 왔으며, 꽃과 문화, 사람이 어우러지는 종합적인 가을꽃 축제로 해양관광지 거제에 걸맞은 **시민이 만드는 축제**라는 슬로건으로 가을꽃의 향연, 우리농업 둘러보기, 시민과 함께하는 문화공연, 각종경연, 체험행사 등 다양한 테마로 펼쳐진다.

(6) 옥포대첩기념제전

- 장소 : 옥포대첩기념공원, 옥포중앙공원 등 옥포동 일원
- 기간 : 6월
- 주최 : 거제시 및 옥포대첩기념제전위원회
- 개요 : 임진왜란 첫 승전인 옥포대첩을 기념하는 행사로, 기념식을 비롯하여 문화예술, 민속, 이벤트행사 등이 다양하게 진행되며, 시민 참여마당 및 볼거리 등 지역문화축제행사로 정착되었다.

(7) 맹종대나무축제

- 장소 : 거제맹종죽테마파크(하청면)
- 기간 : 4월말
- 주최 : 거제맹종죽영농조합법인
- 개요 : 맹종죽 대나무숲을 관광자원으로 활용하기 위해 하청면 실전리 일대 맹종죽 군락지에 10만2,154 ㎡(3만여평) 규모로 개장하였다. 맹종죽을 이용한 창조적 활용과 보존을 통하여 죽림욕을 이용한 치유, 바다경관과 환경예술을 접목한 경관치유, 맹종죽을 이용한 체험놀이치유가 가능한 죽림테라피의 축제 공간이다. 체험행사로는 대잎차 시음회, 소원담장, 죽순 시식행사, 스탬프 이벤트, 문화공연은 타악공연, 아카펠라공연, 숨소슬 뮤직 테라피, 죽제품 전시회가 있다. 경연대회로는 맹종죽테마공원을 둘러보고 멋진 장면을 촬영한 사진의 주인공을 뽑는 사진 공모전이 진행된다. 맹종죽은 하루에 20~40 cm 정도 자란다.

(8) 양지암축제

- 장소 : 거제맹종죽테마파크(하청면)
- 기간 : 5월 하순
- 주최 : 양지암축제추진위원회
- 개요 : 푸른바다를 낀 양지암의 절경과 각종 체험이벤트를 지닌 이 축제는, 능포동에서 열리던 양지암 장미축제와 능포 바다등축제가 통합된 것이다. 양지암 장미공원과 조각공원 일대를 중심으로 장미차 시음과 초등학생 사생대회, 페이스페인팅, 체육대회, 노래자랑 등 다채로운 행사가 펼쳐진다. 또, 능포항 내 거제수협 능포 위판장에서는 거제 앞바다에서 주로 잡히는 보리새우와 돔, 문어, 해마 등의 수산물을 소재로 만든 높이 1~3 m의 등불이 밤바다를 배경으로 불을 밝힌다.

(9) 산방산삼월삼짇날축제

- 장소 : 거제시 둔덕면 산방산 임도
- 기간 : 4월 초중순
- 주최 : 둔덕번영회
- 개요 : 예로부터 산방산은 못자리를 만들기 시작하기 전인 삼월 삼짇날이 되면, 인근 마을에 거주하는 선남선녀들이 새 옷을 갈아입고 정성스레 오곡밥을 지어, 이른 아침부터 정상에 모여 참꽃과 산나물을 채취하며 사랑을 속삭였다. 아름다운 산방산을 가꾸기 위해 1회부터 9회까지 산방산 참꽃축제를 개최한 둔덕면은 10회째를 맞은 지난 2005년부터 삼월 삼짇날 축제로 명칭을 변경해 지금까지 그 아름다운 전통을 이어오고 있다. 주요행사는 산신제(축문 및 제례), 산방산 등반 등이 있다.

(10) 대금산진달래축제

- 장소 : 대금산 일원
- 기간 : 4월
- 주최 : 대금산진달래축제추진위원회 및 장목면사무소
- 개요 : 산 중턱부터 정상까지 2.4 ha에 걸친 진달래 군락이 연분홍빛 꽃물결의 장관을 이루는 4월의 봄에 개최되며, 2014년부터 휴식년제를 도입하였으나, 2016년부터 다시 개최하였다. 주요행사는 길놀이, 산신제례, 초청공연, 행운권 추첨, 대금산 열전, 진달래 화전 만들기 체험 등이 있다.

(11) 몽돌해변축제

- 장소 : 학동흑진주몽돌해변
- 기간 : 10월
- 주최 : 동부면
- 개요 : 우수한 관광자원인 몽돌을 소재로 전국적으로 특색 있고 차별화된 축제다. 체험형 문화관광 축제 형태로 진행되며, 공연행사, 불꽃행사 등이 음악과 함께 진행된다.

(12) 대구수산물축제

- 장소 : 외포항 일원
- 기간 : 12월
- 주최 : 거제대구수산물축제위원회 및 거제수산업협동조합
- 개요 : 거제시의 시어인 대구를 통해 진행되는 축제로, 어업인만의 축제가 아닌 누구나 참여 가능하다. 축제기간 동안 외포지역 횟집을 이용하면 가격을 10% 할인해 준다.

(13) 시민의날행사

- 장소 : 거제시 일원
- 기간 : 격년 10월(2년에 한번씩)
- 주최 : 시민의 날 기념행사 추진위원회
- 개요 : 향토문화를 계승하고 범시민적으로 경축하며, 시민의 자긍심과 애향심을 고취시키고, 시민화합과 지역사회 발전에 기여하기 위하여 10월 1일을 **거제시민의 날**

로 정하였다. 다채로운 행사가 격년제로 열리며, 민속행사, 체육행사, 시민노래자랑, 길거리공연, 시민한마음걷기, 청소년 문화축제, 향토음식 개발 및 좋은 식단 시식회, 바둑대회, 전통장터 등 화합 문화행사가 거제시 곳곳에서 펼쳐진다.

(14) 예술제

- 장소 : 거제시 일원
- 기간 : 10월 초순
- 주최 : 예총 거제지부
- 개요 : 우수 예술인 발굴과 지역 문화예술의 저변 확대를 위해 매년 10월초 예총 거제지부 주관으로 개최된다. 거제시 일원에서 초청공연, 거제예술상 시상식, 한국전쟁문학 세미나, 시화전시회, 전국사진 공모전, 거제지부 회원전, 거제어린이 무용단 정기공연, 독창경연대회, 국악한마당, 가을경축 대음악회, 시 낭송대회, 폐왕성 공연, 합창페스티발, 모닥불 피워놓고 시인과 함께 하기, 미술협회 정기전, 거제무용단 정기공연, 사생대회, 한국화 29인 초대전 등 다양하고 홍겨운 문화예술행사가 진행된다.

(15) 기타

- **거제맥주축제** : 거제시 및 KNN 공동주체로 6월경에 개최되며, 첫 축제는 장승포항에서 진행되었다.
- **전통민속예술축제** : 거제시 전통민속예술단체협의회가 주관하며, 농업개발원을 중심으로 개최된다.
- **청소년문화축제** : 거제YMCA주관으로 5월 경 독봉산웰빙공원을 중심으로 진행된다.
- **청마꽃들축제** : 둔덕면 방하마을 앞들에서 진행되며, 청마꽃들축제위원회가 주관한다. 그동안 **코스모스축제** 등으로 진행되었다.

- **남부면 수국축제** : 남부면 다대리를 중심으로 7월경에 주민자치위원회 및 발전협의회의 주관으로 진행된다. 거제 남부면 도로에는 수국이 심겨져 꽃이 피면 장관을 이룬다.
- **사등면 해변가요제** : 7월경 사등면 모래실 인근에서 진행되며, 주민자치위원회가 주관한다.

41 관광명소

(1) 거제조선해양문화관

우리나라 어촌의 전통문화와 어업의 변천사 등을 보전, 전시하기 위해 2003년 10월 15일 거제시 일운면 지세포리에 설립한 문화관이다. 이 문화관에는 어촌민속전시관과 조선해양문화전시관이 있다.

어촌민속전시관은 총 2층으로 이루어졌으며, 각 층에는 우리나라 어촌의 전통문화와 바다의 신비를 체험할 수 있도록 다양한 전시 공간이 마련되어 있다.

1층은 거제도의 신비한 바다 세계를 시뮬레이션을 통해 경험할 수 있는 '**체험의 바다**', 우리나라 조선 산업의 역사와 천혜의 수산자원에 관한 자료를 전시한 '**부흥의 바다**', 북태평양 연근해의 어종 중 형태와 색상이 화려한 난류성 어종을 전시한 **수족관**을 비롯해 기획전시실 등의 부스로 구성되었다.

2층에 있는 '**생활의 바다**'에서는 거제도의 수산 음식과 어촌의 일상, 어선의 제작 과정 등을 볼 수 있고, '**전통의 바다**'에서는 거제도의 역사와 문화, 거제도를 빛낸 인물들을 만날 수 있다. 경상남도 거제시 일운면 지세포리 929-88번지에 있다.

조선해양전시관은 조선테마파크로 국내 최대 규모의 조선산업단지를 자랑하며, 조선산업의 역사성을 정리해 두었다. 이로서 중공업의 경직된 이미지를 친근한 새로운 차원의 문화공간을 지향한다.

(2) 거제박물관

1991년 12월 21일에 개관하였다. 대우그룹 김우중 회장의 지원으로 만들어진 거제문화재단의 산하기관으로서, 거제도에 흩어져 있는 유적·유물들을 발굴, 보존 전시함으로써 거제 지역을 보다 학술적 체계적으로 이해함과 동시에 건전한 문화공간 확보와 역사인식에 대한 학술적 자료를 확보하기 위해 설립되었다.

연건평 1,007 ㎡, 전시면적 640 ㎡의 규모를 갖추고 있으며, 토기, 자기, 서화 등 총 1,000여 점의 유물을 보관·전시하고 있다. 모두 3개의 전시실로 구성되었는데 **제1전시실**은 기획전시실 공간으로 지역 내의 여러 문화행사(전시행사)를 치를 수 있게 되어 있다. **제2전시실**은 점차 사라져가는 거제도의 민속품을 통해 거제의 문화를 알 수 있는 민속실이다. 거제도는 섬이라는 조건 때문에 반농반어의 산업적 특색을 갖고 있어 농경과 수산에 관계되는 용구들이 대부분이다. **제3전시실**은 거제도 내의 유적과 이에 관계되는 유물 등 고고학 자료를 중심으로 전시되어 거제도의 역사발전 상황을 한눈에 볼 수 있도록 해놓았다. 또한 청동기시대, 철기시대, 가야시대, 신라시대에서 조선시대까지의 유물들을 함께 전시하고 있다. 또, 별실에는 거제도포로수용소 유적의 사진과 당시 유엔군이 쓰던 철모 등이 있으며, 당시 수용되었던 포로들이 그린 것으로 알려진 그림 2점이 전시되어 있다.

(3) 자연휴양림

1993년에 개장하였으며, 구역면적은 120 ㎡, 1일 수용인원은 600명이다. 해발 565 m의 노자산 동쪽 중턱에 있으며, 완만한 경사지에 조성되어 있다. 휴양림 중간을 계곡이 가로지르고, 작은 소로가 거미줄처럼 연결되어 각 시설로 통하여 있으며 노자산으로 이어지는 산책로와 등산로가 있다. 등산로를 따라 산행하는 중간에 경치를 볼 수 있도록 전망대를 설치하였고, 정상 전망대에 오르면 거제시와 한려해상국립공원, 해금강, 대마도를 볼 수 있다.

휴양림에는 숲속의 집, 숲속수련장, 숲속교실, 텐트장, 야영데크, 전망대, 야외교실, 체력단련장, 어린이놀이터, 삼림욕장, 사방댐, 물놀이장, 목교, 오솔길, 잔디광장 등이 있다. 주변에 동백림(천연기념물 233)과 팔색조가 있는 해금강과 구조라해수욕장, 학동몽돌해변, 외도해상자연공원, 거제포로수용소(경남문화재자료 99호) 등의 관광지가 있다.

(4) 거제민속박물관

경상남도 거제시 연초면 명동리 대금산 입구에 있는 사립박물관으로, 전직 교육자이자 아동문학가[113]가 일생 동안 수집한 1만 2,000여 점의 민속자료, 서화, 도자기 등 다양한 소장품을 전시하고 있다. 이곳은 **순리원**으로도 불린다.

연초면 명동마을에 있던 명동초등학교가 폐교된 이후 교사와 운동장이 박물관으로 바뀐 곳이다. 교실로 사용되던 7개의 전시장과 복도에는 디딜방아, 농기구 등의 농경유물, 혼례용품을 비롯한 전통 생활도구, 1970년대 LP판 등 예전의 향수를 불러일으키는 다양한 전시품을 보관하고 있다. 운동장에는 녹지를 조성하여 아름다운 자연공간을 갖추고 부지 내에 **곤충생태원**을 함께 설치하여 다양한 볼거리를 제공하고 있다.

(5) 해금강테마박물관

남부면 해금강로 120(갈곶리 262-5)에 2005년 8월 5일 개관한 해금강테마박물관은 천혜의 자연경관을 자랑하는 한려해상국립공원 해금강에 있다. 파란 바닷물이 금방이라도 눈동자를 물들게 할 것만 같은 청정 남해 바닷가에 자리해 주변 환경이 그대로 자연박물관이 된다. 박물관은 폐교를 활용하고 있으며, 여유 있게 탁 트인 자리에는 주차공간도 충분하다.

박물관은 이름처럼 여러 가지 주제로 구성되어 있다. **1층**은 한국 근·현대사 생활자료 박물관으로, 광복 및 한국전쟁 후 보릿고개를 넘으며 겪었던 기성세대들의 아픔이 추억으로 승화되는 공간이다. 386세대의 문화를 아이들이 체험해볼 수 있도록 구성되어 있다. 이곳에서는 부모가 자연스럽게 박물관 큐레이터가 되어 어렸을 때 사용하던 물건에 대해 자녀들에게 설명해줄 수 있다. **2층** 유럽장식미술 박물관은 유럽 여러 나라의 다양한 장식미술을 전시하여 세계문화·역사체험을 할 수 있다.

(6) 청마기념관

거제시 둔덕면 방하리 507-5번지에 있는 청마 유치환 기념관은, 그가 태어난 곳에 세워졌다. 2000년 5월 20일에 준공하여 2008년 1월에 개관하였다. 기념관의 면적은 3,583 ㎡이고 주요시설로는 기념관과 청마의 초가집 생가가 복원되어 있다. 그리고 시비와 유치환의 청동상이 있다.

113) 옥미조

(7) 매미성

매미성은 2003년 **태풍 매미**로 경작지를 잃은 밭주인[114]이 자연재해로부터 작물을 지키기 위해 오랜 시간 홀로 쌓아올린 석벽이다. 바닷가 근처에 네모반듯한 돌을 쌓고 시멘트로 메우길 반복한 것이, 이제는 유럽의 중세시대를 연상케 하는 성이 됐다. 그 규모나 디자인이 설계도 한 장 없이 지었다고는 믿기지 않을 만큼 훌륭하다. 최근부터 많은 이들이 찾고 있다. **13년째 혼자** 쌓은 성곽의 규모만 120~130 m인데 아직도 미완성이다.

(8) 자연예술랜드

동부면 구천리 452에 위치한 자연예술랜드는, 지역출신의 난, 수석 전문가[115]가 30여 년의 한결같은 예술혼과 열정으로 설립하였다. 오랫동안 수집한 정원석, 동양란 및 서양란, 분재, 야생화, 민속품, 목공예품 등을 고향인 거제로 가져와 관광명소를 만들었으며, 이후 해금강 암벽에 **풍란 되살리기 운동**을 전개하고, 석부작과 목부작 등을 이용하여 미니어처 **장가계**를 만들었다.

자연예술랜드에는 풍란의 석·목부작 400여 점, 수석 및 정원석 500여 점, 실생산수화 10여 점, 분경분화 50여 점, 각종 자연예술품 100여 점 등이 있다.

(9) 산방산비원

둔덕면 산방리 197에 위치한 비원은 산방산과 어우러진 경남 최대의 규모다. 면적 약 3만여 평에 1천여 야생화가 있으며, 희귀식물이 포함되어 있다. 2007년 개장한 이래 찾는 이가 많고, 2015년 농림축산식품부에서 우수 관광농원으로 선정되었다. 비원 내에는 고희 분재원, 수련 연못, 진달래길, 솔롱거스 분수대 등 다양한 볼거리로 구성되어 있으며, 초가와 장승 등 한국적 정서에 부합한 시설들이 있다. 인근에는 청마기념관, 폐왕성, 지석묘 등이 있다.

---

114) 백순삼
115) 능곡 이성보

(10) 거제알로에테마파크

거제시 거제면 거제남서로 3937에 위치한 이 테마파크는 알로에를 중심으로 한다. 알로에는 거제의 특산물인 유자, 맹종죽과 더불어 유명해졌으며, 우리나라 전체 보급의 60% 이상을 점유하고 있다. 이곳은 체험형 테마파크로 1시간가량 휴식할 수 있으며, 알로에 족욕, 음식 만들기, 초코렛 만들기, 비누 만들기, 화장품 만들기 등이 가능하고, 계절별로 피는 알로에 꽃을 감상할 수 있다.

(11) 옥포대첩기념공원

거제시 팔랑포2길 87에는 넓이 10만 9398㎡의 임진왜란 첫 승리를 거둔 옥포대첩을 기념하는 공원이 있다. 임진왜란 당시 전라좌수사였던 이순신장군이 경상우수사 원균과 함께 옥포만에서 왜선 50여 척 중 26척을 격침시켰다. 옥포해전은 당시 조선의 첫 승첩으로 이후의 전황을 유리하게 전개시키는 계기가 되었다. 1957년 6월 12일에 기념탑을 세웠으며, 1963년에는 옥포정을 완공하였다. 1973년에 옥포조선소가 들어서며 기념탑과 옥포정을 아주동 탑곡마을로 이전하였다. 그러나 주변이 협소하여 1991년 12월부터 현 위치에 재건하여, 높이 30m의 기념탑과 참배단, 옥포루, 팔각정, 전시관 등을 건립하여 1996년 6월에 개원하였다.

이중 충자[116]를 형상화한 참배단에는 이순신 장군의 영정이 있다. 전시관은 옥포해전 당시의 해전도 등 이순신 장군과 관련된 유물을 전시하며, 옥포루는 전망대를 겸하고 있는 팔각 정자다. 공원에서는 매년 이순신 장군의 제례행사가 열리며, 6월 16일을 전후하여 약 3일간 옥포대첩기념제전이 열린다. 인근에는 덕포해수욕장, 대금산 등의 관광지와 장목진객사, 영등성, 구율포성, 이수도패총 등의 유적지가 있다.

---

116) 충(忠)

(12) 문화예술회관

거제시 장승로 145에 위치한 문화예술회관은 순풍에 돛을 달고 항해하는 형상을 개념화 하여 건축되었으며, 건물 자체로서의 조형적 미감이 뛰어나다. 장승포항이 내려다보이는 곳에 있으며 그 풍광 또한 훌륭하다. 종합문화회관으로서 기능을 갖추어 거제의 랜드마크가 되고 있다. 대극장과 소극장으로 구성되어 있고, 전시실, 아트스포츠센터, 호텔 등이 갖춰진 현대식 구조다. 특히, 야간에는 돛에 해당하는 부분에 색색의 조명을 설치하여 뛰어난 볼거리를 제공한다.

대극장은 총 3181.24 ㎡로 주무대, 측무대, 후무대, 오케스라피트 등이며, 객석 고정석은 1,091석, 오케스트라피트 104석, 장애인석 14석 총 1,209석이다. 부대시설로는 연습실 6실, 분장실 8실 등이 있다. 더불어, 200명이 동시에 출연할 수 있는 230평 규모의 웅장한 무대를 갖추고 있으며, 이동무대, 3대의 분리형 승강무대, 최첨단 조명시설과 음향시설을 보유함으로써 오페라, 뮤지컬, 연극, 무용 등 모든 장르의 무대공연을 완벽하게 지원하는 시스템을 갖추고 있다.

소극장은 스타디움 형식의 독특한 무대로, 130여 평의 무대와 430석의 객석과 회전무대, 완벽한 조명, 음향시설을 갖추고 있으며, 실험적인 작품을 비롯해 연극, 합창, 실내악, 콘서트 등에 적합하다. 또, 첨단 영화상영 시스템이 설치되어 있어 극장으로서의 역할을 완벽히 갖추고 있다.

전시실은 총 면적 262 ㎡(80평) 규모로, 회화, 조각, 서예, 사진, 공예 등 크고 작은 다양한 전시가 가능하도록 시설되어 있으며, 레일형 파티션으로 구분, 자유로운 연출이 가능하다.

(13) 문화관광농원

동부면 오송리(동부면 가배오송길 123)에 위치하며, 민박, 야외예식장, 야외수영장, 오토캠핑장, 각종 스포츠 시설 등을 통해, 다양한 활동을 할 수 있다. 200 m 트랙의 운동장이 있다.

42 설화와 전설

(1) 산방산 벼락바위

거제지역을 포함하여 섬마을에는 벼락바위라고 불리는 바위가 많다. 거제지명총람[117]에 소개된 벼락바위만 12곳에 이를 정도다.

벼락바위란 이름이 전해져 오는 곳은 거제면 명진 마을, 남부면 다대재 동쪽, 동부면 산양마을 남쪽 장구배미 위, 동부면 학동마을 서쪽 탕건바위 인근, 둔덕면 옥동마을 산방산 기슭, 사등면 지석리, 장자골 동쪽, 수양동 동쪽, 장평 못골 남쪽 맷동걸산 인근, 연초면 오비리 점골 서쪽 봇골 인근, 일운면 대동마을의 석유비축기지 쪽 못고랑, 장목면 장목리 범밧골 인근, 덕포동 갯마을 등이 그것이다.

전설은 이야기 속에 등장하는 지형이나 지세 및 환경에 의존한다. 이에 따라 벼락바위에 대한 전설은 모두 바위 생김새에서 비롯되어, 바위가 벼락을 맞아 쪼개진 것 같은 모양이 대부분이다. 더불어 전해져 오는 전설도 벼락을 맞아 쪼개진 벼락바위라는 이름을 중심으로 전개된다. 전설에서의 벼락은 **권선징악**이나 **하늘의 벌**을 묘사하는 도구로 주로 사용된다.

거제도의 여러 벼락바위 중에 대표적인 전설은 둔덕면 옥동마을 산방산자락에 위치한 바위다. 이 전설의 중심은 인간의 잘못된 욕망을 하늘이 벌하는 내용이 두 종류로 서려 있다.

(2) 둔덕면 벼락바위

둔덕면 옥동마을에서 산방산을 정면으로 바라보면 동쪽(거제면 옥산방향) 대봉산 자락에 네모 모양에 둘레가 50 m가 넘는 큰 바위가 보인다.

이 바위는 서로 사랑할 수 없는 두 남녀가 바위 위에서 사랑(근친 또는 불륜)을 나누다 하늘의 벌을 받았다는 이야기다.

117) 거제문화원, 1996

(3) 공씨할매 벼락바위

이 전설은 욕심이 부른 공씨 할머니의 죽음에 관련한 것으로, 신라시대 둔덕면 옥동 마을에 공씨 성을 가진 노파가 살고 있었다. 당시 사람들은 하얀 광택을 지닌 화려한 옷감인 명주를 좋아해, 누에고치로 명주실을 만드는 일은 돈벌이가 좋았다. 공씨는 물론 온 마을 사람들이 산골짜기마다 자연산 산뽕나무 잎을 따다가 누에를 치며 살았다.

그러던 어느 해 무슨 영문인지 산뽕나무에 흉년이 들어 누에를 치는 일이 힘들게 됐다. 뽕잎을 먹지 못한 누에는 고치를 치지 않았고, 고치가 되지 않은 누에는 실을 생산하지 못했기에 누에는 공씨에게 아무짝에도 쓸모없는 벌레였을 뿐이었다.

수년 동안 누에를 키우며 살던 공 씨지만 쓸모없는 벌레를 지켜보고만 있을 수 없다는 생각에, 깊숙한 산골자기에 있는 바위 밑에 누에를 모두 버렸다. 누에를 버린 지 일주일 쯤 지났을 무렵, 우연히 자신이 누에를 버린 바위 밑을 지나게 되었는데 신기하게도 공씨가 버린 누에가 일주일 동안 실을 토해 풍성한 고치로 몸을 감싸고 있었다.

공씨는 누에들이 대견하면서도 한편으로 욕심이 생겼다. 공씨는 누가 보지 않을까 주변을 살피다가 치마를 펼쳐 자신이 버렸던 누에를 주워 담기 시작했다. 그때 갑자기 하늘에서 뇌성과 함께 벼락이 공씨의 머리 위로 떨어져 죽고 바위는 여러 조각으로 쪼개졌다.

이 사실을 알게 된 마을사람들은 자신의 욕심만 차리다 하늘의 별을 받고 목숨을 잃은 공씨를 손가락질 하며, 공씨가 벼락을 맞아 죽은 바위를 벼락바위라고 불렀다.

(4) 형제섬 전설[118]

사등면 청곡리는 거제지역 최고의 지석묘 군락지로, 오래 전부터 경상도 바다와 전라도 내해를 잇는 부산과 여수의 뱃길에 위치해 있어 배들의 왕래가 많았던 곳이다.

청곡리 앞바다에는 마치 여인의 가슴처럼 생긴 두 개의 섬이 있어, 이를 싸리섬(쌀섬)과 범섬(호랑이 섬)이라고 부른다. 이곳에는 먼 옛날 우애와 효심 깊은 형제의 눈물겨운 사연이 전하고 있다.

아주 먼 옛날, 청곡리 청포마을에 정다운 형제가 살고 있었다. 형제는 우애가 남달랐을 뿐만 아니라 효심이 지극하기로 온 고을에 소문이 자자했다. 형제는 불치병에 걸린 홀어머니를 모시고 살았는데, 오랜 어머니의 병수발로 늘 가난하게 살 수밖에 없었다. 봄이 되자 양식이 떨어진 형제는 바다건너 고성까지 양식을 구해야 할 처지에 놓였다. 고성은 들이 넓어 거제보단 양식을 구하기 쉬워서였다.

이 무렵은 음력 2월로 풍신제를 올리는 시기여서 바람이 거세게 불어 뱃길이 위험했지만, 어머니를 굶길 수 없었던 형제는 작은 통구미배[119]를 타고 고성에 양식을 구하러 가기로 마음먹었다.

118) 거제도설화전집(1994·거제문화원), 사등면지(2009년·사등면지편찬위원회)

119) 통구미배 : 주로 남해안과 서해 연안에서 낚시나 문어 등 고기잡이로 사용된 배. 통영에서는 임진왜란 당시 어선을 가장해 적진을 살피고 군수 물자를 나르는 역할

우애가 좋은 형제는 위험한 뱃길을 서로 건너겠다고 다퉜다. 이를 본 어머니는 "굶어 죽어도 좋으니 둘 다 위험한 길을 떠나지 말라"며 두 형제를 한사코 말렸다. 그러나 형제는 어머니의 청에도 불구하고 둘 다 위험한 뱃길에 올랐다. 하지만 바다 건너 고성 땅에 도착해 양식을 구한 형제가 집 앞에 도착했을 무렵 거센 바람이 형제의 배를 덮쳤다. 형제는 배가 뒤집혀 물에 빠져 죽는 순간에도 쌀자루를 놓치지 않고 어머니를 애타게 불렀다. 그리고 천지신명에게 어머니를 위해서라도 제발 살려달라고 애걸복걸했다. 그러나 풍랑은 형제를 깊은 바다 속으로 삼켜버렸다.

병든 홀어머니를 남겨두고 저승으로 갈 수 없었던 형제는 하늘나라로 가지 못하고 섬으로 변했는데, 이 섬이 효자섬 또는 형제섬이라 불리는 **싸리섬**과 **범섬**이다.

싸리섬은 풍랑에 휩싸여 죽는 순간에도 쌀자루를 놓지 않은 형제의 한이 서려 쌀자루 모양을 닮았다고 하며, 지금도 비바람이 부는 날이면 어머니를 애타게 부르는 형제의 목소리가 들린다고 한다. 한편, 청곡마을 앞바다에 위치해 거제와 더 가까운 싸리섬과 범섬은 행정구역상 통영시 도산면에 속한다.

(5) 산방산 전설

둔덕면 산방산은 산 모양이 한자의 '뫼 산' 자와 비슷하고 꽃같이 아름답다고 하여 산방산이라는 이름이 붙었다. 정상에서 큰 바위산 3개가 우뚝 솟아 하나의 산봉우리를 이루고 있어 **삼봉산**이라고 부르기도 한다.

산방산은 거제 지역 명산 중 전설이 가장 많은 산이기도 하다. 하늘나라 선녀들이 봄 구경 나와서 춤을 추며 놀았다는 선녀바위, 처녀들이 왜구로부터 몸을 지키기 위해 낭떠러지로 몸을 던졌다는 절부암, 기우제를 지내던 무지개터, 벼락바위와 약수터, 임진란 때 옥씨 일가가 피난을 했다는 옥굴과 옥씨가 피란생활을 하면서 베를 짰다는 베틀굴 등이 있다.

또 천하명당으로 오색흙이 나온다는 오색터와 인근에 삼신굴(또는 석굴암, 부처굴)이라고 부르는 석굴도 있다. 삼신굴에는 지우대사의 이야기가 전해진다.

(6) 지우대사와 노루

조선 문종 때, 지우라는 스님이 삼신굴에서 불경을 외며 수행을 하고 있었다. 그러던 어느 날부터 노루(꽃사슴) 한 마리가 찾아와 불경을 외는 스님 앞에 앉아 함께 수행을 했다. 노루가 삼신굴 앞에 수행을 한 지 9년이 지날 무렵 스님과 노루는 서로 말이 통할 정도가 됐다. 그러던 중 어느 가을날 스님은 불경소리를 듣고 있는 노루가 애처로워 노루에게 이야기 했다.

"말 못하는 짐승아 너는 전생에 무슨 사연이 있어 9년 동안 불경소리만 듣느냐? 너는 비록 짐승이지만 불경을 많이 듣고 법문을 좋아했으니 만일 축생의 몸을 버린다면 분명히 사람으로 태어날 것이다."

그 말을 들은 노루는 3일 동안 한시도 스님 곁을 떠나지 않았고, 3일이 지난 아침 굴 앞에 죽었다. 스님은 노루를 양지바른 곳에 묻었는데, 그날 밤 스님의 꿈에 황색 옷을 입은 동자가 나타나 스님에게 말했다.

"저는 어제 새벽에 죽은 노루인데, 대사님의 공덕으로 산 아랫마을 김 아무개 댁의 아들로 태어날 것입니다. 왼쪽 겨드랑이에 노루털이 붙어 있을 것이니 그것을 보시고 짐작하시면 됩니다."

이를 믿으며 마을로 간 스님은 아이에게 원묘라는 이름을 지어주고, 부모에게 7살이 되면 자신에게 보내 승려가 되게 하라고 일렀다. 원묘는 영특해 16세가 되던 해 대법사가 되었고, 이후 삼신굴에 돌아와 불도에 정진하였다.

그리고 한 해가 끝날 무렵, 산 중에 길을 잃은 여인이 동굴을 찾아 왔다, 여인은 "스님 소녀는 지아비가 집을 나간 지 오래돼 찾다가 길을 잃었는데 굴 밖이라도 좋으니 하룻밤 묵게 해 달라."며 부탁했다.

하지만 원묘는 불경만 외울 뿐 처녀에게 눈길 한 번 주지 않았다. 그러자 여인은 "스님은 불경만 외울 줄 알지 부처님의 자비와 인간 구제를 모르고 어찌 불법을 깨친다 합니까?"라며 원묘를 원망했다.

그때서야 원묘는 자신의 경솔함을 알고 여인을 굴 안에 들였는데, 수행을 하는 몸이지만, 어여쁜 여인과 단둘이 비좁은 굴속에 있으니 마음이 혼란해 괴로웠다. 그러나 원묘는 더욱 불경 외우는 일에 정진했다.

자정이 지나자 여인은 곧 해산을 할 것 같다며 배를 움켜쥐고 뒹굴었다. 원묘는 어쩔 수 없이 여인의 수발을 들어 미역국까지 끓여 먹였다. 새벽이 밝아오자 원묘는 수행이 흐트러졌으니 마지막 예불을 드리고 하산하려 부처님 앞에 기도를 드렸다.

그러자 여인이 부처로 변해 "나는 호명보살이다. 너는 머지않아 보살의 도를 얻을 것인데 내 너를 시험해 본 것이다"라고 말하고 꽃구름을 타고 사라졌다.

이 때, 산방산 주변과 마을에 꽃비가 내려 산천이 꽃으로 뒤덮었다. 그때부터 이 산을 산방산이라 불렀고, 그 아랫마을을 산방리라 했다.

(7) 폐왕성과 마고할미

둔덕면 거림리 우두봉 밑의 작은 영봉의 산허리를 두른 성곽을 폐왕성이라 한다. 고려 18대 의종이 정종부 반란 때 축성하였다는 이 성은 둘레가 550 m나 되며, 북쪽 성벽은 10 m가 넘고, 사방에 성문이 있으며 성내는 우물터와 집터의 주춧돌도 있다.

성의 북관에도 기우제를 지냈던 기우제단이 있고 성의 곳곳에 피 묻은 몽돌과 기와 조각이 있어 폐왕이 되었던 의종의 한스러웠던 지난날을 말해 주는 듯하다. 폐왕 의종이 피난 와서 이 성을 축성하였다고 하나 정확한 기록은 없다. 다만 소수의 인력으로는 이런 산꼭대기에 거대한 성을 쌓기란 어려웠을 것이다.

전설에 의하면 중국 천태산에서 살고 있던 마고할미가 도술을 부려서 이 성을 쌓았다고 한다.

의종이 폐위되어 거제도에 귀양 와서 살면서 밤낮으로 기우단에 정화수를 떠 놓고 산신령님께 기도를 드렸더니, 절강성에 있는 천태산 산신령이 마고할미를 보내어 성을 쌓게 하였다는 것이다. 마고할미가 성을 쌓기 위해 괭이바다에 있는 괭이섬의 돌을 치마에 담아 가지고 와서 하룻밤에 이 성을 다 쌓고 남은 돌을 우두봉 골짜기에 버렸다고 한다. 거림리에서 폐왕성을 향해 한참 오르다 보면 마치 허물어져 있는 성곽과 같이 작은 골을 메우고 있는 검은색 돌무더기가 있다. 그리고 그 돌무더기 밑으로 물이 흐르는 소리가 들린다. 이 물은 마고할미가 성을 다 쌓고 나니 날이 훤히 샐 무렵, 소변이 마려워서 오줌을 눈 것이 냇물의 근원이 되어서 지금까지 흐르고 있다고 한다.

마고할미는 괭이바다에서 돌을 가져 오면서 괭이바다 물을 성 안에 솟게 하였다고도 한다. 얼마 전까지도 성 안에 있는 우물에는 물이 넘쳐흘렀고 그 우물에 명주실 꾸러미를 풀어 넣으면 괭이바다 앞에서 나왔다고 한다.

(8) 옥녀봉 전설

◒ 선녀와 옥녀봉

옛날 하늘나라에 옥황선녀가 살았는데 옥구슬을 가지고 놀다가 지상으로 떨어뜨렸다. 선녀는 인간으로 변하여 옥구슬을 찾아 산속으로 헤매다가 사냥꾼이 파놓은 함정에 빠졌다. 한 선비가 그 선녀를 구해 주었다. 이에 감사하며 옥황선녀는 선비에게 금덩이를 하나 주었으나 선비는 받지 않고 그냥 갔다.

선녀는 옥구슬을 지니고 하늘나라로 갔다. 그런데 산속에서 구해준 선비가 죽어서 하늘에 와 있었다. 그 때, 선녀가 옥황상제에게 그간의 사정을 얘기하고, 옥황상제는 이 선비를 다시 이승으로 보내도록 하였다. 선비는 저승에서 이승으로 돌아와선 선녀가 함정에 빠졌던 산봉을 옥녀봉이라 불렀다.

거제도와 인근 통영 등지에는 유독 옥녀봉이 많다. 거제도에만 하여도 4곳이 된다. 그 중에는 조금 다른 전설도 남아있다.

◒ 여인과 옥녀봉

산 아래 마을에 옥씨 집안이 살고 있었다. 그 집안에는 아버지와 딸이 살았는데, 딸의 미모는 인근에 소문날 정도였다.

어느 날, 아버지가 술에 취해 와서는 자신의 딸을 보고 욕정이 생겼다. 이에 놀란 딸은 산으로 피신하였으나 아버지는 계속 쫓아왔다. 딸이 산 정상부의 큰 바위에 올랐을 때, 아버지는 술기운에 지쳐있었다. 그리고는 딸을 향해 내려오라고 하였다. 딸은 아버지가 지친 것을 보고, 이 바위까지 기어 올라오면 욕정을 허락하겠노라 말했다. 아버지는 온 힘을 다하여 결국 바위정상 부근까지 기어왔다. 그러자 딸은 하늘을 원망하며 바위 위에서 아래로 몸을 던져 죽었다. 그 바위를 딸의 성씨를 따서 옥녀바위라고 불렀으며, 그 산을 옥녀봉이라 한다.

(9) 장승포 장수바위

장승포의 끝자락 능포에는 작은 계곡이 있다.

여기에는 몇 백년 전, 고인돌처럼 생긴 바위가 있었다. 마을의 모든 이들이 평화로운 생활을 누리고 있을 때, 이 마을 외딴 오두막에는 나이가 60이 되도록 자식을 얻지 못하는 노부부가 살고 있었다. 그러던 중, 부인이 사내아이를 낳았다. 아이는 자라면서 보통의 아이와는 사뭇 달라, 태어난 지 몇 달이 되지도 않아서 걸음을 걷기 시작했고, 밤이 되면 부모 몰래 집을 빠져나가 새벽녘에 되돌아오곤 했다.

이 사실을 안 노부모는 두려움과 의심을 품게 되었다. 어느 날 아이가 옷을 갈아입는 것을 본 노부모는 아이의 겨드랑이에 날개가 있는 것을 보았다.

이 마을엔 사내아이의 겨드랑이에 날개가 돋으면 자라서 장사가 되고, 자신의 부모를 시해한다는 옛날이야기가 있었다. 이 이야기를 떠올린 노부부는 후한이 두려워 아이가 자는 동안 바위로 데려가서 목숨을 끊어 버렸다.

이 일이 있고나서 사흘 후, 백마가 나타나 마을을 쏘다니며 울부짖고는 아이의 목숨을 빼앗은 바위로 가서 쓰러져 죽었다. 그 백마가 자신의 아이의 혼이라고 생각한 노부부는 그 바위를 장수바위라 부르며 안타까워했다.

(10) 윤돌도 전설

구조라 해수욕장이 있는 곳 앞에는 윤돌도가 있다. 이 섬은 지금은 무인도지만 사람이 살았던 흔적이 있다.

옛날 어느 날, 윤씨 삼형제를 데리고 섬으로 살로 온 여인이 있었다. 이 여인은 아직 욕정이 남아있어 밤이면 양지마을의 홀아비 김망월을 찾아가곤 했다. 외로움을 서로 달래며 노정을 통했다.

한편, 망월은 해선이라는 절세미인인 해녀와 함께 가정을 꾸려 살던 어부로, 어느 날 바다에서 일하던 해선이 배와 함께 태풍에 밀려 사라졌다. 그날 이후 어부는 밤마다 바다에 나와 해선을 부르며 달만 멍하니 쳐다봤다. 이 모습을 지켜본 주민은 그 어부를 망월이라 불렀다.

이 섬은 마을 뒤 북병산에서 남쪽으로 뻗어내려 거제도 본섬으로 간조 때면 길이 생겨났지만 그렇지 않을 땐 길이 물에 잠겼다. 가을이 지나고 차가운 날이 오자 여인은 한 달에 한번 오가던 양지마을을 다니기가 어려워졌다. 하지만 차가운 물에 버선발을 적시면서도 나들이를 계속했다.

어느 날, 이 같은 사실을 알게 된 삼형제가 어머니를 위해 섬과 본섬사이에 징검다리를 놓아 주었다. 이때부터 여인은 편히 양지마을로 오갈 수 있었다.

그 후, 사람들은 이 섬을 효자섬이라 부르거나, 윤씨 삼형제가 살았기에 윤돌도라 불렀다. 그리고 그 사이 징검다리는 **효불효교**라 하였다.

(11) 해금강과 우제봉

남부면 갈곶리 갈개마을의 남쪽 약 500 m 해상에 위치한 바위섬 갈도는 해발 약 116 m, 면적 약 0.1 ㎢ 정도의 작은 섬이다. 갈도(칡섬)라는 이름은 칡뿌리가 뻗어 내린 형상을 닮아 불리다가, 바다의 금강산이란 뜻의 해금강으로 더 잘 알려졌다. 이곳은 빼어난 풍광으로 지난 1971년 3월 23일 명승 2호에 지정됐다. 우리나라 40곳의 명승지 가운데 강원도 소금강에 이어 두 번째 명승으로 지정된 곳이다.

해금강에는 사자바위, 미륵바위, 촛대바위, 돛대바위 등으로 둘러싸여 있고, 깎아지른 절벽에는 수만 년 세월 자연이 조각한 만물상이 새겨져 있다. 해금강은 크게 두 개의 바위섬으로 이뤄졌는데, 일출 장면으로 익숙한 사자바위는 북쪽에 떨어져 있으며, 큰 바위 몸체는 한 덩어리처럼 보이지만 바다 속에서 넷으로 갈라져 4개의 절벽 사이로 십자형 벽간수로[120]를 만든다. 유람선을 통해 절벽 사이 십자동굴로 들어서면 신비로움은 절정에 이른다. 동굴 천장을 올려다보면 하늘이 열십자로 보인다 해서 십자동굴로 불리며, 흙 한줌 없는 기암괴석 위에는 동백이며 풍란, 석란이 뿌리내려 섬을 지키고 있고, 기암괴석은 저마다 전설을 품고 있다.

120) 벽간수로(壁間水路)

우제봉 이야기

해금강에서 건너다보는 곳에 솟아 오른 봉이 있는데 이를 우제봉이라 한다. 우제봉에는 진시황제가 불로초를 구하기 위해 파견한 방사 서불(서복[121])에 대한 내용이 있다.

서불은 해금강 천년송에 그네를 매달아 놀았다는 이야기가 전해지며, 그 증표로 해금강 맞은편 우제봉에 '서불과차'[122]라고 자신이 이곳을 다녀간다는 글귀를 새겼다고 한다.

그러나 현재는 사라호[123] 태풍에 바윗돌이 떨어져 나가 그 존재를 찾을 수 없다. 이에 대하여는 단순히 전설로 치부하지 않고 사실로 만들려는 노력들이 있다. 그러나 전설과 사실은 엄격히 구별되어야 한다. 이는 곧 역사왜곡에 해당하기 때문이다. 특히, 서불과차라는 것을 남해도 금산에 있는 고대석각, 남해각자를 흉내 내어 기록해 두었지만 자칫 큰 과오가 될 수도 있다.

동삼더덕 이야기

해금강에는 동삼더덕에 대한 이야기가 전해온다. 해금강은 예로부터 약초가 많아 약초섬으로 불렸고, 또 칡뿌리 모양을 닮아 갈도(갈곶도)라고도 불렸다. 이와 관한 이야기로 해금강에는 천년 묵은 더덕 이야기인 '동삼[124]더덕' 전설이 전해온다. 동삼은 동자삼의 준말로 어린아이 모양과 비슷하게 생긴 큰 산삼을 말한다.

옛날에 남방의 삼신산이라 불리는 거제 해금강에 천년 묵은 동삼더덕이 살고 있었다. 천년이나 된 더덕은 사람이나 짐승으로 변해 거제 곳곳을 유람했는데, 갈곶이의 동삼이 어디에 나타나서 고기를 낚고 있다거나, 처녀로 변신해 학동 고개를 넘어 갔다는 등 곳곳에서 갈곶이 동삼을 봤다는 사람이 많았다.

하루는 동삼더덕이 상주로 변장해 거제 읍내에서 장을 구경하고 사라졌다는 소문이 온 거제고을에 퍼지기 시작했다. 이후 거제 읍내 장터엔 어처구니없는 일이 자주 발생하였는데, 상을 치르기 위해 장을 보러온 상주를 동삼더덕으로 오인하였으며, 장을 보는 상주가 있으면 미행해 붙잡고 "갈곶이 동삼더덕을 잡았다"고 외치면서 갈 길 바쁜 상주를 놓아주지 않았다.

---

121) 서복(徐福)

122) 서불과차(徐芾過此)

123) 1959년 9월에 발생한 태풍 사라(태풍번호 5914, JTWC 지정 번호 14W, 국제명 SARAH)는 열대저기압 등급 중에서 가장 높은 "카테고리 5급"까지 발달했던 태풍으로, 추석 무렵 한반도를 강타하여 사회에 큰 상처를 남겼다. 일본에서는 미야코 섬 태풍(宮古島台風)으로 불린다.

124) 동삼(童參)

화가 난 상주가 자신의 신분을 밝혀도 사람들은 속지 않겠다며 쉽사리 놓아주지 않았다. 그 이유는 상주로 변한 동삼더덕을 잡아 팔면 일확천금을 얻을 수 있다는 욕심과 불치의 병을 고치고 싶다는 사람들의 의심에 따른 것이었다. 이로 인해 무지한 상주들만 피해를 보게 되었다.

(12) 신선대 전설

거제도 '바람의언덕'은 거제시 남부면에 위치한 나지막한 언덕이다. 도장포 마을 선착장에서 나무로 된 산책로를 따라 걷다보면 푸른 빛 남해를 만날 수 있는 유명 여행지로, 언덕의 식물들은 바람의 언덕이라는 이름답게 해풍에 밀려 작은 식물들이 주로 자란다.

이 바람의 언덕 너머에는 신선대라는 넓은 바위가 바다로 펼쳐져 있다. 이곳에는 옛 신선들이 놀았다는 다양한 이야기가 전해진다.

(13) 대숲개 곤발네할머니 이야기

대숲개 곤발네할머니에 관한 아름다운 이야기가 백년 전 쯤부터 거제면을 중심으로 널리 퍼졌다. 불우한 이웃을 도와 빈곤한 어린이들의 생명을 길러주었다는 이 이야기는, 1885년으로 거슬러간다.

어느 흉년이 들었던 해, 가난한 갯마을 오수리 죽리포에 곤발네할머니가 홀로 살고 있었다. '곤발네'는 빈곤한 초가집 여인이란 의미로, 조그마한 오두막 초가집에 홀로 70 평생을 외롭게 살아온 여인에 대한 이야기다.

곤발네는 젊었을 때 남편을 여의고 무자식으로 홀로 지내면서, 유일한 재산으로는 토담의 오두막 초가집 단칸방이 전부였다. 먼저 간 남편의 가난했던 삶에 지쳐서 재혼하기를 단념하고, 오로지 혼자서 살아가겠다는 굳은 신념으로 살았다. 곤발네는 젊음을 헛되이 보내기가 안타까워 사회의 훌륭한 부녀자가 되겠다고 마음을 다짐했다. 그리하여 그가 가진 것은 비록 초가집 오두막이지만 부지런히 일하고 아껴 저축에만 힘썼다.

이른 새벽에 깨어나 집안일을 다하고 이웃의 농사나 고기잡이의 뒷일을 서슴지 않았으며, 낮에는 논밭에서 김을 매고 밤에는 이웃집의 길삼과 바느질을 도우며 푼푼이 모은 품삯은 모두 저축하였다. 곤발네의 나이가 오십이 되었을 때, 애타게 번 돈으로 새 집을 지어 살기를 생각을 하였으나, 물려 줄 자식도 없어 단념하고 오로지 절약하며 재산을 모으기에만 더욱 열중하였다. 어느덧 칠십이 넘은 곤발네는 남의 농사를 돕는 것도 힘에 겨워, 그동안 모았던 재산의 절반으로 메마른 밭 한때기를 샀다. 그리고 그곳에 수수와 조를 심어 정성을 다해 길렀다. 그 결과 수확이 좋았다.

마침 그해(1885년)는 극심한 가뭄이 들어 삼백년만의 흉년이었다. 사람들은 모두 굶주려 산이나 바다로 나가 칡을 캐고 해조류를 뜯어서 근근 연명하였다. 그러나 풀뿌리와 해조류도 한정이 있어 마을의 어린 아이들은 피골이 상접하고 부어만 갔다. 이런 상황에 곤발네는 마을을 돌아다니면서 굶어 죽는 아이들을 살릴 궁리를 하였고, 자신이 수확한 조와 수수로 이틀 동안 엿을 만들어 오줌통에 담아 두었다. 엿을 오줌통에 둔 것은 어른들이 자신이 집을 비운 사이 훔쳐갈 것을 염려한 것이었다. 그리고 마을을 다니며 굶주린 아이들에 엿을 나눠주었다. 그러면서 아이들에게 엿을 먹었다는 말을 어른들에게 하지말기를 부탁했다. 엿이 동이 나면 다시 자신의 곳간을 열어 조와 수수로 엿을 만들어 계속 아이들에게 나누어 주었다. 이러는 동안 흉년의 겨울이 가고, 어느새 곤발네할머니가 추수한 수수와 좁쌀이 떨어지려는 무렵, 흉년도 끝이 났다.

이 이후, 각 마을의 여인들은 아이들이 말을 잘 듣지 않고 게으르며 먹기만 좋아하면, 대숲개 곤발네할머니 집으로 가라고 하고, 그곳에 가면 아무것도 하지 않고 오줌통 엿을 줄 것이라며 꾸중했다고 한다.

(14) 양지암 상사바위 전설

능포동은 원래는 능개라 불리었는데, 이는 바닷가에 늪이 있는 마을이란 의미다. 능포 뒷산 바닷가엔 우뚝 솟은 바위가 하나 있는데, 이를 양지암 또는 상사바위라 부른다. 이 바위에는 다음과 같은 전설이 깃들어 있다.

약 400여년 전 조선중기, 이상서라는 양반이 외동딸과 몸종 삼돌이를 데리고 능포로 유배를 와서 살고 있었다. 딸의 이름은 국화라고 하였으며, 어릴 때부터 총명하고 예뻐서 마을 청년들은 모두 흠모했다. 하지만 유배를 온 죄인의 딸이기에 국화에게 사랑을 고백하거나 만나는 일은 엄두도 내지 못했다. 한편, 그의 몸종이었던 삼돌이도 국화와의 사랑이 이루어지지 못할 것을 알면서도 그리워하고 흠모했다.

어느 날 삼돌이는 종으로 태어난 팔자를 원망하면서 그 상사병으로 자리에서 일어나지 못하고 식음을 전폐하였다. 이 사정을 알게 된 국화는 삼돌이를 찾아가 한 그릇의 죽을 주었다. 삼돌이는 오매불망 그리워하는 국화가 건넨 죽을 눈물을 흘리며 먹고는 얼마 후 세상을 떠났다. 그런데 삼돌이가 죽은 지 사흘째 되던 날, 국화에게 이상한 일이 생겼다. 뱀 한 마리가 국화의 몸을 감싸고 떨어지지 않았다. 이 소문은 삽시간에 퍼졌고, 용하다는 의원이나 점쟁이를 불러 뱀을 떼어 놓으려 해도 소용이 없었다. 또 밤이면 뱀은 꿈에도 나타나선 삼돌이로 변하여 국화를 안고 날아다녔다. 국화가 이를 벗어나려고 발버둥 치다가 꿈에서 깨곤 하였다. 이런 일이 자주 발생하며 국화는 괴로움에 시달렸고, 악몽을 꾼 지 여러 날이 지나서 비몽사몽간에 국화는 양지암바위에 올라가서 떨어져 죽었다.

이때부터 양지암바위를 상사바위라 불렀다.

(15) 용두암 전설

동부면 학동마을은 노자산이 양 날개를 펴고 바다를 향해 비상하는 학을 닮았다하여 붙여 진 이름이다. 이 학동마을 앞 몽돌해변은 마치 학의 알과 같아 풍수지리학상으로 비학포란지형[125]의 길지로 알려져 있다. 이와 더불어 흑진주 몽돌해변으로 최근엔 더욱 명성이 알려졌다.

이러한 학동마을의 남쪽 끝자락엔 예사롭지 않은 바위하나가 있는데, 일명 용바위라 하고 마을 사람들은 용궁으로 가는 길목을 지키고 있는 바위 또는 용머리를 닮았다고 하여 용두암이라 한다. 이 용두암에는 용이 되지 못한 이무기의 전설이 전해지고 있다.

용왕에겐 이무기 아들이 둘 있었는데, 작은 아들은 착했지만 큰 아들은 욕심이 많고 심술이 많았다. 용왕은 두 아들을 옥황상제에게 부탁해 천상으로 보내려고 생각하고, 두 아들을 불러 여의주를 하나씩 건네주었다. 그리고 이 여의주는 모든 것이 마음과 뜻대로 되는 구슬이니, 하나씩 가지고 용이 되어 무지개를 타고 하늘나라로 가라고 하였다. 하지만 욕심 많은 형은 동생의 여의주까지 빼앗고는 동생 몰래 하늘나라로 올라 가버렸다. 이 광경을 지켜본 용왕이 크게 노하여 형을 바위로 만들어 버렸다. 이후 동생은 오

125) 학이 알을 품은 형국

색무지개를 타고 하늘나라로 갔고, 형은 죄를 뉘우치며 하늘로 올라갈 날만 기다리는 용바위가 되었다.

예로부터 마을 사람들은 고기가 잡히지 않거나 마을에 큰 재앙이 있을 때는, 용바위에 와서 용왕제를 지내기도 하였다. 궂은 날이나 바람이 거세게 부는 날엔 용바위에서 하늘로 승천하지 못한 이무기의 울음소리가 들린다고 한다.

(16) 고자산치 전설

거제의 명산 중에는 계룡산과 선자산이 있다. 이 두 산자락 사이에 제법 넓은 고개마루가 있으며, 이를 고자산치라 한다.

상문동 주민센터가 위치하고 있는 용산마을을 지나 계룡산의 임도 길에 다다르면 좌우측으로 길이 갈라지며, 갈림길에서 왼편을 따라 오르면 계곡을 지나 고자산치로 향한다. 이 계곡은 그 어떤 가뭄에도 마르지 않아 지금도 용산 마을주민들의 식수로 사용되고 있다. 그러나 고자산치에는 나무가 없는 우거진 풀섶과 산딸기가 서로 엉켜 자라고 있다. 이 평지에는 단군상이 모셔져 있었으나 어느 종교집단에서 부수어 버려 지금은 그 기단만 남아있다. 예전부터 이곳에는 소들을 풀어 방목하였으며, 지금도 종종 소떼를 볼 수 있다.

이 고개에 서면 남동쪽으로는 선자산 가는 길이 이어지고, 서쪽 편에는 거제면이 내려다보인다. 그리고 북쪽 기슭을 따라 오르면 계룡산 정상으로 향한다. 이런 형상이니 이전부터 거제면 방향에서 고현을 오려면 이 고개를 이용하였으니 지금도 차량을 포함하여 왕래가 잦다. 특히, 1688년 숙종 14년 현령[126]이 계룡산 북쪽 중허리를 둘러 가는 김현령재의 고갯길을 개설 할 때 까지 거제면과 고현사이의 중앙로 기능을 하였다.

이 고자산치의 전설은 다음과 같다.

아주 먼 옛날에 일찍이 부모를 여의고, 외롭게 살아가는 남매가 있었다. 살림살이가 워낙 가난하여 누나가 이웃집에 품을 팔고 삯바느질을 해서 겨우 끼니를 이어 갔다. 비록 가난하고 고생을 하며 살아가는 남매였지만 서로를 이해하고 항상 의견을 나누며 행복하게 살았다. 남동생은 고생하는 누이를 도우려 남의 집에 나무를 해다 팔기도 하여,

126) 김대기

남매는 작은 집도 마련하였다. 그렇게 형편이 조금 나아지자, 동생은 누나가 좋은 배필을 만나 시집가길 바랐고, 누나는 동생이 예쁜 색시를 얻어 장가를 가서 가문을 이어 나가주길 바랐다. 이런 사정이니 마을에서도 의좋은 남매라고 칭찬이 자자했다.

그러던 어느 봄날, 들판에 쑥이 자라났다. 이를 본 남매는 외할머니가 쑥떡을 좋아는 기억을 하고 나물을 뜯기 시작하였다. 그리고 떡을 만들어 외할머니가 계신 명진마을 외갓집으로 향했다. 누나가 쑥떡을 이고 동생은 그 뒤를 따라 고자산치를 오르기 시작했다. 남매가 고개마루에 올라서자 그동안 화창하던 날씨가 갑자기 구름이 몰려오고 이윽고 소나기가 쏟아지기 시작했다. 지금도 나무가 성근 고개에서 갑자기 내린 비를 피할 곳을 찾지 못한 남매는 떡을 젖지 않도록 하며 비를 맞으며 고갯길을 넘어갔다. 그때, 누나의 뒤를 따르던 남동생의 눈에 비에 젖어 옷이 몸에 달라붙어 걷고 있는 누나의 몸매를 보았다. 순간 동생의 눈에는 아리따운 처녀로만 보였고, 남동생은 욕정이 발동했다. 하지만, 곧바로 동생은 자신의 망상이 잘못임을 깨닫고는 앞서가는 누나 몰래 자신의 성기를 돌멩이로 내리치고는 목숨마저 끊었다. 한참을 먼저 앞서 가던 누나는 어느 순간 동생이 따라오지 않는 것을 알고 길을 되돌아갔다. 얼마를 가자 바위 뒤에서 피를 흘리며 쓰러진 동생이 보였다. 누나는 하염없이 울 수밖에 없었다.

이런 사연이 전해지자 양쪽 마을에선 이 남매의 애절함을 위로하고, 그 고개를 고자산치라고 불렀다.

한편, 이와 같은 얘기는 상문동에서 아주동으로 넘어가는 고개인 울음재에도 서려있다.

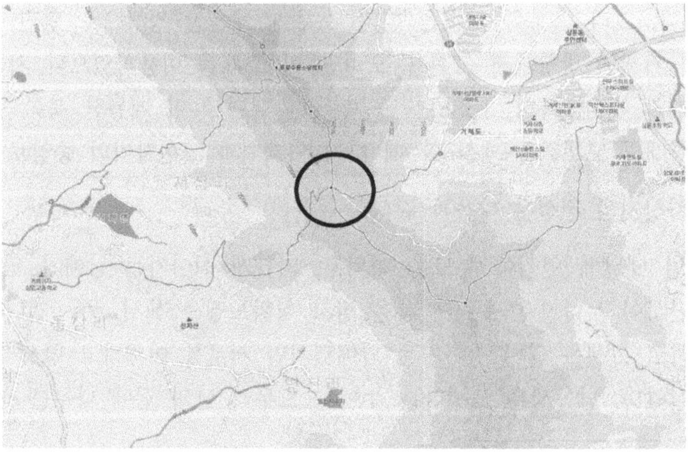

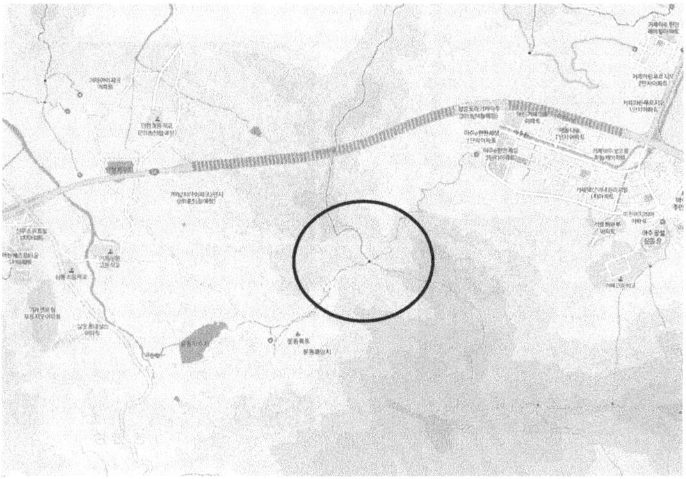

(17) 이수도 이야기

조선조 말엽, 금강산에서 수도해 도를 통했다는 도사가 이수도를 찾았다. 도사는 "이수도가 명지이나 건너편 시방마을이 활같이 생겨 그 곳에서 활을 쏴 대기 때문에 이수도의 학이 맥을 못 춘다."고 전했다.

이에 놀란 동네사람들이 방도를 물으니, 도사는 시방에서 날아오는 화살을 막을 수 있는 방패비석을 세우라고 하곤 떠났다. 그날부터 이수도 주민들은 도사의 말과 같이 뒷산에 비석을 세우고, 거기에 **방시순석**[127]이란 글귀를 새겼다. 비석을 세우자 도사의 말대로 마을은 나날이 번창하였으나, 건너편 시방마을은 나날이 몰락해 갔다. 뒤늦게야 이수도 비석 이야기를 전해들은 시방 사람들은 방시순석을 부수려 했지만, 이수도 주민들이 배를 대지 못하게 하여 실패했다. 이런 사정이 되자 오랜 세월을 형제처럼 지내오던 두 마을은 원수가 되었다. 시방 사람들도 생각 끝에 묘안을 짜냈다. 이수도의 비석을 뚫을 수 있는 쇠 화살을 쏜다는 뜻의 **방시만노석**[128]을 마을 뒤 길가에 세운 것이다. 이러자 거짓말처럼 모든 복이 시방마을 쪽으로 돌아왔다.

127) 방시순석(防矢盾石)
128) 방시만노석(防矢萬弩石)

하지만 이번엔 이수도 쪽에서 시방의 비석을 깨부수기 위해 나섰고, 시방 사람들은 밤에 횃불을 켜놓고 비석을 지켰다. 결국 힘을 통한 방법이 허무함을 깨달은 이수도 사람들은 다시 쇠화살을 막아 줄 비석을 방시순석위에 덧세우고 **방시만노순석**[129]이라고 했다. 이후 두 마을은 모두 평안해지고 풍요로워졌다.

(18) 서정팔영

거제면은 조선중기 이후 약250년 동안 읍치였던 관계로 유서 깊은 곳이다. 거제현 관아를 비롯하여 거제향교, 반곡서원, 옥산금성, 질청 등 문화유적지가 있고, 1907년에 개교한 거제초등학교가 있으며 현재에도 5일장이 선다. 특히 **죽림**은 1711년 거제현이 **거제도호부**로 승격되면서 거제7진영 수군훈련을 지휘했던 곳이다. 이곳에는 남해안 별신굿이 동부면 수산마을과 더불어 전해져 오고 있어 섬 문화와 풍속을 보존하고 있다.

한편, **정흔성**[130]은 거제면의 아름다움을 한시로 남겼는데 이를 **서정팔영**이라 하였다. 서정팔영은 수정봉 아침 해, 옥암의 석양, 계룡산의 구름, 나룻가에 뜬 달, 산촌의 저녁 연기, 새벽녘 관가의 누각, 죽림포 어부의 노래, 괴정 농부의 노래 등이다. 이와 더불어 **기성8경**과 **거제면8경**이 있다.

---

129) 방시만노순석(防矢萬弩盾石)
130) 동록 정흔성(東麓 鄭渾性 1779~1843)의 서정팔영(西亭八咏)

- 황사낙안 : 죽림 모래사장에 노는 기러기
- 죽림서봉 : 죽림마을 대숲에 깃든 새들
- 수정모종 : 수정봉아래 세진암의 종소리
- 오암낙조 : 오수마을 까마귀바위에 걸린 노을
- 내포어화 : 거제만의 어선들의 불빛
- 연진귀범 : 어선이 포구로 들어오는 모습
- 오송기운 : 오송마을 뒤에 이는 구름
- 각산야우 : 각산에 내리는 밤비

- 황사낙안 : 죽림 모래사장에 노는 기러기
- 오암낙조 : 오수마을 까마귀바위에 걸린 노을
- 연진귀범 : 어선이 포구로 들어오는 모습
- 죽림야우 : 죽림마을 대밭의 밤비 내리는 소리
- 구암모설 : 계룡산 거북바위에 내리는 저녁 눈
- 세진모종 : 세진암에서 들리는 저녁 예불 종소리
- 동산명월 : 동산 위로 솟아오르는 둥근달
- 산성청풍 : 옥산 금성에서 불어오는 맑은 바람[131]

131) 거제면지, 黃沙落雁(황사낙안) 山城淸風(산성청풍) 竹林棲鳳(죽림서봉) 水晶暮鐘(수정모종) 東山明月(동산명월) 烏岩落照(오암낙조) 竹林夜雨(죽림야우) 內浦漁火(내포어화) 洗塵暮鐘(세진모종) 燕津歸帆(연진귀범) 淵津歸帆(연진귀범) 五松起雲(오송기운) 龜岩暮雪(구암모설) 角山夜雨(각산야우)

43 문화재

연번	종목	명칭	분류	구분
1	사적제484호	거제현 관아	2007.07.31.	유적건조물/정치국방/궁궐·관아/궁궐
2	사적제509호	둔덕기성	2010.08.24.	유적건조물/정치국방/성/성곽
3	명승제2호	해금강	1971.03.23.	자연유산/명승/자연명승/
4	천연기념물제227호	연안 아비 도래지	1970.11.04.	자연유산/천연기념물/생물과학기념물/분포학
5	천연기념물제233호	학동리 동백나무 숲 및 팔색조 번식지	1971.09.13.	자연유산/천연기념물/생물과학기념물/분포학
6	시도유형문화재제48호	오량석조여래좌상	1972.02.12.	유물/불교조각/석조/불상
7	시도유형문화재제189호	장목진객사	1979.12.29.	유적건조물/정치국방/궁궐·관아/관아
8	시도유형문화재제206호	거제향교	1982.08.02.	유적건조물/교육문화/교육기관/향교
9	시도유형문화재제454호	거제장흥사지장보살시왕탱	2007.09.06.	유물/불교회화/탱화/보살도
10	시도유형문화재제455호	거제외포리석조약사여래좌상	2007.09.06.	유물/불교조각/석조/불상
11	시도유형문화재제592호	총명사 예념미타도량참법	2015.10.29.	기록유산/전적류/목판본/왕실본
12	시도기념물제9호	사등성지	1974.02.16.	유적건조물/정치국방/성/성지
13	시도기념물제10호	옥산성지	1974.02.16.	유적건조물/정치국방/성/성지
14	시도기념물제46호	고현성	1979.05.02.	유적건조물/정치국방/성/성곽
15	시도기념물제95호	장승포덕포리이팝나무	1990.01.16.	자연유산/천연기념물/생물과학기념물/생물상
16	시도기념물제104호	옥포성	1990.12.20.	유적건조물/정치국방/성/성곽
17	시도기념물제109호	오량성	1991.12.23.	유적건조물/정치국방/성/성곽
18	시도기념물제110호	가배량성	1991.12.23.	유적건조물/정치국방/성/성곽
19	시도기념물제111호	외간리동백나무	1991.12.23.	자연유산/천연기념물/생물과학기념물/생물상

(다음 페이지에 계속)

연번	종목	명칭	분류	구분
20	시도기념물제112호	한내리 모감주나무군	1991.12.23.	자연유산/천연기념물/생물과학기념물/생물상
21	시도기념물제113호	명진리느티나무	1991.12.23.	자연유산/천연기념물/생물과학기념물/생물상
22	시도기념물제129호	거제 옥녀봉 봉수대	1993.12.27.	유적건조물/교통통신/통신/봉수
23	시도기념물제147호	가라산 봉수대	1995.05.02.	유적건조물/교통통신/통신/봉수
24	시도기념물제161호	아주동고분군	1997.01.30.	유적건조물/무덤/무덤/기타
25	시도기념물제162호	고군현치소지	1997.01.30.	유적건조물/유물산포지유적산포지/유적분포지/유적분포지
26	시도기념물제202호	강망산봉수대	1998.11.13.	유적건조물/교통통신/통신/봉수
27	시도기념물제203호	지세포성	1998.11.13.	유적건조물/정치국방/성/성곽
28	시도기념물제204호	구조라성	1998.11.13.	유적건조물/정치국방/성/성곽
29	시도기념물제205호	구영등성	1998.11.13.	유적건조물/정치국방/성/성곽
30	시도기념물제206호	구율포성	1998.11.13.	유적건조물/정치국방/성/성곽
31	시도기념물제207호	지세포리지석묘	1998.11.13.	유적건조물/무덤/무덤/지석묘
32	시도기념물제208호	학산리지석묘	1998.11.13.	유적건조물/무덤/무덤/지석묘
33	시도기념물제209호	하청북사지	1998.11.13.	유적건조물/종교신앙/불교/사찰
34	시도기념물제239호	윤돌섬상록수림	2002.02.14.	자연유산/천연기념물/생물과학기념물/생물상
35	시도기념물제242호	지세포 봉수대	2002.08.14.	유적건조물/교통통신/통신/봉수
36	시도기념물제243호	와현봉수대	2002.08.14.	유적건조물/교통통신/통신/봉수
37	문화재자료제33호	아양리삼층석탑	1983.07.20.	유적건조물/종교신앙/불교/탑
38	문화재자료제88호	청곡리지석묘	1983.12.20.	유적건조물/무덤/무덤/지석묘
39	문화재자료제99호	거제포로수용소	1983.12.20.	유적건조물/정치국방/근대정치국방/국방

(다음 페이지에 계속)

연번	종목	명칭	분류	구분
40	문화재자료제204호	외도공룡발자국화석	1993.12.27.	자연유산/천연기념물/지구과학기념물/고생물
41	문화재자료제273호	장문포왜성	1998.11.13.	유적건조물/정치국방/성/성곽
42	문화재자료제325호	세진암목조여래삼존불좌상	2002.10.24.	유물/불교조각/목조/불상
43	문화재자료제451호	혜양사완호작불화일괄	2008.05.22.	유물/불교회화/탱화/기타
44	등록문화재제277호	학동 진석중 가옥	2006.09.19.	등록문화재/기타/주거숙박시설/
45	등록문화재제356호	거제초등학교 본관	2007.09.21.	등록문화재/기타/교육시설/교육시설

(1) 외포리 석조약사여래좌상

경남유형문화재 제455호[132] 석조약사여래좌상은 지금은 일운면 영은사[133]에 있지만, 원래는 장목면 외포리 소계마을에 있었다. 불상 전체의 높이 약 72㎝로 아담한 편이며, 장목면 소계마을 위쪽의 언덕 경사면에 인공적으로 만든 석굴 안에 있었다. 이를 안전하게 보관하기 위해 2007년 8월 지금의 자리로 옮겨 왔다.

불상의 얼굴은 많이 손상되었으며 광배에는 화염당초문[134]이 새겨져 있고, 법의는 편단우견[135]이며, 수인은 항마촉지인[136]이다. 다리는 결가부좌하고 있어, 표현기법으로 볼 때 고려 말에서 조선 초 사이에 제작된 것으로 추정된다.

---

132) 2007년 09월 06일 지정

133) 경상남도 거제시 일운면 지세포리 1347-1번지

134) 화염당초문(火焰唐草紋) : 타고 있는 불에서 생겨나는 붉은빛을 띤 기운이 여러 가지 덩굴풀이 꼬여서 뻗어 나가는 모양을 그린 무늬

135) 편단우견(偏袒右肩) : 불교에서 가사 즉 삼의를 입는 방법 중, 통견(通肩)으로 걸친 옷에서 우견(右肩)만을 벗은 모습을 말함. 승중에서는 불 내지 사승에 대해서 예배 공양하는 경우의 착의법. 불상의 경우는 대개 설법하는 불이 취하는 대의의 착법으로 되어 있지만 예외도 있으며 입상에도 적지 않다.

136) 항마촉지인(降魔觸地印) : 좌선할 때의 손 모양에서 오른손을 풀어서 오른쪽 무릎에 얹고 손가락으로 땅을 가리키는 손 모양. 석가모니가 수행을 방해하는 모든 악마를 항복시키고 성취한 정각을 지신(地神)이 증명하였음을 상징함

(2) 장흥사 지장보살 시왕탱화

장흥사는 경상남도 거제시 장목면 장목리 196-1번지에 위치하고 있다. 장흥사에 있는 지장보살 시왕탱화는 **경남유형문화재 제454호**로 2007년 09월 06일 지정되었다.

이 탱화의 왼쪽 아래에 있는 **화기**[137]에 의하면, 1822년 금어[138]가 그린 것이라고 한다. 탱화는 2단 구도로 되어 있으며, 윗부분에 지장보살[139]이 있고, 지장보살의 두광 양쪽으로 천동자, 천동녀, 판관, 나찰이 있다. 무릎 아래에는 좌우보처인 도명존자[140]와 무독귀왕[141]이 두 손을 모으고 있고, 두 좌우보처의 뒤로는 위로 올라가면서 양쪽에 시왕이 각각 5존씩 늘어서 있다.

전체적으로 잘 짜진 구도를 갖추고 있으며 부분적으로 금가루로 칠해져 있어 화면이 화려하다. 제작시기가 잘 나타나 있고, 시주자 명단 가운데 상궁의 이름도 있기 때문에 당시 사찰 시주자의 구성에 관한 정보를 얻을 수 있다.

137) 화기(畵記)
138) 금어(金魚)
139) 지장보살(地藏菩薩) : 지옥에서 고통받는 중생들을 구원하는 보살
140) 도명존자(道明尊者) : 설화에 나타나는 도명존자는 중국 양주에 있는 개원사의 승려로서 우연히 사후세계를 경험하고 지장보살의 협시가 되었다. 지장보살의 좌우에 도명존자와 무독귀왕을 협시로 한 삼존구성을 이루면 지장삼존이라 한다.
141) 무독귀왕(無毒鬼王) : 지장보살을 가운데 모시고 도명존자와 무독귀왕이 좌우에 배치된다. 지장보살의 오른쪽에 서 있는 상으로 귀신왕임에도 불구하고 대개 문관 또는 왕의 모습으로 표현되고 있다. 이 무독귀왕은 그 이름에서 나타난 것처럼 사람들의 악한 마음을 없애준다고 한다.

(3) 거제 향교

경상남도 거제시 거제면 서정리에 있는 향교는, 1982년 8월 2일 **경상남도유형문화재 제206호**로 지정되었다. 세종14년(1432)에 서문골에 건립되었으며, 현종5년(1664) 거제 동헌[142]을 거제로 옮겨올 때, 당시 현령 이동고의 발의로 계룡산 기슭 서정리에 함께 옮겨와 복원했다. 이때부터 거제에 공립교육제가 시행되었다고 볼 수 있다. 이후, 철종6년(1885)에 옛 터전이며 지금의 위치인 서정리로 다시 옮겼다. 현판문에 따르면 임진왜란 때 고현성[143]이 함락되면서 성 밖에 있던 향교는 불탔기 때문에, 그 이전의 향교사적에 대하여는 찾을 수 없었던 것으로 보인다.

지방의 관학기관[144]으로서, 교학공간[145]인 명륜당, 외삼문과 배향공간[146]인 대성전, 동·서무[147], 고자실, 동·서재, 풍화루 등이 있다. 대성전은 정면 5칸 측면 3칸의 기와로 된 **맞배지붕**집이다. 여기에는 공자를 비롯하여 중국 성현 4명, 신라, 고려사람 4명 등을 모시고 매년 음력 2월과 8월의 첫 번째 정일[148]에 제를 올린다. 이때, 시장이 초헌관이 되고 유림에서 아헌과 종헌을 맡는다. 동무와 서무는 조선시대 성현 14현의 위패를 봉안하였다. 동무에는 김굉필, 조광조, 이황, 이이, 김장생, 김집, 송준길을 봉안하고 서무에는 정여창, 이언적, 김인후, 성혼, 조헌, 송시열, 박세채를 봉안한다.

142) 경남유형문화재 146
143) 고현성(古縣城) : 경남기념물 46
144) 관학기관(官學機關)
145) 교학공간(教學空間)
146) 배향공간(配享空間)
147) 동무서무(東廡-西廡) : 동서에 있는 집
148) 정일(丁日)

(4) 오량 석조여래좌상

경상남도 거제시 사등면 오량리 석불암에 있는 석불은 1950년 무렵 석불암 앞산 아래에 있는 논을 개간하던 중 괭이에 걸려 출토되었다. 출토당시에 석불의 목이 부러졌으며 시멘트로 부착하였다. 화강암으로 되어 있으며 높이는 92 ㎝다.

8각 연화 대좌 위에 안치되어 있는 석불 좌상으로 출토된 뒤 호분을 두껍게 발라놓아 원래의 모습을 많이 잃어버렸다. 얼굴은 사각형에 가까우며 전체에 호분을 칠하고 눈썹과 눈, 수염을 그려 넣어 어색한 느낌이 드나 단정한 인상이다.

귀는 길지 않으며 목에는 삼도가 희미하게 남아 있고 어깨는 넓고 반듯하게 벌어져 있다. 법의는 우견편단[149]으로 얇게 표현되었으며 옷주름은 밀집형으로 균형미가 있고 입체적으로 조각되었다. 수인은 왼손을 무릎 위에 얹고 오른손은 무릎 아래로 내린 항마촉지인을 짓고 있다.

대좌는 중대의 간석이 없어졌으나 상대와 하대에는 연화무늬를 새긴 원추형으로 신라 말기의 8각 대좌 양식이 그대로 남아 있다. 1972년 2월 12일 **경상남도유형문화재 제48호**로 지정되었다.

149) 우견편단(右肩偏袒)

(5) 장목진 객사

경상남도 거제시 장목면 장목리에 있는 조선시대의 관아건축인 **장목진 객사**는 조선시대 거제부 소속 **7진보**[150] 가운데 하나였던 장목포진의 관아 부속건물로 18.7평 크기다. 정확한 건축연대는 알 수 없지만 임진왜란 때 장군 이순신과 이영남이 전략회의를 하던 곳으로, 정조9년(1785) 별장 어해장군 이진국이 장목리 동구에서 이곳으로 옮겨왔다. 1802년에 건물을 중수하였고 건물 형식은 조선 후기의 것이다.

정면 4칸, 측면 2칸의 **팔작기와 지붕**으로 전면에 부연을 두어 겹처마를 구성하였다. 양측에 툇마루가 있는 방을 1칸씩 두고 중앙에는 2칸 대청이 자리한다. 1m 높이의 막돌 허튼층쌓기 기단 위에 세워졌고, 외곽 기둥은 **배흘림기둥**이며 내부에 각주를 세웠다. 주두 아래 초익공[151]을 두었다.

1914년부터 1953년까지 장목면 사무소로 사용되다가 한때는 경로당으로 사용되기도 하였으며, 1978년에는 폭풍으로 피해를 입기도 하였다. 장목면 주민들이 복원대책위원회를 구성하여 1981~1982년에 전면 해체 복원되었다. 1979년 12월 29일 **경상남도유형문화재 제189호**로 지정되었다.

150) 진보(鎭堡) : 군사기지로 각처의 군영을 의미
151) 초익공(初翼工) : 전통목조건축의 보를 받는 공포 중 기둥과 접해진 부분

(6) 가라산 봉수대

경상남도 거제시 남부면 다대리에 있는 조선시대의 봉수대로 **경상남도 기념물 제147호**로 지정되었다. 세종실록 지리지에 의하면, 거제현에 봉화는 당시로는 가라산 한 곳 있는데, 현의 남쪽 해변에 있으며 서쪽으로 고성의 미륵산봉화와 연락한다고 기록되어 있다. 경상도지리지에는 가라산연대봉화는 현의 남쪽 35리 정도에 있으며, 서쪽으로 고성의 미륵산봉화와 연락한다고 하였다. 또, 경상도속찬지리지에도 가라산연대봉화는 처음 봉화를 일으키며 서쪽으로 고성의 미륵산봉화와 연락한다고 하였다. 한편, 신증동국여지승람에는, 가라산봉수는 북쪽으로 거제의 계룡산봉수와 연락한다고 기록되어 있다.

거제 가라산봉수는 간봉[152]으로 첫 봉화를 피워 고성의 미륵산, 우산 등을 거쳐 충주의 마산 직봉으로 연결되었다. 이처럼 가라산봉수는 처음 봉화를 피우는 경상도 남해안의 중요한 봉수의 하나였으며, 봉수대는 동부면과 남부면 경계의 가라산 정상에 있다. 이 정상을 기점으로 남부면 탑포리와 다대리, 동부면 학동리로 나누어진다. 봉수대에 오르는 산길은 탑포리, 다대리, 학동리에 있으나, 학동리 오지막에서 오르는 것이 가장 편리하다. 주위에는 부속 건물터의 석축 일부가 허물어진 채 남아 있다. 전체적인 평면형태는 장방형을 이루며, 봉수대는 둔각을 이룬 방형이다. 봉수대 아래에 계단 흔적이 남아 있고, 그 아래에는 봉수대 부속 건물터가 있다. 조선시대 남해안의 봉수제도와 봉수대의 실태를 알 수 있다.

152) 간봉(間烽) : 조선시대에 전국 봉수망(烽燧網) 중, 지방에서 목멱산(서울 南山)에 이르는 간선(幹線) 5로(五路)의 직봉(直烽)에 들지 않은 작은 봉수조직

(7) 동부면 가배량성

가배량성은 경상남도 거제시 동부면 가배리에 있는 성지로 노자산 기슭에 오아포[153] 라는 깊숙한 해안이 있다. 이곳은 임진왜란 때 이순신이 전략적으로 이용했던 요새지로, 현재의 가배량이라고 부르는 곳이다.

가배량성은 그 당시에 쌓은 성곽이 현재에도 상당부분 남아있다. 이순신은 우수영을 한산도 두억포에서 전라도 녹도로, 다시 진도경으로 옮겼다가 거제 오아포에 설치했다. 선조34년(1601) 거제도 오아포의 통제영을 시찰한 체찰사 이덕향이 오아포는 통제영을 두기에 마땅한 곳이 아니라고 조정에 보고했다. 이에 따라 통제영은 고성군 춘원포로 옮겼다가, 3년 후인 선조37년(1604)에 다시 통영으로 옮겼다.

오아포의 앞바다에는 한산도가 가로막고 있어서 풍랑을 막아주고, 바람이 불어도 깊숙한 해안지형 때문에 거의 영향을 받지 않는 곳이다. 원래 이곳은 까마귀개라고 불렀는데 그 이름이 연유되어 오아포라고 부르게 되었다. 가배량성의 서쪽과 남쪽 두 곳에 해자가 있고 서남쪽 산봉우리에는 망대터가 남아 있다. 성 안에서는 기와조각이 발견되었다. 통제영의 관아자리에는 주춧돌이 남아 있다. 1991년 12월 23일 **경상남도기념물 제110호**로 지정되었다.

153) 오아포(烏兒浦)

(8) 강망산 봉수대

경상남도 거제시 옥포동의 덕포에 있는 조선시대의 봉수대로, 1998년 11월 13일 **경상남도기념물 제202호**로 지정되었으며, 축조시기는 미상이다. 강망산[154] 정상을 경계로 덕포동과 장목면이 나누어진다.

봉수대는 덕포동 고인돌이 있는 뒷산 정상에 있는데 대부분 무너진 상태다. 현재 바깥 2단까지는 흔적이 남아 있으나, 그 위는 경사가 급해서 확인할 수 없다. 연대[155]는 할석을 이용하여 축대를 쌓고, 적심[156]은 잔돌을 채워 넣은 형태며, 바깥의 1단은 할석 4~5단 정도의 높이로 1단과 같은 방법으로 쌓았으며 그 위로는 파괴되어 무너져 내렸다. 여기에서부터 화구와 3단의 체벽 그리고 연실로, 연통 등이 있었을 것으로 추정된다.

대동여지도에는 옥포항 북단에 조라포가 있고 그 위에 율포, 장목포의 순으로 표기되어 있는데, 위치로 볼 때 율포의 가을곶 봉수대가 바로 강망산 봉수대로 짐작된다. 따라서 봉수대의 구조도 거제 옥녀봉 봉수대(경남기념물 129)와 비슷하고 건립연대도 거의 비슷한 거제 북부지역의 간봉[157]으로 추정된다.

154) 강망산(江望山) : 370 m
155) 연대 (煙臺)
156) 적심(積心) : 생땅이 나올 때까지 파서 자갈을 넣어 만드는 기초
157) 간봉(間烽)

(9) 아주동 고분군

경상남도 거제시 아주동에 위치한 삼국시대 고분으로, 1997년 1월 30일에 **경상남도 기념물 제161호**로 지정되었다. 아주동 고분군의 주변에는 청동기시대의 지석묘와 삼국시대의 불교유적, 방어유적 등 많은 유적이 구릉이나 주변평야지대에 위치하고 있다. 이는 아주동 일대가 인류활동이 지속적으로 전개되었음을 알 수 있게 한다.

아주동 고분군은 서쪽에 위치하는 국사봉에서 동쪽의 옥포만으로 뻗어 내린 남동쪽 구릉 말단부 일대의 능선과 사면에 해당하며, 해발 15~30 m사이에 분포한다. 고분군은 여러 차례 조사를 실시하여, 지석묘 17기와 삼국시대의 횡구식석실분 30기 등 47기가 확인되었다.

또, 청동기시대의 무문토기와 석기 및 삼국시대의 유개고배, 단각고배, 개, 대부완, 배, 부가구연대부장경호 등의 토기류가 주로 출토되었다. 유구의 잔존 상태가 불량하여 전체적인 양상을 파악하기에는 어려움이 있지만 6세기 중엽에서 7세기 중엽에 해당하는 유물들로 확인된다. 이런 사실은 아주동 유적이 6세기 후반에서 7세기 초엽으로 넘어가는 묘제와 유물의 양상이 변하는 과정을 보여주는 것으로 중요하다.

삼국사기에는 신라 문무왕17년(677)에 거제지역에 **상군**을 설치하였다고 기록이 있다. 아주동 유적에 있어서 묘제와 유물의 양상이 변화하는 시점이 바로 상군의 설치시기와 비슷하게 나타나고 있는데, 이는 거제지역의 세력이 그 독립적 위상을 상실하고 신라 중앙정부의 지방 통치 구조에 편입되었음을 의미하는 것으로 보인다. 따라서 그에 따른 묘제와 유물에 있어서도 이러한 사실이 반영된 것으로 추측할 수 있다. 그리고 유구의 분석결과 해발고도가 다소 높은 지역에서부터 고분이 조성되기 시작하여 차츰 아래 구릉지대로 내려오고 있음도 알 수 있다.

석실분은 중복 없이 일정 정도의 거리를 두고 배치되어 있으며, 이는 분묘조성 집단이 일정한 묘역을 가지고 조성한 것으로 유추된다.

고분군의 피장자들은 신라가 이 지역을 통치하면서 흡수한 세력 중, 강력한 세력을 지닌 유력한 집단묘일 가능성이 높다.

또, 아주동 고분군에서 다른 가야세력권보다 신라토기양식이 다수 출토되는 것으로 보아, 일본과의 대립 또는 교류차원에서 영남 도서지방에 신라 중앙정부의 지배력을 향상시킨 것으로 보인다.

(10) 고도현(고군현) 치소지

이는 경상남도 거제시 둔덕면 거림리에 있는 신라시대부터 조선시대까지의 군현의 치소 추정지로, **경상남도기념물 제162호**로 지정되었다. 이 유적은 경지정리 작업 중 기와조각과 건물의 초석으로 추정되는 큰 돌이 집중 노출되어 발굴조사가 실시되었다. 조사결과 경작중인 논바닥에서 많은 건물초석과 축대, 배수시설유구[158] 등이 발견되었으며, 유구내부에서는 고려시대의 막새기와를 비롯한 명문 기와, 신라와 고려시대의 토기 조각, 고려청자, 분청자기 조각 등이 출토되었다.

이 유적지에는 신라시대에서 조선 전기에 걸쳐 축조된 각종 건물이 위치하고 있으며, 특히 초석의 규모나 기와조각의 다량 출토현상은 당시에 이곳이 관아와 같은 대규모의 목조건물이 위치하고 있었던 것을 추정하게 한다.

특히, 삼국사기에 나타나는 상군의 존재가 여기에서 출토된 명문기와[159]에 작성된 '상사리[160] 8월 4일' 이란 것의 '치마 상'과 상군[161]이라는 '자세할 상'이 유관한 관계를 갖는다면, 삼국사기 변진전에 나타나는 **변진독로국**[162]의 위치비정 문제에 큰 도움이 될 것이다. 따라서 이는 거제도의 역사를 규명할 수 있는 중요한 유적이다.

---

158) 배수시설유구(排水施設遺構)
159) 명문기와(銘文) : 기와 표면에 명문이 압인(押印)되거나 새겨져 있는 것.
160) 상사리(裳四里)
161) 상군(詳郡/裳郡)
162) 변진독로국(弁辰瀆盧國)

(11) 하청 북사지

경상남도 거제시 하청면 유계리에 있는 절터로, 1998년 11월 13일 **경상남도기념물 제209호**로 지정되었다. 하청 북사는 합천 해인사, 양산 통도사, 부산 범어사와 함께 과거 경상남도 4대 사찰로 일컬어졌던 대규모 사찰이다. 고현만의 북쪽 하청면 유계리와 연초면 한내에는 산의 생김새가 꾀꼬리가 하늘로 날아오르는 형상이라고 하여 이름 붙여진 앵산(507 m)이 있다. 이 산의 북쪽 중턱에 신라시대의 절이라고 여겨지는 하청 북사의 절터가 있다.

절터에는 그 당시 사용했던 맷돌과 기와조각, 60여 평 규모의 금당 주춧돌이 남아 있어 그 당시 사찰의 규모를 짐작하게 한다.

사찰에 대한 확실한 기록은 없다. 다만, 이 절에 있었던 북사범종(경남기념물 제209호)에 새겨진 명문에는 중국 요나라 태평6년(1026)에 종을 주조하였다는 내용이 새겨져 있다. 이는 우리의 연대로는 고려 현종 17년에 해당하는데, 북사가 세워진 시기는 이보다 앞서거나 그 당시쯤으로 추측할 수 있다. 하청 북사는 언제 폐사되었는지도 확실하지 않다. 전하는 이야기에 의하면 절에 빈대가 많아서 폐사되었다고 한다.

(12) 고현성

고현성은 경상남도 거제시 고현동에 있는 조선시대의 성으로, 조선시대 전기의 대표적인 축성 방식을 보여주는 전형적인 평지 읍성이다. 성 둘레는 2㎞고 높이는 7m나 된다. 계룡산 기슭의 동쪽으로 뻗은 대지 위에 평면 선형으로 축조된 석축성이다. 성문이 동서남 세 방향으로 나 있고, 성 둘레에 해자를 둘렀다. 축조기법은 외벽의 경우 언덕의 비탈진 면을 ㄴ자형으로 절개하고, 그 위에 자갈을 깔아 다진 다음, 장대석[163]을 일렬로 배열하여 기단석으로 삼고, 그 위에 성돌을 올려놓았다. 내벽의 경우는 지표면을 50~60㎝ 깊이로 파고, 그 위에 사람 머리 크기만 한 돌을 쌓아 올렸다.

신증동국여지승람[164]에서는 둘레가 3.038척이고 높이가 13척이다. 그 크기는 남해안의 읍성 가운데 중간 정도며 높이는 높은 편에 속한다고 기록하고 있다. 세종14년(1432) 성 안에 40여 칸의 건물을 지은 후, 사등성에 있던 관아를 이곳으로 옮겨 읍성으로 삼고 적의 침입 때 인근의 주민이 들어와서 지키도록 하였다.

선조25년(1592) 5월 임진왜란 때 왜구에 의하여 함락된 바가 있었으며 남해안 수군의 진영에 이웃한 요새였다. 현종4년(1663) 관아를 지금의 거제읍으로 이전함에 따라 읍성의 기능을 잃게 되었다. 세종5년(1423) 당시 관아가 있던 사등성이 좁고 물이 모자라 성을 지키기가 어려워지자, 새로이 읍 성터를 찾아 경상도민 2만여 명을 동원하여 9년에 걸쳐 쌓은 거제의 읍성이다.

1950년 6·25전쟁 전에만 해도 원형에 가까운 성벽이 보존되어 있었으나, UN군에 의한 포로수용소가 설치될 때, 성의 일부를 헐어 사용하므로 현재는 남서쪽 부분 600m 정도만 옛 모습의 성벽을 남기고 있다. 1991년 부분적인 발굴 조사가 실시되었고 그에 따른 보고서가 간행되었다. 1992년부터 고현성 복원 사업이 시작되어 지금은 어느 정도의 윤곽이 만들어져 있다. 현재 성내의 중심부에는 거제 시청사가 자리 잡고 있다. 1979년 5월 2일 **경상남도기념물 제46호**로 지정되었다.

---

163) 장대석(長臺石) : 섬돌 층계나 축대에 쓰려고 길게 다듬은 돌
164) 신증동국여지승람(新增東國輿地勝覽)

(13) 구영등성

이 성은 경상남도 거제시 장목면 구영리에 위치한 조선시대의 성으로, 1998년 11월 13일 **경상남도 기념물 제205호**로 지정되었다. 성의 길이는 550 m, 높이 3 m, 너비 4 m 정도다. 평지 석축성으로 성종21년(1490)에 축조하기 시작하였다. 인조1년(1623)에 지금의 영등으로 진이 이동되고 이곳은 구영등으로 남게 되었다.

성은 거제도에서 가장 북쪽에 있으며, 진해, 웅천, 가덕도 등 육지와 가장 인접해 있다. 주변에는 영등왜성, 송진포왜성, 장문포왜성, 구율포성 등 성곽 유적이 많이 있다. 조선 전기 일반 평지 읍성의 축조 수법과 동일하게 협축[165]하였으며, 외벽은 자연 대석으로 겉쌓기 하고 내벽은 막돌로 지면에 중첩하게 쌓은 뒤, 적석은 크고 작은 돌로 차곡차곡 겉쌓기 하였다. 성지는 해안 구영마을 남쪽 야산 기슭에 평면 원추형으로 축조된 부분의 기단부만 겨우 남아있으며, 성 내외에는 경작지와 민가가 자리하고 있다.

165) 협축(夾築) : 중간에 흙이나 돌을 넣고 안팎에서 돌 등을 쌓는 것

(14) 구율포성

경상남도 거제시 장목면 율천리에 위치한 조선시대의 석축산성으로, 장목면에서 동남쪽으로 조금 떨어진 지점의 동쪽을 제외한 삼면이 산으로 둘러싸인 계곡에 위치해 있다. 산성의 길이는 360 m, 높이 3 m, 너비 3.4 m, 면적 3,478 ㎡다. 원래 외포 바닷가에 축성된 것을 현재의 위치로 옮겼다고 한다.

신증동국여지승람[166] 거제조에는 율포보라 하였고, 거제군지에는 숙종14년(1688)에 통제사 이세현이 장계[167]하여 이곳에 축성하고 종9품의 권관을 두어 방어하게 하였다고 기록되어 있다.

임진왜란 때, 우수영에 속한 방어 진지로 사용하였으며, 칠천해전 때는 왜구의 침입을 받기도 하였다. 지금은 성 바깥에는 민가가 들어서고 내부는 경작지로 사용되고 있어 주변 형태의 파악은 겨우 가능한 실정이다. 1998년 11월 13일 **경상남도기념물 제206호**로 지정되었다.

166) 신증동국여지승람(新增東國輿地勝覽) : 조선시대의 인문지리서

167) 장계(狀啓) : 조선시대 관찰사·병사·수사 등 왕명을 받고 외방에 나가 있는 신하가 자기 관하의 중요한 일을 왕에게 보고하거나 청하는 문서

(15) 구조라성

경상남도 거제시 일운면 구조라 앞산 능선에 있는 이 성은, 조선시대 왜적을 막기 위한 전방의 진지로 쌓은 것이다. 지세포성의 경계임무 구실을 하고, 선조37년(1604)에 옥포 진지로 옮겼다가 이곳으로 다시 옮겼다. 성 아래에 구조라 마을이 있고, 성 안은 모두 논과 밭이며 성 가운데에 우물이 있다. 사방으로 성문을 두고 성문과 성문 사이에는 성루를 두었다.

조선왕조실록을 비롯한 여러 자료의 내용을 종합하면, 구조라성은 성종21년(1490)지금의 옥포 북쪽 조라를 신조라라 불렀는데, 지금은 신자가 빠지고 조라라 하고 예전부터 있었던 곳을 구조라라고 일컫는 것이 파악된다. 1998년 11월 13일 **경상남도의 기념물 제204호**로 지정되었다.

(16) 덕포 이팝나무

경상남도 거제시 덕포동에 있는 수령 300년 된 이팝나무는, 1990년 1월 16일 **경상남도기념물 제95호**로 지정되었다. 물푸레나무과 낙엽교목으로, 높이 15m, 둘레 3 m, 수관은 동서 16 m, 남북 14 m에 이른다.

덕포동에서는 이 나무의 꽃피는 모양으로 그 해의 풍흉을 점쳤다고 한다. 매년 5월에 꽃이 피기 시작하는데, 꽃이 활짝 피면 풍년이고, 시름시름 피면 흉년이 든다고 한다. 나무 옆의 작은 돌무더기로 된 탑이 있었는데, 마을의 안녕과 태평을 기원하여 쌓았다고 하며, 왜구가 침입했을 때는 방어용 무기로도 썼다고 전해진다. 지금은 밭농사로 인해 돌탑이 모두 허물어지고 흔적도 남아있지 않다.

(17) 명진 느티나무

경상남도 거제시 거제면 명진리에 있는 노거수로, 1991년 12월 23일 **경상남도기념물 제113호**로 지정되었다. 위치는 명진리 마을 앞 들판이다. 나무의 높이는 14 m, 가슴높이의 줄기둘레 7.7 m, 수관은 동서 23 m, 남북 20 m이며 수령은 약 600년 정도다. 나무의 모양은 지상 1 m 높이에서 사방으로 굵은 가지가 뻗어 있어 마치 우산을 펼쳐놓은 듯하다. 나무 주위에는 석축이 둘러싸여 있다.

명진리는 신라시대 때 명진현이 위치했으며, 이 나무를 마을의 수호목이라 믿는 명진리 사람들은 그때부터 있었다고 믿고 있다. 이런 믿음으로 오래전부터 이 마을에 시집오는 새색시는 제일 먼저 이 나무 밑에 와서 **고신제**를 지내야 했다.

(18) 사등성지

경상남도 기념물 제9호로 1974년 2월 16일에 지정되었다. 사등성은 주위 986 m, 높이 5 m, 너비 5 m의 석성으로, 삼한시대 독로국의 왕성으로 축조된 것으로 전해져 왔으나, 이를 고증할 만한 문헌은 없다. 최근 거제군의 동헌 건물인 기성관을 보수하는 도중 발견된 객사 상량문에 의해 거제가 변진 24국의 하나인 독로국이라는 사실은 확인되었지만, 이 성과 관련이 있는지는 알 수 없다. 사등성 축조에 관한 기록은 조선왕조실록 문종원년(1051) 5월 부분에 있다. 이에 따르면 고려 말 왜구를 피하여 거창으로 피난 갔던 거제도민이 조선조에 들어와 왜구의 침구가 점차 줄어들게 되자, 수월에 목책을 세워 거주하다가 세종8년(1426)에 현의 치소를 수월에서 사등으로 옮기고, 축성을 시작하여 거제읍성으로 사용하였다. 1448년에 완성한 이후 다시 고현성으로 치소를 이전하였다.

따라서 현재 남아 있는 사등성은 1426년에서 1448년 사이에 축조된 것으로 보인다. 성은 평지의 들판에 쌓은 석축성으로 동서남북의 문지에 치성(성벽에서 돌출시켜 쌓은 성벽)을 구비하고 있어 입구가 외부로부터 완전히 엄폐되어 있다.

전체적인 형태는 卍자형을 이루고, 성 주위에는 인접한 들판보다 20 m 폭으로 낮게 해자(성밖으로 둘러 판 못)를 만들어 수비를 강화하였다. 성안에는 학교와 마을이 있으며 성밖은 모두 논밭인데, 1980년 국고의 지원으로 일부 성곽을 복원하고 성곽 주위의 정화사업을 실시하여 현재 보호·관리하고 있다.

(19) 오량성

경상남도 거제시 사등면 오량리에 있는 조선시대의 성으로, 1991년 12월 23일 **경상남도기념물 제109호**로 지정되었다. 이 성은 평지에 축조된 것으로 성곽 위에는 큰 나무와 잡목이 우거져 있으며, 성 안에는 민가가 들어서 있고 주위는 논과 밭으로 둘러싸여 있다. 성의 둘레는 1,172 m, 높이 2.61 m, 폭 5 m로 현재 동쪽과 남쪽은 무너져 내렸으며, 북쪽과 서쪽 일부가 남아 있다. 사방에 성문이 있었으나 지금은 동문과 북문이 남아 있어 출입구로 사용한다.

고려시대에는 이곳에 역[168]이 설치되었다가 고려 말에 폐지되었으며, 세종7년(1425) 다시 복원된 뒤 1500년에는 역에 보가 설치되면서 석축성이 되었다. 거제군지에 연산군 6년(1500) 둘레 2,150척, 높이 13척의 석축성으로 쌓았다는 기록이 남아 있다. 가까이에 있는 사등성, 고현성과 같이 큰 돌을 밑에 쌓고 그 위로 차츰 작은 돌을 쌓아올렸으며, 가로 1.5 m, 세로 1 m의 자연석이 주로 사용되었다.

168) 역(驛) : 역마를 갈아타는 곳

성의 동남쪽 우두봉 둔덕기성에는 정중부의 난에 연루되어 유배되어 온 의종[169]이 쌓았다는 폐왕성[170]이 있다. 이 성은 의종이 거제로 피난 와서 평지에 지금의 오량성을 쌓고 머물다가, 위급할 때 올라가서 살기 위하여 쌓았다고 한다. 원래 산성의 설치 목적은 평상시에는 평지에서 생활하다가 전쟁으로 인하여 상황이 불리해지면 산성으로 피난하여 방어하는 데 있다. 폐왕인 의종이 축조한 것을 그 후 조선 연산군 때에 다시 수축하여 사용한 것으로 추측된다.

(20) 옥녀봉 봉수대

경남 거제시 장승포동에 있는 조선의 봉수대로 **경상남도기념물 129호**로 1993년 12월 27일에 지정되었다. 봉수대는 옥녀봉 줄기인 연대골 산등성 해발 226 m에 위치한다. 직경 10~20 m의 3단 석축으로 설치되어 있다. 세종실록 지리지에 따르면 거제현의 봉화는 가라산 한 곳뿐이었다. 신증동국여지승람에는 거제현에는 봉수가 계룡산봉수, 가라산봉수 두 곳이 있었던 것으로 나타난다. 따라서 옥녀봉봉수는 가라산봉수나 계룡산봉수보다 늦게 만들어 진 것으로 추정된다. 김정호의 대동지지[171]에 보면 거제현에는 가라산봉수 외에 등산, 남망, 옥림산, 눌일곶, 가을곶봉수가 있었다고 한다. 전국 봉수의 주요 간선은 5개로 이 가운데 제2거는 동래-서울 간선으로 직봉 44개와 간봉 110개로

---

169) 의종(毅宗)
170) 폐왕성(廢王城)
171) 대동지지(大東地志)

이루어졌다. 제2거 봉수에는 10개의 간봉 지선이 있다. 이 가운데 거제 옥포진 옥산봉수가 있다. 간봉인 옥산봉수는 본진으로 연결된다.

옥녀봉은 거제시 중앙부 동쪽에 위치하는 높이 555 m의 산이다. 옥녀봉 봉수대는 옥녀봉 줄기인 연대골 산등성 해발 226 m에 위치하며, 직경 10~20 m의 3단 석축으로 설치되어 있다. 북쪽으로 강망산, 동쪽으로 장승포 일대, 서쪽으로 아주 및 옥포, 남쪽으로 일운면 와현까지 한 눈에 볼 수 있는 최적지에 설치되어 있다. 화덕[172]은 무너졌으나 봉수대의 잔존물은 양호하게 남아 있다. 이곳은 조선시대 남해안의 봉수제도와 봉수대의 실태를 잘 보여준다.

(21) 옥산성지

경남 거제시 거제면 동상리에 있는 조선시대의 성지로 **경상남도기념물 제10호**며 1974년 2월 16일에 지정되었다. 고종 때 송희승이 거제군민을 동원하여 쌓은 성으로, 둘레 778.5 m, 최고 높이 4.7 m, 너비 3 m로, 거제면 동쪽 계룡산 아래 수정봉 정상에 위치한다. 수정봉은 수정같이 솟았다 하여 불리게 됐다.

축조는 지름 40~80 cm의 장방형 자연석의 끝을 가지런히 하여 산 능선의 굴곡에 맞추어 타원형으로 쌓아올리고, 성내의 요소마다 누각, 무기고, 호, 연못 등을 만들었다. 남쪽과 서쪽은 성문을 ㄱ자형으로 만들고 돌층계를 마련하여 성안으로 출입하게 하였다.

172) 화덕(火德)

성문 밖에는 옥산금성이라고 조각된 큰 암벽이 있고, 성안 동쪽에 비석을 세워 부사 송희승이 이 성을 축조하게 된 내용을 상세하게 기록하고 있다.

그 내용을 간단하게 살펴보면, 고종10년(1873) 당시 거제부사 송희승이 읍성을 축조할 것을 조정에 건의하였더니, 거제는 이미 읍터를 세 차례나 옮겨 백성의 부담이 너무 크다는 이유로 허락하지 않았다. 그러자 그는 그 대신 수정봉에다 산성을 쌓을 것을 결심하고, 도민을 강제로 부역하게하고 많은 돈을 거두어 8개월 만에 주위 160칸, 높이 13자의 석축을 완공한 후, 이곳에 군기 및 군량을 비축하여 해안 방어에 대비하였다. 이 축성공사는 대규모로 백성에게 무리한 부담을 주었다고 하여 송희승은 파직 당하였다.

현재는 동상리와 서상리를 연결하는 성으로 동서남북에 4문이 있고 성안의 우물도 비교적 질 보존이 잘 되어 있다. 거제는 지리적인 위치상 왜구의 침입이 잦았기 때문에 많은 성이 분포하고 있는데, 대부분이 임진왜란을 전후하여 축조되거나 개축되었다.

이곳에는 정상부에 봉황이 알을 품는 형상의 바위가 있고, 그 방향이 명진리를 향하여 그곳이 대통령이 난 곳이라 하여 찾는 이가 많다. 이를 **봉황바위**라고 한다.

(22) 옥포성

옥포성은 **경상남도 기념물 제104호**로 1990년 12월 20일에 지정되었다. 옥포는 임진왜란 때 이순신 장군이 첫 승리를 거둔 옥포대첩으로 유명한 곳이다. 옥포성지는 고현에서 장승포로 가는 도중에 있는 옥포마을의 중앙로에 자리 잡고 있다. 옥포만의 해안지대는 신라시대부터 성이 있어 아주동에 성안마을이 들어선 곳이다. 아주동은 옥포와 다소 떨어져 있는 곳으로 이 옥포성에 앞서서 성이 있었던 것으로 추측된다.

옥포는 고려 말에서 조선 초기에 이르기까지 수십 차례에 걸쳐 왜구의 침입이 있었으며, 그로 인해 폐허가 되기도 하였는데, 세조 때 남해의 해안 방비를 강화하기 위해 옥포와 조라포 등 거제도 연안에 7진이 설치되었고, 옥포지역은 7진의 중심으로 서서히 활기를 되찾았다.

조선왕조실록 성종21년(1490) 8월의 기록에는 부산포성 둘레 2,026척, 옥포성 둘레 1,074척을 쌓았다고 남아있다.

현재, 옥포교회 앞 민가에 성벽의 일부가 남아 있고, 마을의 중앙이나 도로변 그리고 담장 주위 등에 성의 축대가 있다. 그 당시에는 큰 성으로 마을의 중심이었으며, 성안에는 연못과 맑은 우물이 있었고 동서남북으로 성문이 있었다.

(23) 와현 봉수대

이 봉수대는 경상남도 거제시 일운면 와현리 망산(303 m)에 있다. 북쪽에 있는 지세포 봉수대와의 거리는 약 5 ㎞를 넘지 않으며, 옥녀봉 봉수대, 강망산 봉수대와 이어진다. 봉수대 면적은 약 3,025 ㎡다. 축조방식은 산의 꼭대기를 잘 다듬고 원형의 방호벽을 쌓았으며, 돌로 만든 방호벽은 그 크기가 크고 가지런하며 짜임새가 있다. 현재, 방호벽은 잘 보존되어 있으며, 봉화부는 붕괴되었고 출입을 위한 계단시설이 남아 있다.

이 봉수대에서는 남쪽 바다를 직접 바라볼 수 있어 중요한 시설로 이용되었다. 2002년 8월 14일 **경상남도기념물 제243호**로 지정되었다.

(24) 외간 동백나무

1991년 12월 23일 **경상남도기념물 제111호**로 지정된 이 두 그루의 나무는 거제면 외간리에 있으며, 조선시대부터 있었던 것으로 추정된다. 나무의 높이는 7 m며, **수관**[173]은 동서 7 m, 남북 6 m, 추정 수령은 약 200년이다. 나무둘레는 2 m로 동백나무로서는 큰 편이다.

173) 수관(樹冠) : 나무의 가지와 잎이 달려 있는 부분으로 원 몸통에서 나온 줄기

동백나무는 우리나라 난대림, 상록활엽수림대를 대표하는 **표징종**[174]이고, 조엽수림[175]의 중요한 구성종이다. 남쪽지방에 있어서는 **혼례상**에 이 나뭇가지를 차려놓는데, 동백나무가 상징하는 것은 굳셈, 변함이 없는 성실함, 건강 등이다. 더불어 꽃마다 열매가 맺혀 자손번성 등의 뜻이 내포되어 있으며, 이 풍습은 우리나라 남해안 전역에 퍼져 있다. 이런 이유로 마을을 지켜주는 수호목으로 받들고 있으며, 해마다 섣달 그믐날(한 해의 마지막 날)이면 동제를 지내고 있다. 특히, 이 두 그루의 나무를 **부부나무**라 하여 가정의 조화를 기원한다.

또, 동백나무 꽃이 골고루 잘 피어나면 좋은 시절이 올 것이고, 북쪽에 꽃이 많이 피면 비가 많고, 남쪽에 많이 피면 흉년이 들며, 동쪽과 서쪽에 많이 피면 풍년이 든다고 한다.

(25) 윤돌도 상록수림

경상남도 거제 일운면에 소재하고 있는 윤돌도의 천연보호림은 **경남기념물 제239호**로 2002년 02월 14일 지정되었다.

174) 표징종(標徵種) : 어떤 식물군락에 대하여 적합도가 높은 식물

175) 조엽수림(照葉樹林) : 아열대에서 난온대에 걸친 다습한 지역에 분포하는 삼림으로 상록활엽수를 주로 한 삼림군계

거제 **윤돌도**는 구조라해수욕장 서쪽 해상에 있는 섬으로, 육지와는 약 500 m 정도 떨어져 있는 무인도다. 옛날 이곳에는 윤씨 성을 가진 삼 형제가 어머니를 모시고 살았다. 형제가 효성이 지극하여 **효자섬**이라고도 불리었다. 이 섬에는 효자와 어머니사이에 남겨진 이야기가 있다.

섬의 면적은 약 11,207 ㎡고 **상록활엽수**가 많이 자라고 있다. 수목은 대부분 동백나무, 구실잣밤나무, 참식나무, 생달나무 등이며, 나무 굵기가 2.5 m~4 m까지 되는 **노거수**[176]들이다. 이를 거제시에서 천연림으로 보호하고 있다.

(26) 지세포 지석묘

경상남도기념물 제207호로 1998년 11월 13일에 지정되었다. 경남 거제시 일운면 지세포리 650번지 일대에 있으며, 청동기시대의 것으로 파악된다.

지석묘는 일반적으로 청동기시대의 대표적인 무덤이며, **고인돌**이라고도 하고, 경제력이 있거나 정치권력을 가진 지배층의 무덤으로 알려져 있다.

우리나라의 고인돌은 4개의 받침돌을 세워 **돌방**을 만들고, 그 위에 평평한 **덮개돌**을 올려놓은 **탁자식**과, 땅 속에 돌방을 만들고 작은 받침돌을 세운 뒤 그 위에 덮개돌을 올린 **바둑판식(남방식, 기반식)**이 있다.

176) 노거수(老巨樹) : 나무의 수령이 오래된 나무

지세포는 해변에 가까이 접해있는 마을로, 이 일대에는 비교적 넓은 평야가 있다. 지세포 평야의 와현쪽 농로 옆에 정자나무가 있으며, 그 아래에 고인돌 2기가 있다. 그 중 하나는 바닷가쪽으로, 나머지는 산쪽으로 자리 잡고 있다. 바닷가를 향한 고인돌은 덮개돌이 길이 3 m, 너비 2.4 m이며 아래에는 받침돌이 있다. 다른 하나의 덮개돌은 길이 2.7 m, 너비 2 m이며 역시 아래에 받침돌과 잔돌들이 채워져 있다. 주변의 자연석은 이후에 옮겨 놓은 것으로 보인다.

(27) 지세포 봉수대

이 봉수대는 경상남도 거제시 일운면 지세포리 산34번지에 있는 새피재(샛풍이재) 정상의 연지봉에 있다. **연지봉**은 해발고도 약 250 m에 이르며, 봉수대는 대략 200 m쯤 동향부분에 있으며, 면적은 약 3,025 ㎡다. 봉수대는 원형의 방호벽으로 둘러싸여 있는데, 지름이 약 25 m 이상으로 내부가 넓다. 돌로 쌓은 축대벽은 높은 편이며 보존상태가 좋다. 그러나 봉화부는 남아있지 않다. 2002년 8월 14일 **경상남도기념물 제242호**로 지정되었다.

(28) 지세포성

지세포성은 조선 인종 때, 남방의 침입을 대비하기 위하여 쌓은 포곡식 산성이다. 영남 6부의 2만 5000명을 동원해 **선창성**을 쌓았고, 그 성 아래 수군만호를 두어 방어하게 하였다. 임진왜란 때, 만호[177]가 일본의 가토 **기요마사**[178]에게 성을 함락당해 옥포성 밖으로 쫓겨났다가 효종2년(1650) 다시 돌아왔다. 성 입구에는 수군만호의 비석이 남아있다.

지세포 선창마을 뒤편에 있으며, 현재 동쪽을 제외한 다른 부분은 전답의 축대나 가옥의 담장으로 이용되고 있다. 동서남북 사방에 성문이 있고 그 사이에 성루를 두었던 것으로 추정되며, 지금은 성 안팎이 모두 전답과 임야 등으로 바뀌었다. 1998년 11월 13일 **경상남도기념물 제203호**로 지정되었다.

(29) 폐왕성지

이 성지는 **둔덕기성(신라)**을 의미하며, 경상남도 거제시 둔덕면 거림리에 있는 고려시대의 성지로, **경상남도기념물 제11호**며 1974년 2월 16일에 지정되었다. 둔덕면과 경계가 되는 우두봉 줄기의 봉우리 산정에 자연석으로 끝을 가지런히 맞대어 겹겹이 쌓아올렸

177) 강지욱
178) 가토 기요마사(加藤清正) : 축성술에 뛰어났던 히데요시의 용장, 구마모토 최대 번주

는데, 둘레가 550 m, 높이는 4.85 m다. 성 밖은 석축의 기단부 주위에 돌을 쌓아 외부로부터 적을 경계하는 참호로 사용하였으며, 성의 서쪽과 서남쪽 산등성이에는 성곽이 쌓여 있다. 현재 일부가 무너져 있지만 대체로 양호한 편이다.

성문은 세 곳이 남아 있고, 고려시대의 기와조각과 청자조각이 많이 보이며, 곳곳에 누각을 세웠던 터와 연못이 있다. 북단에는 기우제와 산신제를 행하던 제단이 있다. 거제군지에는 고려 의종24년(1170) 상장군 정중부 등의 무신들이 **경인난**[179]을 일으켜, 왕은 거제도로 추방되었으며, 의종은 3년간 이곳에서 지냈다. 그 후, 정중부에 반대하여 1173년(명종3년) 동북면병마사 김보당이 군사를 일으켰으나 실패로 돌아가고, 1175년 10월 의종은 이의민에 의해 시해되었다. 이러한 이유로 폐왕성이라고 하고, 견내량을 **전하도**[180]라 불렀다.

(30) 학산리 지석묘

1998년 11월 13일 **경상남도기념물 제208호**로 지정된 학산리 지석묘는, 덕호리 광리마을에서 둔덕면 학산리로 넘어가는 아래쪽 바닷가 아사마을에 있다. **아사마을**은 마을의 뒤쪽 높은 산꼭대기에 폐왕성지가 있으며, 인조 원년(1623) 영등진의 관아가 구영등에서 이곳으로 옮겨진 뒤에 관아가 있었던 곳이라 하여 불리고 있다.

---

179) 경인(庚寅)
180) 전하도(殿下渡)

지석묘는 국도와 마을 진입로가 교차하는 동북 지점의 밭에 4기가 있으며, 도로에서 약 백여 미터 정도 떨어져 있다. 남쪽에 있는 것부터 길이 355 ㎝, 너비 250 ㎝, 두께 105 ㎝, 두 번째 것은 길이 145 ㎝, 너비 115 ㎝, 두께 60 ㎝, 세 번째 것은 길이 280 ㎝, 너비 130 ㎝, 두께 50 ㎝ 그리고 끝에 있는 것은 길이 130 ㎝, 너비 150 ㎝, 두께 70 ㎝이며 4기 모두 바둑판식(남방식 또는 기반식)이다.

(31) 둔덕 기성

둔덕기성은 신라성으로 **사적 제509호**로 2010년 8월 24일 지정되었다. 소재지는 경남 거제시 둔덕면 거림리 산95번지 등으로, 7세기 신라시대 축조수법을 알려 주는 중요한 유적이다. 이 성은 우리나라에서 보기 드문 **현문식 구조**[181]인 동문지로, 삼국시대 처음 축조되고 고려시대 수축된 성벽(**폐왕성**)은 축성법의 변화를 연구하는데 학술적으로 중요한 자료로 사용된다.

이 유적지에서는 인화문토기, **상사리 명문기와**, 청자접시 등 다양한 유물이 출토됨에 따라 신라 문무왕대 설치된 상군 및 경덕왕대 거제군의 치소성으로 추정된다. 고려사와 신증동국여지승람 등 문헌에 따르면, 고려 의종이 3년간 거제도에 유배됐고, 조선 초 고려 왕족들이 유배된 장소로도 기록되어 있는 등 역사성을 지니고 있으며 폐왕성의 일부다.

---

181) 현문식구조(다락문형식) : 성문을 계단 위에 설치한 것으로 방어에 유리하다

(32) 아양동 삼층석탑

이 석탑은 **경상남도 문화재자료 제33호**로 1983년 7월 20일에 지정되었다. 소재지는 경남 거제시 아양동으로 시대는 미상이다. 이 삼층석탑은 1935년 탑골이라 불리는 곳에서 농부가 밭을 갈던 중 발견[182]되어 세워 놓은 것으로, 발견 당시 기단부와 머리장식이 사라진 상태였으며, 현재 3층을 이루는 탑신만이 남아 있다. 탑신의 2, 3층 몸돌은 탑을 옮겨 세울 때 새로 만들어 놓은 것이다. 탑신의 몸돌에는 모서리마다 기둥 모양을 새겼고, 지붕돌 밑면에는 4단의 받침을 두었다.

---

182) 박학중

탑신의 1층 몸돌과 3층 지붕돌은 원래 탑의 석재로, 몸돌의 기둥 모양 조각이나 지붕돌의 받침 조각은 균형미가 아름답다. 현재는 대우조선소 정문 안의 소공원에 위치하고 있다. 3층 탑신에는 '**물이선소이불위 물이악소이위지**[183]'가 기록되어 있다.

(33) 청곡 지석묘

청곡리 지석묘는 **경상남도 문화재자료 제88호**로, 1983년 12월 20일에 지정되었다. 소재지는 경남 거제시 사등면 청곡리 20-3로, 사등면 국도변에 약 50 m의 간격을 두고 바둑판식 고인돌 3기가 있다.

국도변 언덕에 있는 1호는 현무암으로 된 덮개돌을 2개의 작은 받침돌이 받치고 있는 모습이다. 이 고인돌의 머리가 향하는 마을은 망한다는 전설이 있어서 옛날부터 마을사람들이 돌머리를 돌리는 싸움을 했다고 하는데, 지금에 와서는 서로 화합하여 마을 중간지점으로 돌려놓았다.

183) 勿以善小而不爲 勿以惡小而爲之

2호는 국도변에서 50m 지점의 밭 가운데에 있으며, 중간이 파괴된 채 흙속에 묻혀 있어 하부구조를 파악하기 어렵다.

3호는 청곡 마을 입구에 있는데, 동네 수호신 같이 동네를 지키고 있으며, 정월 대보름이면 이곳에서 마을사람들이 안락제를 지냈다.

(34) 거제 포로수용소

이 유적지는 **경상남도 문화재자료 제99호**로 1982년 12월 20일에 지정되었다. 거제시에는 여러 곳에 포로수용소의 잔해가 남아 있으며 장평, 수월, 고현, 양정 등이다. 그리고 계룡산 정상부에도 포로수용소 통신대 시설이 상당부분 남아 있다. 이들은 6·25 한국전쟁 중 UN군에 포로가 되었던 공산군을 수용하던 장소로, 1950년 11월부터 고현, 상동, 용산, 양정, 수월, 해명, 저산지구 등 360만평에 포로수용소를 설치하여, 인민군 15만, 중공군 포로 2만, 여자포로와 의용군 3천명 등 최대 **17만 3천명**을 수용하였다.

이곳에서 반공포로와 친공포로 간의 유혈사태가 자주 발생하였으며, 1952년 5월 7일에는 수용소 소장인 도트준장이 납치되는 사건이 있었다. 1953년 7월 27일 휴전협정 후 폐쇄되었고, 친공포로들은 판문점을 통하여 북으로 보내졌다. 현재는 수용소의 잔존

건물 일부만이 곳곳에 남아 당시의 상황을 말해준다. 거제시에서는 **거제해양관광개발공사**를 통해 한국전쟁의 참상을 알리는 민족역사교육장으로 관광명소가 되었으며, 이곳에서부터 시작하여 계룡산 정상까지는 **관광모노레일**을 설치하여 정상부 잔해까지 안내하고 있다.

(35) 한내리 모감나무군락

이 모감주나무군은 앵산(507 m) 자락 바닷가에 있는 숲으로, 한내 마을의 방풍림 역할을 한다. 중국, 일본, 자유중국 등지와 경상남도, 경기도 및 황해도에 분포하는 **모감주나무**(Koelreuteria paniculata)는 무환자나무과에 속하는 낙엽활엽 교목이다. 높이 9~10 m까지 자라고 잎은 우상복엽이며, 6~7월에 향기 진한 황백색의 꽃이 핀다. 열매는 삭과[184]로서 꽃이 지고 난 10월에 열리며 콩알보다 약간 크고 윤기가 있다. 승려들이 이 열매로 염주를 만들기 때문에 **염주나무** 또는 **보리수**라고도 한다.

184) 삭과(capsule 蒴果) : 열매 속이 여러 칸으로 나뉘어져 있고 각 칸 속에 많은 종자가 들어있는 열매의 구조

모감주나무는 남쪽지방에서는 거제 한내마을에서만 볼 수 있는 희귀한 나무다. 거제 한내리 외에 충청남도 안면도의 모감주나무군락(천연기념물 138)과 안동 송천동의 모감주나무(경북기념물 50), 대구의 내곡 모감주나무군락(대구기념물 8)이 문화재로 지정, 보호되고 있다.

거제 한내리의 모감주나무군은 신라시대 경남의 4대사찰에 속했던 거제의 하청북사를 찾아오던 금강산 큰스님이 씨앗을 가져와 한내리 해변에 심은 나무들이라는 이야기가 전해진다. 한내리 모감주나무는 총 41주로 꽃이 피면 화려하다. 한내리는 전국에서 모감주나무로 방조어부림이 조성되어 있는 유일한 지역이다. 예전에는 이 숲에서 풍어제를 지냈고, 지금도 이 숲은 마을의 수호신으로서 마을 사람들이 즐겨찾고 있다. 여름에는 피서지로 여겨 찾는 관광객이 많다. 1991년 12월 23일 **경상남도기념물 제112호**로 지정되었다.

44 자연

거제도는 한반도 육지부의 남단에 위치하며, 1971년 거제대교(거제·통영)가 건설되어 육지와 편리한 왕래가 가능해졌다. 이로 인해 섬의 문화는 급속도로 발전하기 시작하였으며 산업도 급성장하고 있다.

벽파수도185)라 불리는 일대의 섬들 중, 거제는 거제 본도와 칠천도, 가조도, 산달도, 이수도, 지심도, 내도, 화도, 소고개도, 계도, 황덕도 등 **유인도 10개**와 갈도, 대소병대도 등 **무인도 63개**로 **총 73개**의 부속도서를 지니고 있으며, 조선산업과 해양관광산업 및 다양한 1차 산업 등으로 **도시경쟁력** 부문에서 전국 최상위권을 달성하기도 하였다.

뿐만 아니라, 가라산, 계룡산, 남부 망산, 대금산, 국사봉, 북병산, 산방산, 선자산, 옥녀봉, 앵산, 노자산 등 **11개 명산**은 굽이굽이 그 절경이 좋고, 남해바다는 물론 멀리 현해탄과 대마도를 내려다본다. 산과 계곡 그리고 해안선의 뛰어난 풍광으로 여행객이 증가하고 있다.

한편, 섬의 지리적 여건에서 중요한 것은 주식을 할 농산물과 생활용수 등이다. 그러나 이러한 것들도 거제도의 혼화한 기후와 적절한 강수량(강우량이 중심)으로 자연환경은 물론, 삶의 사정을 좋게 하여 벼, 조, 콩은 물론 각종 곡식과 채소가 잘 자란다. 섬 주위의 **난류와 한류가 교차하는 해역**은, 청정하여 다양한 어종과 해산물이 많고 풍부하다. 즉, 풍요로운 바다와 비옥한 토지는 다른 섬에서는 쉽게 찾을 수 없는 자원을 제공한다.

이런 까닭으로 유자, 옻, 고로쇠, 왜딱(왜닥나무), 치자, 수달, 문어, 전복, 조개, 홍어, 청어, 미역, 대구, 해삼, 전어, 멸치, 준치, 조기, 소금 등 많은 토산품이 한양으로 진상되기도 했다. 현재는 조기, 소금 등은 생산되지 않지만 아열대성으로 바뀌는 자연환경을 이용하여 알로에, 파인애플, 한라봉, 거봉포도 등을 주 생산하는 곳이 증가하고 있다.

이렇듯 생물이 다양하게 서식하고 있는 환경을 보면 자연환경이 사람살기에 부족하지 않고, 특히 온난한 기온 등은 야외에서 주로 작업을 해야 하는 거대한 선박산업에 적합하여 세계적인 조선소가 두 곳에 있다.

185) 통영과 해금강을 잇는 한려해상국립공원의 섬 해안선. 푸른 파도가 넘실대는 절경의 뱃길을 일컬어 벽파수도(碧波水道)하 하며, 한려수도의 다른 말

거제도는 멀리서 바라보면 여인이 치마폭을 잘 사리고 다소곳하게 앉아 있는 형상이고, 위에서 보면 독수리나 갈매기 형상을 하여 남북으로 길게 자리하고 있다. 섬의 중앙부에는 계룡산이 주산으로 우뚝 솟아 있고, 동서남북에 웅장한 산들이 옹위하고 있어, 예로부터 정기 서린 곳에 잘 자라는 아열대식물을 비롯하여 후박나무, 동백나무, 생달나무, 희양목 등의 상록활엽수와 해송, 섬 향나무 등 상록 침엽수가 울창하여 **거제 봉산**186)이라 했다.

고려 때는 거제에서 자생하는 자작나무를 중심으로 팔만대장경판을 만들었으며, 여러 산과 봉 그리고 들에는 야생화를 비롯하여 많은 산야초와 꽃들이 사시사철로 훈훈한 향기를 피운다.

한편, 거제대교가 개통되고 대우조선해양과 삼성중공업 거제조선소가 들어서면서부터 조선산업 기지가 되었다. 이때부터 외부에서 많은 인구가 유입되어 신흥 산업도시로의 변모를 갖추기 시작했고, 그 발전하는 과정에서 자연환경에 많은 변화가 생겨났다. 매립으로 섬의 면적이 증가하였으며, 산자락으로까지 거주지가 확대되면서 거제도의 산과 들은 많이 변하였다.

그러나 이렇게 변모하는 섬의 위상에서도, 포구에는 긴 세월동안 파도에 씻긴 흑진주 같은 몽돌과 백설 같은 모래가 적절하게 보존되어 해양관광의 가치로 작용하고 있다. 여러 굽이로 굴곡진 **리아스식 해안선**은 동백과 해송이 어우러져 있으며 청정한 섬을 만들어 준다.

거제도의 위치적 환경은 사면이 바다로 되어 있고, 본도는 먼저 동서방향으로 능포동 양지암 끝자락이, 서쪽은 둔덕면 술역리, 남북방향의 최남단은 남부면 다포리 대병대도, 북쪽은 장목면 구영리다. 또, 동서의 길이는 약 22㎞, 남북은 약 39㎞며, 해안선 길이는 본섬만 **386.6㎞**, 유인도와 무인도를 포함한 거제시 권역은 **443㎞**로 매우 긴 편이다. 이를 리수로 보면 약 천리가 넘는 해안선이라 물길 700리라 불리었다.

또, 동북으로 가덕도 사이의 수도를 건너 낙동강하구 대저동과 명지동의 들판과 접하고 있으며, 동은 부산시 영도, 북으로는 내해를 끼고 진해, 마산, 고성이 있다. 서쪽은 한려수도로 남해, 사천, 통영과 멀리 광양, 순천, 여수와 접한다.

남으로는 수평선의 대한해협이 있고, 이를 건너 대마도가 있으며 육안으로도 이를 볼 수 있다.

---

186) 봉산(封山) : 나라에 필요한 목재를 조성하기 위하여 벌채를 금지하는 산

거제도는 얼마 전까지 뱃길이 성하여 옥포항, 장승포항, 고현항, 다대항, 실전항, 두모항, 농소항, 구영항 등지에서 부산과 진해, 마산, 여수, 통영 등지로 갈 수 있었으나, 지금은 거의 폐쇄되었다.

남서쪽의 대한해협으로는 통영 한산도와 홍도, 매물도, 욕지도 등 다도해를 이루고 있으며, 이 섬들은 모두 1900년 **진남군**이 설치되기 전까지 거제에 소속되었다.

기후는 전반적으로 온대다우성 국지기후를 보이고 있으며, 때때로 황사가 진입하기도 한다. 연중 기온의 차는 심하지 않아 **연교차 24.2℃** 정도며, 연평균 강우량은 **1,727.8 ㎜**[187]로 다우지역적 섬이지만 집중호우 재해는 적은 편이다.

그러나 남해동부해상의 연중 **폭풍특보 발효일**이 140여일로 해상의 악현상이 자주 발생하고 있고, 전반적인 지구온난화로 인한 엘니뇨현상과 매립 등으로 국지적인 호우로 침수피해가 발생하기도 하고 있다.

풍속은 연평균 2.0㎧며, 겨울과 봄에 강하고 가을에는 다른 계절에 비하여 약하지만 전반적으로 바람이 많다. 8.0㎧이상의 강풍은 4월에 많고 9, 10월에는 적은 편이다. 그러나 태풍의 피해를 잘 받는 곳으로, 2003년 제14호 매미태풍에는 전역이 정전되어 많은 피해가 속출했다. 이후 거제로 오는 송전선로를 복선화했다.

187) 우리나라는 연평균 강수량이 1300 mm로 물부족 국가

45 산

백두산에서 태백준령이 이어오며 금강산과 설악산을 이루고, 동쪽으로 울산 울기등대를 돌아 진해의 천자봉으로 온 산맥은, 바다를 건너 **저도**와 **이수도**라는 섬을 만든다. 다시, 거제 **대금산**으로 솟고, 서남으로 뻗으며 국사봉, 옥녀봉, 앵산, 제석산을 형성하다가 **계룡산**과 마주한다. 한편, 소백의 지맥인 지리산은 고성 벽방산과 통영의 제석봉으로 와서 견내량에 잠겼다가 사등면 오량 **시래봉**[188]이 되고, 다시 동서로 치달아 우두봉, 산방산, 노자산, 가라산이 되면서 중심의 계룡산을 휘감는다.

거제의 산맥은 북으로 태백산맥계와 서남의 소백산맥계가 이어진 곳이다. 대금산은 태백의 줄기고, 계룡산은 소백의 줄기로 거제의 중심이다. 이 양대 산맥이 어울려 산맥을 마무리하는 곳이 거제도다.

이를 멀리서 보면 여인이 다소곳이 앉은 모습이라 **상군**[189]이라 하였으며, 이는 서기 667년 신라 30대 경덕왕 때 생겨난 거제의 지명이다. 이보다 앞서 삼한시대의 변한 12국 중 하나였던 **두로국(두루국)**[190]은 이후 **독로국**의 실체다.

동쪽의 옥녀봉, 서쪽의 산방산, 남쪽의 가라산과 노자산, 북쪽의 대금산은 중앙의 계룡산을 감싼다. 이것은 거제도의 주맥으로 마치 5개의 명산이 **음양오행**을 이룬다.

(1) 계룡산

계룡산은 거제의 중심지에 있는 산으로 높이 566m다. 산의 동북은 거제시청 소재지인 고현동이며 남서로는 거제면과 동부면이 있다. 북단에는 삼성중공업 거제조선소[191]가 들어서 있다.

산의 형태는 구천댐에서 서북쪽 가조도 방향으로 길게 뻗어 있으며, 그 생김이 마치 닭이 알을 품고 있는 형상을 하고 있어 **비계포란형**[192]이라 한다. 산정상은 닭의 머리를

188) 시래봉(始來峰)
189) 상군(裳郡)
190) 두로국(瀆盧國) : 두르다. 치마와 같은 두루기, 도롱이 등에서 나온 말로 모양을 통해 지명으로 남았다.
191) 1974년

닮았고 능선의 꼬리는 용의 형상을 하고 있다.

정상에는 6·25포로수용소 통신대 건물이 있으며 위쪽 능선에서 거제면 쪽 바위틈 밑에 **의상대**가 있었다. 바위가 병풍처럼 두른 50여 평의 절터는 신라시대 화엄종의 개조였던 의상대사가 암자를 짓고 수도한 곳이라 전해오고 있으며, 금동불상이 발견되기도 하였다.[193]

정상에 오르는 바위틈에는 장기판 모양의 바위가 있는데, 이곳에서 신선이 놀았다는 전설이 있다. 정상부 능선에는 **불이문바위**가 있어 이를 지나면 억새풀밭 평지가 있고, 태고 때 신선이 무를 심고 살았다는 **무밭**의 흔적도 있다. 그리고 그 뒤쪽에는 거북이 하늘로 승천하듯이 기어오르는 **거북바위**가 있다.

거제면 소재지에서 고현방향으로 왕래했던 용산재가 있으며, 이 재를 **고자산재(고자산치)**라 부른다. 그 위쪽 음달바위 정상에 6·25때 포로수용소를 감시하던 UN군 통신대 잔해가 여럿 있으며, 인근에는 계룡산 **관광모노레일** 승차장이 있고, 주변은 현대식 데크가 마련되어 편하게 동서남북의 근경과 원경을 즐길 수 있도록 하고 있다.

6·25동란 때 주민 10만, 피난민 20만, 포로 17만 등 약 50만 명이 이 산을 중심으로 목숨을 구하여, 정감록에서 지명한 계룡산의 실체라는 주장을 하게 했다.

등산로는 고현과 거제방면의 것을 이용하는 게 대표적이다. 고현에서는 시청사 뒷편이나 계룡사 뒷길, 공설운동장 뒷길, 장평 사기장골과 용산마을의 아파트 단지 뒤편으로 난 임도 등이 있다. 거제면에서는 거제여상 옆길이나 서정리 뒷뫼길은 임도가 정상까지 이어져 있어 임도를 이용하면 고자산재를 거처 정상부까지 차량으로 이동할 수 있다.

계룡산 관광모노레일은 2018년 2월 9일 준공하였으며, 총길이는 3.54 km로 국내 최장의 길이다. 승차장은 고현동 포로수용소며 대략 20여 분간이 소요되며, 계룡산 정상부 포로수용소 통신대 아래 휴게소에 이른다. 이곳은 하차를 위해 대기하는 곳으로 다시 20분 가량 소요하면 원지로 돌아 올 수 있어 거제관광의 큰 역할을 하고 있다.

계룡산의 식물은 등산로를 따라 해송과 더불어 여러 가지의 낙엽 활엽수들이 혼생하고 있는 특징을 보이고 있으며, 적절한 생태계를 이루고 있다. 특히, 산 정상부에는 진달래와 철쭉이 군락을 이루고 있고, 주위에는 새, 솔새, 개솔새, 참억새, 김의털, 실새, 쇠풀, 할미꽃 등 초본류가 무성하다.

---

192) 비계포란형(飛鷄抱卵形)
193) 1960년

거제면 쪽은 해송림이 차지하는 비율이 고현쪽보다는 적으며, 참나무류, 서어나무류, 단풍나무류, 때죽나무, 자귀나무, 굴피나무, 벚나무, 생강나무, 팥배나무 등 낙엽활엽수들이 많은 면적을 차지하고 있다. 계룡산지역에서 특이할 만한 식물은 말오줌때, 헛개나무, 달피나무, 둥근잎생강나무, 얼레지 등이다.

(2) 산방산

산의 높이는 507.2 m다. 산 모양이 뫼 산자와 비슷하고 꽃같이 아름답다고 하여 산방산이라 불렀다. 정상에는 큰 바위 3개가 우뚝 솟아 하나의 산봉우리를 이루고 있어 **삼봉산**이라고도 부른다. 또, 그 모양이 붓과 흡사하여 거제의 **필봉**으로 불리고, 맞은편으로는 우두봉이 자리잡고 있다. 산 아래 마을에는 조선말기 추사체의 대가인 성파 하동주의 생가가 있다.

산의 전체적 위치는 거제시청 소재지의 서남쪽인 둔덕면 옥동, 거제면 송곡마을 뒷산이다. 이 산에는 기암괴석이 많고 경치가 아름다워 마치 금강산과 같다는 말을 듣기도 한다. 특히 가을에 단풍이 곱게 물들면 푸르른 남해를 배경으로 멀리 보이는 다도해의 욕지도, 한산도, 비진도 등 섬들과 어울려 절경을 이룬다. 거제의 10대 명산 또는 11대 명산의 대표격이다.

고려 때 의종이 무신의 난을 피해 이곳과 인근 둔덕 폐왕성에서 3년간 피난한 적이 있어, 의종과 관련된 장소나 전설이 흔하다. 또, 덕봉암, 보현암, 내원암, 정인사, 봉은사 등이 있으며, 선녀들이 봄구경 와서 춤을 추며 놀았다는 330 ㎡나 되는 선녀바위가 있고, 왜구로부터 몸을 지키기 위해 여자들이 낭떠러지로 몸을 날렸다는 **절부암** 등 많은 명소가 있다.

정상에서 10 m 아래에는 비가 오지 않을 때 기우제를 지내던 **무지개터**가 있으며, 제단 아래로는 벼락바위와 약수터, 고려 원종 때 왜구가 침범했을 때 옥씨 일가가 피난을 했다는 **옥굴**, 옥씨가 피난생활을 하면서 베를 짰다는 **베틀굴**, **염소굴**, **미륵굴** 등이 있다.

또, 이 부근에는 **삼신굴(석굴암, 부처굴)**이라고 부르는 석굴이 있는데, 서쪽을 향해 자리 잡고 있어 해가 질 때면 동굴 깊숙한 곳까지 빛이 들어온다. 굴 안에 있는 3기의 불상 가운데 삼존석조좌불은 머리 부분이 떨어지고 아미타불과 약사여래불은 도난당했다고 전해지며, 왜구의 침입을 막기 위해 만들어졌다는 호국석굴이다. 삼신굴 옆에는 푸르고 누렇고 붉고 희고 검은 오색흙이 나온다는 **오색터**가 있고, 바위틈 아래는 샘이 있다.

등산로는 5~6개가 있으며, 매년 5월에는 참꽃축제가 열리고, 5월 단오날과 칠월칠석에는 통영을 비롯한 원근 각지에서 많은 사람들이 이 산에 올라 소원을 기원했다.

대표적인 등산길은 보현사 뒷길, 옥동 대덕암 뒷길, 옥동농장 윗길, 상죽전에서 무지개터로 가는 길, 거제 옥산길, 옥동 임도길 등이며, 임도를 이용하면 산의 정상부근까지 이동할 수 있다. 이 자락에는 산방산 비원이 있다.

산방산의 자연생태 중 식물은 해송림이 곳곳에 있어 산을 감싸고 산정부 주변에는 철쭉, 산철쭉, 진달래 등 철쭉류가 많다. 특이한 식물로는 보현사 계곡의 갈참나무가 다른 지역보다 많이 분포하고 발풀고사리, 비진도콩, 둥근잎생강나무 등이 있다.

(3) 대금산

거제의 북악이라 불리는 이 산은, 장목면 대금, 시방, 외포, 대계, 소계 뒷산이 되고, 옥포의 덕포와 연초 명동리 일부에 속해 있다. 높이 437.5 m로 부산항을 굽어보면서 진해 천자봉과 응대한다. 산 정상에서 보면 진해, 마산, 부산이 눈 아래로 내려다보인다.

대금산이란 명칭은 신라시대에 쇠를 생산했던 곳이라 하여 붙여진 이름이며, 금과 은을 팠던 곳이라고도 하며 큰 대자, 쇠 금자를 썼으나, 조선조 중기에 와서 산이 비단결 같이 아름답다고 하여 비단 금자를 써서 불린다.

대금산은 그리 높지 않은 산으로 산세가 순하고 비단폭 같은 풀이 온 산을 덮고 있어 크게 비단을 두른 산이라는 의미다. 봄이면 진달래가 군락으로 피어 **축제**[194]가 열린다.

대금산은 주변의 호위봉으로 358 m, 285 m의 중봉들이 낮게 형성되어 상대적으로 우뚝해 보이고 정상이 바위봉우리라 실제 높이보다 우람하고 높게 보인다. 산의 서쪽으로는 나무가 거의 없고 억새군락지가 형성되었으며, 풀이 많아 염소를 기르기도 하였다. 이 풀을 뜯어먹고 자란 염소는 불로영약이라 할 만큼 약효가 좋다는 소문이 있다. 대금산 임도를 이용하면 장목면 외포에서 연초면 명동을 자동차로도 오갈 수 있다.

194) 1997년. 대금산 진달래축제

중봉은 중금산이라 하며 조선 말기에 외침을 막기 위해 율천, 대금, 시방 등 3개 마을 사람들이 성을 쌓아 이 성을 **중금산성**[195]이라 한다. 성에는 남해안의 각 진에 공급하는 군량을 저장하였다. 성내는 봉화를 올렸던 **봉화터**가 있다. 봉화터 아래는 생수가 솟아나는 샘이 여러 곳에 있으며, 약수터 인근에는 기우제를 올리던 제단이 있다. 약수터에는 칠석과 보름에 많은 사람들이 찾아와 목욕하고 음용하기도 한다.

등산로는 장목면 시방(살방)에서 복골을 거쳐 정상에 오르는 것과, 명동마을에서 오르는 길이 유명하다.

대금산의 식물은 지역의 대표적인 축제가 되고 있는 철쭉류와 억새류다. 대금산 대부분의 산림은 해송 중심의 단순림인 같지만, 임상의 하층에는 참나무류의 군락이 있고, 굴피나무, 벚나무, 개서나무, 때죽나무 등도 있다. 참나무림이나 낙엽 활엽수림으로 천이되어 가는 과정을 보여주는 현상이다.

(4) 가라산

가라산은 거제에서 제일 높은 산으로 585.5 m다. 거제의 산은 600 m가 넘는 산이 없다. 경상남도 남단이자 거제도의 최고봉인 가라산은 주봉을 **가래봉**이라한다. 산에서는 거제도 주변의 여러 섬을 볼 수 있고, 북쪽으로 진해, 마산, 고성, 서쪽으로 통영을 마주하며, 남동쪽으로는 남해를 굽어볼 수 있다. 부산 영도가 뵈고 맑은 해무가 없으면 대마도가 보인다. 중생대 경상계[196]지질인 가라산 주변 마을은 비탈져서 농지가 적고 바다에 둘려져 수산물이 풍부하다.

이 산은 남부면 다대, 다포, 저구 뒷산이며, 동부면 소재지에서 동남방 8 km 정도의 지점에 있고 노자산과 연결되어 있다. 학동 오지막계곡을 좌우 경계로 하여 가라산과 노자산으로 구분한다. 봄이면 고로쇠 약수 채취로 붐비고 해양성기후에 잘 자라는 아열대식물인 동백나무, 팔손이나무, 소철, 종려나무 등 600여 종이 우거졌다.

---

195) 1875년, 강석원, 정춘근, 김정헌이 주동
196) 경상계(慶尙系)

가라산 봉우리는 동으로 갈곶리 앞 바다에서 섬을 만들며, 이 섬을 **칡섬, 갈도**[197]라 한다. **갈도**는 3개의 봉우리의 아름다운 섬으로, 바다의 금강인 **해금강**이다.

가라산 정상에는 가물 때 기우제를 지내던 **제단**이 있고, 남해안을 경계하던 **봉수대**가 있다. 가라산 봉수대는 남해안을 경계하는 전초기지로 해상에서 일어나는 사건들을 거제의 주봉인 계룡산 봉수대와 한배곶[198] 봉수대에 알렸다. 동국여지승람에는 가라산 남쪽10리에 **송변현**[199]이 있었다고 한다.

가라산 남쪽 송변현의 뒷산 중봉에는 다대산성이 있다. **다대산성**은 고려시대 축성한 것으로 보이며, 외침을 막기 위해 축성된 성이다. 성안에는 마을의 안녕을 기원하는 제단이 있고, 성주위는 고목이 우거져 있으며, 지금도 성벽은 잘 보존되어 있다.

등산길은 다대마을저수지, 다대초등학교 뒤편, 저구마을 뒤 도로변, 탑포마을 뒤 도로변이다. 산은 험하고 가파르다. 산에 오르면 바다 수평선 위로 솟는 일출과 낙조가 장관이며, 다도해의 푸른 물결 사이로 오가는 어선들을 볼 수 있어, 거제도 계룡산 못지않게 찾는 이가 늘고 있다.

산정상 남쪽은 절벽으로 그 아래에는 신라시대 견암사[200]란 절이 있었다고 한다. 지금도 절터의 주초와 와편의 흔적을 발견할 수 있다. 이 절에는 많은 스님이 있었는데, 스님이 먹을 밥을 짓는 쌀뜨물이 바다까지 흘러가서 왜적이 이것을 보고 많은 승병이 지내고 있는 것으로 착각하여 도망갔다는 얘기가 남아있다.

산의 자연은 해송이 주류며, 해안지대엔 경남 유일의 서식지인 굴거리나무가 있다. 굴거리나무 주위에는 동백나무, 감탕나무, 생달나무, 후박나무, 사스레피나무 등 상록활엽수와, 굴피나무, 산오리나무, 졸참나무, 때죽나무 등 낙엽활엽수들이 있고, 말오좀대나무, 머귀나무 등 희귀수목도 소수지만 숲에 형성되어 있다. 또, 학동에서 등산로를 따라 산 중복부에 이르면 느티나무가 많이 자라고 있으며, 이곳을 지나가면 거제의 희귀식물인 백양꽃 자생지가 있다. 가라산의 **백양꽃**은 7~8월이면 상사화를 닮은 아름다운 꽃이 피어 장관을 이룬다.

---

197) 갈도(葛島)
198) 한배곶(閑背串) : 한산도
199) 송변현(松邊縣)
200) 견암사(見岩寺)

(5) 노자산

거제도 계룡산의 동남부 방향에 있으며, 능선이 가라산과 같이 있기 때문에 어느 것이 노자산인지 분별하기 어렵다. 동부면 학동, 율포, 부춘의 뒷산이며 높이는 565 m다. 노자산이라는 이름은 불로초와 어우러져 늙지 않고 오래 사는 신선의 산이라는 의미다.

산의 정상에는 **기우단**이 있고, 북단에 기도원과 혜양사가 있으며, 옆 계곡에는 **용추폭포**[201]가 있다. 산의 북단 중허리를 동부 평지에서 율포로 넘어가는 임도가 개설되어 있다. 노자산 아래에는 거제해금강, 학동해수욕장, 외도, 명사해수욕장, 자연예술랜드, 구조라해수욕장 등이 있다.

대표적인 등산길은 혜양사 옆 능선, 평지 마을 임도길, 휴양림 임도길, 학동 내출계곡의 능선길 등이며, 자연휴양림 임도길이 가장 오르기 쉽다.

산에는 사람의 발길이 닿지 않아 **춘란**과 **풍란**이 많다. 노자산은 천연기념물 233호의 **동백군림**과 **팔색조**의 서식지며, 자작나무, 박달나무 등이 자생하고 **상사화**[202] 등 많은 식물이 군락을 이룬다.

(6) 남여산[203]

남여산은 연초면 다공리 앞산이다. 높이 287.5 m으로 북쪽 계곡에 이목댐이 있고, 동북으로 충해공원묘지가 있다. 이 산에 고려시대 차나무가 재배되었으며, 생산되는 차를 진상하였다고 하여 아래 마을 이름이 **다공**이다. 하지만 지금은 차나무를 찾을 수 없다.

산의 정상에는 기우제를 지낸 **제단**이 있고, 굴이 두 갈래로 갈라져 있다고 하여 **굴째봉**이라 불리기도 한다. 이 굴은 임진란 때 신응수, 김희진, 윤영상 세 장사가 숨어 있다가 왜적의 동태를 살핀 후, 적이 하청장터에서 분탕질을 하고 술에 취해 있는 틈을 타서 공격했다. 방심하고 있던 왜적들은 다공 앞 들판으로 도망갔지만, 추격하여 모두 소탕했다. 이렇게 몰살한 다공 앞들을 **몰바대들**이라 한다.

---

201) 용추폭포(龍湫瀑布)
202) 상사화(相思花)
203) 남여산(南呂山)

남여산에는 **산벚꽃나무**가 많고, 대표적인 등산길은 다공마을 연초천을 건너 이남마을 뒷길 절골로 오르는 길 등이 있다.

(7) 북병산[204)]

북병산은 동부면 망골과 망치고개를 경계로 하여, 상문동 삼거리의 삼거마을에 주맥을 뻗어 문동과 아주골 그리고 옥녀봉 줄기와 연결되어 있다. 이 산은 북쪽을 병풍처럼 가리고 있다고 하여 붙여진 이름으로, 높이는 465.4 m다.

망치고개에는 고려시대에 축성했다는 성지가 산중간에서 마을까지 길게 뻗어 있고, 문동계곡 상류에는 **문동폭포**가 있으며, 삼거리에는 신라시대에 있었다는 은적사 절터가 있다.

일운면, 동부면, 고현을 향하는 세 갈래 길은 **삼거리(삼거)마을** 협곡에서 만나며 옛 교통의 중심지였다.

일운면 **소동마을**로 넘어가는 협곡을 따르면 **심원사**가 있고, 이 일대는 표고버섯 재배를 많이 하였다. 심원사의 맞은편에는 은혜사가 있으며, 이 계곡은 거제도에서는 큰 편에 속하고 조선시대 이 곳 부사였던 이병오란 이름이 새겨진 바위가 있으며, 그 일대에는 여러 산야초가 자란다. 북병산의 **구천계곡**에서 발원하는 물은 **구천댐**에 모인다.

대표적인 등산길은 망치고개에서 **달뜬바위** 옆을 지나는 길과, 삼거리 반송치 앞산으로 오르는 길 그리고 삼거리 다리골재에서 오른쪽 길과, 심원사를 돌아 오르는 뒷길 등이 있다.

북병산 일대는 상류수원지구로 지정되어 있으며, 민가가 적고 개발행위가 절제되어 산림의 보호상태가 다른 곳에 비해 양호하다. 봄이면 조팝나무의 흰 꽃이 장관이고, 수원지구 계곡 위로는 산림조합에서 조림한 편백림이 있다. 계곡에서 저수지에 이르는 남쪽에는 이팝나무가 많아 5월에는 꽃잎이 만발한다. 따라서 이곳은 다른 곳보다 해송림이 적고 낙엽 활엽수림이 많아 다양한 식생상태가 형성되어 있다. 특히, 북병산 북편에 있는 사찰[205)] 주변에는 얼레지군락이 있고, 그 계곡에는 바람꽃, 노루귀, 현호색 등이 많다.

---

204) 북병산(北屛山)
205) 심원사

(8) 선자산[206]

선자산은 상문동 용산마을과 거제면의 명진마을 뒷산으로 높이 507 m다. 계룡산과 연결되어 있기 때문에 구분하기가 어렵지만, 두 산 사이에 있는 고자산고개를 경계로 삼는다. **고자산고개**는 계룡산과 선자산의 경계로 그 높이가 낮아 고현과 거제면을 잇는 주요 교통로였다. 지금도 차량으로 넘나들 수 있으며 그 아래로 **명진터널**이 나있다. 고자산고개에는 전설이 있다.

용산마을 계곡에는 용이 살았다는 용덤벙이 있고, 그 아래 절이 있어 용산을 사동[207]이라 하기도 한다.

대표적인 등산로는 용산마을 뒷길을 통해 용덤벙으로 협곡으로 오르는 길과, 고자산고개에서 능선을 타고 오르는 길, 명진마을 뒷길 또는 삼거마을 뒷길 등이 있다.

(9) 옥녀봉[208]

옥녀봉은 거제에 모두 **4곳**[209] 있다. 이들 옥녀봉에 얽힌 전설은 4곳 다 유사하다. 하늘의 옥황상제의 딸이 죄를 짓고 이곳에 내려와 산으로 변했다는 전설이다.

1) 장승포 옥녀봉

거제의 동쪽에 위치한 산으로 장승포, 옥포, 아주, 일운면 옥림 및 소동마을의 뒷산이다. 그 높이는 554.7 m로 거제도에선 비교적 높은 편이다. 이 산 아래엔 대우조선해양(옥포조선소)[210]이 들어서 있어 지역 경제의 큰 축을 담당하고 있다.

옥녀봉의 아주동쪽 산자락에는 신라시대 법률사란 절이 있었다고 한다. 이 절터 주위에서 **삼층석탑**을 발굴[211]하여 복원해 두었으며, 현재의 위치는 대우조선소 안에 있다.

---

206) 선자산(扇子山)
207) 사동(寺洞)
208) 옥녀봉(玉女峰)
209) 가조도 옥녀봉, 칠천도 옥녀봉, 아주동 옥녀봉, 둔덕 옥동 옥녀봉
210) 1973년
211) 1935년

등산로는 대우초등학교 뒤 언덕을 올라 헬기장을 통하는 길과, 일운면 옥림리 관음암, 내조암을 통하는 길 및 문동폭포를 통해 오르는 길이 있다.

옥녀봉 소동고개자락엔 일명 **미소바위**로 불리는 바위가 있어 사람의 눈길을 끌고 있다.

2) 가조도 옥녀봉

사등면 가조도 섬 북단에 우뚝 솟아 있으며, 높이 332m로 한려수도의 뱃길에 있다. 이 산에서는 임진왜란 때 일본인들이 **군마**를 조련했다. 또, 정상에다 포대를 설치하기도 하였다,

정상에는 **기우제**를 지내던 제단이 있고, 주위는 동백나무가 울창하다. 8부 능선에는 **약수샘**이 있어 아무리 가물어도 물이 마르지 않는다. 5월 단오날과 칠월칠석에는 인근 지역인들이 이 산에 올라와서 약수물을 마시고 목욕을 하였으며, 마을끼리 편을 만들어 씨름 등 각종 민속행사를 즐겼다.

3) 칠천도 옥녀봉

칠천도 중앙에 우뚝 솟아 있는 산으로, 해발 232.3 m다. 정상에는 **기우제**를 지냈다. 마산, 진해, 고성, 부산이 가깝게 보인다. 옥녀봉의 맞은편에는 **굿등산**(159.4 m)이 물안마을 뒷산의 산중턱에 널찍하게 자리잡고 있으며, 이곳에서는 마을사람들이 평안과 풍어와 안전을 비는 굿을 많이 했다.

4) 둔덕면 옥동 옥녀봉

산방산 북단에 삿갓을 엎어놓은 것같이 생긴 나지막한 산으로 옥상 윗마을 뒷산이다. 거제면 옥산으로 넘어가는 고개가 있다.

(10) 망치산[212)]

망치산은 거제의 관문인 성포항에 우뚝 솟아 있는 산이다. 높이 362 m로 사등면 언양, 장좌, 사근, 지석, 금포, 대리 뒷산이다. 사월포, 성포항을 내려다보고 있는 관망대 역할을 하며, 멀리 부산, 진해, 마산, 고성, 통영이 보이고, 이전에는 부산이나 여수로 가는 뱃길을 감시하는 초소가 있었다.

계룡산의 북단 지맥이 성포항 바닷가에서 우뚝 솟아 망을 보는 섬같이 생겼다 하여 붙여진 이름으로, 망치산에서 바다를 건너면 가조도라는 섬이 있다. 가조도는 역사적으로 군사적 요충지였다.

등산길은 사등면 대리마을 뒷길과 언양마을 뒷길, 금포마을 뒷길, 장좌마을 뒷길 등이 있다.

(11) 국사봉[213)]

옥포동, 수양동 수월리, 아주동 용소 및 내곡 뒷산이 국사봉이다. 국사봉은 높이 464 m로 두 개의 봉우리가 나란히 솟아 있다. 멀리서 보면 **조복**[214)]을 입은 신하가 어전에 읍을 하고 있는 모습이다.

산중턱에는 펑퍼짐한 농장이 있고 샘물도 있다. 수월에서 용소골로 넘어가는 길가에 큰 바위가 있으며, 계룡산에서 무를 심던 이가 뛰어 왔던 발터란 전설이 있는 바위다. 국사봉 동쪽 중봉 명당지에는 거제 반씨의 입거 시조인 반부[215)]의 묘가 있다.

---

212) 망치산(望峙山)
213) 국사봉(國士峰)
214) 조복(朝服) : 관원이 조정에 나아가 하례할 때에 입던 예복
215) 반부(潘阜)

산의 규모는 그리 크지 않지만, 거제의 모든 산들을 통솔했던 산이라 하여 국사봉이라 했다는 말이 전해 온다. **행주형**[216]의 산으로 돛을 단 배가 옥포앞 바다에 정착한 모양이다.

대우조선과 옥포만과 그리고 고현과 연초면이 산 아래에 위치하는 지역의 중심 산이다. 산은 완만하고 높지 않아 많은 사람들이 찾고 있다.

등산로는 수월마을 뒷길, 옥포 애드미럴 관광호텔 뒷길, 용소와 내곡에서 이어진다.

(12) 앵산[217]

앵산은 높이 507.4 m인 산으로, 산세가 험하여 대부분이 절벽 암반이다. 거제시청 소재지인 고현만 북쪽에 우뚝 솟아 있으며, 연초면과 하청면의 경계가 되어 준다. 앵산이라는 이름은 산 모양이 꾀꼬리 같이 생겼다고 하여 붙여졌으며, 하청면 덕곡 앞바다 먹개를 향해 날아가는 형상이다.

꾀꼬리가 바다에 있는 먹이를 노려보는 **비앵포란형**[218]의 명산으로, 예로부터 산 아래에서 학자와 예술인이 많이 나올 것이라는 얘기가 전해져 온다. 뒤쪽은 연초면 한내마을이며, 앵산의 좌청룡 날갯죽지에 해당하는 곳에는 고려시대 하청 북사[219]가 있었다. **북사**에 있던 동종은 공민왕7년(1358) 왜구가 약탈하여 사가현 승낙사에 보존하고, 지금은 일본 중요 문화재로 등록되어 있다.

절터 옆에는 약수가 있으며, 이 약수는 유계마을이 지금도 공동식수로 사용하고 있다.

북사 아래는 조선시대 정수사가 있었고, 그 절터에다 1980년대 **광청사**라는 절을 창건하여 지금도 있다. 예전의 정수사 부도 탑, 맷돌, 물레방아의 확(절구통)이 아직도 남아 있다.

앵산은 자작나무가 자생하고 있으며, 절터 근방에는 대나무 숲이 울창하게 있다.

등산길은 광청사 뒷길, 석포리마을 뒷길, 한내 돌샘으로 오르는 길, 한곡마을뒷길 등이 있다.

---

216) 행주형(行舟形) : 물길을 해치고 나아가는 배의 형상을 한 혈
217) 앵산(鶯山)
218) 비앵포란형(飛鶯抱卵形) : 꾀꼬리가 알을 품고 나는 혈로 학자와 예술인이 많이 나온다.
219) 북사(北寺)

(13) 망산

망산이라는 이름의 산은 거제도에 모두 **3곳**에 있다.

1) 남부면 망산

남부면 망산(375 m)의 정상에는 **천하일경**이라는 푯말이 있어 경관에 대한 자부심이 엿보인다. 남쪽 끝자락 남부면 저구리에 위치한 산이다. 거제도의 많은 산들 중에서도 조망이 뛰어난 셈이다.

망산의 아래로 대병대도를 비롯한 작은 섬들이 가까이 있어 보는 이들마다 감탄을 하고, 전국의 많은 등산애호가들이 찾는 산이기도 하다.

남부면 망산은 **내봉산**(359 m)과 한 줄기로 연결되어 있으며, 망산의 정상부에는 기암괴석이 발달하여, **홍포만물상**[220]이라고 부르기도 한다.

2) 예구 망산

이 산은 예구, 공곶이의 뒷산으로 높이가 303 m에 이르며, 북쪽에 있는 지세포 봉수대와는 약 5 ㎞를 넘지 않는 위치다. 이에 따라 와현 봉수대에서 지세포 봉수대, 옥녀봉 봉수대, 강망산 봉수대와 이어진다. 산의 꼭대기를 잘 다듬고 나서 원형의 방호벽을 쌓았으며, 돌로 만든 방호벽은 그 크기가 크고 가지런하며 짜임새가 있다. 방호벽은 잘 보존되어 있는 편이고, 봉화부는 붕괴되었지만 출입 계단시설이 아직도 남아 있다. 이 봉수대에서는 남쪽 바다를 직접 바라볼 수 있어 중요한 시설로 이용되었다. **경상남도기념물 제243호**로 지정되었다.[221]

3) 장승포 망산

높이 220 m로 장승포동과 능포동에 걸쳐 있다. 여기서는 대마도가 어느 곳보다 가깝게 보인다. 남쪽으로 지심도가 가깝고, 수평선이 길게 보여, 지역민들로부터 사랑을 받고 있다. 이 산에는 매화가 많아 **매화골**이란 이름으로 구분되어 불리며, 산 정상부

---

220) 조선지지자료, 해동지도
221) 2002년 8월 14일

의 바위들은 달문바위, 책상바위, 시루떡바위 등으로 불린다. 또 남쪽 바다쪽의 등산로에는 최근에 **삼족오**가 새겨진 바위가 있으며, 인근 암자인 해원암에는 **해수관세음보살**과 **문수동자**가 새겨져 있다.

46 해수욕장

(1) 흑진주 몽돌해수욕장

거제도 남동쪽, 동부면 학동에는 해변 면적 3만㎢, 길이 1.2km, 폭 50m인 전국적으로 알려진 해수욕장이 있다. 거제시의 상징이기도 한 몽돌이 깔린 해변은 해수욕장으로 활용되며 학동몽돌해수욕장, 학동해수욕장 또는 흑진주 몽돌해수욕장 등으로 불린다.

해안가의 잔돌 위를 넘나드는 물과 몽돌이 내는 소리는 파도소리와 어울려 환상적이며, 우리나라 **자연의 소리 100선**에 선정되기도 하였다. 따뜻한 수온과 시원하게 펼쳐진 수평선 그리고 노자산의 장엄함 등으로 연중 여행객들이 붐빈다.

학동이라는 이름은 학이 날아오르는 지형이라는 것에서 유래되었다. 해수욕장 한쪽으로는 해안을 따라 3㎞에 걸쳐 **천연기념물 제233호인 동백림**이 있으며, 이 곳은 세계 최대 규모의 **팔색조 번식지**로 유명하다.

해금강(명승 2호), 외도 등과 어울려 비경에 속한다. 이외에도 한려해상국립공원과 **아비도래지**(천연기념물 227호) 등 관광지가 연접하여 명소가 되고 있다.

거제도의 대표 관광지답게 많은 숙박업체와 대형식당이 있어 편리한 휴식이 가능하며, 별도의 텐트장을 마련하고 있고, 이곳과 연계된 거제관광은 다양하여 거제도의 상징적 위치를 차지하고 있다.

다만, 흑진주를 닮은 작은 몽돌은 탐방객들에게 호기심과 탐심을 유발하여 자꾸 줄어드는 경향이라, 마을에서는 이를 보존하는 데 심혈을 기울이고 있다.

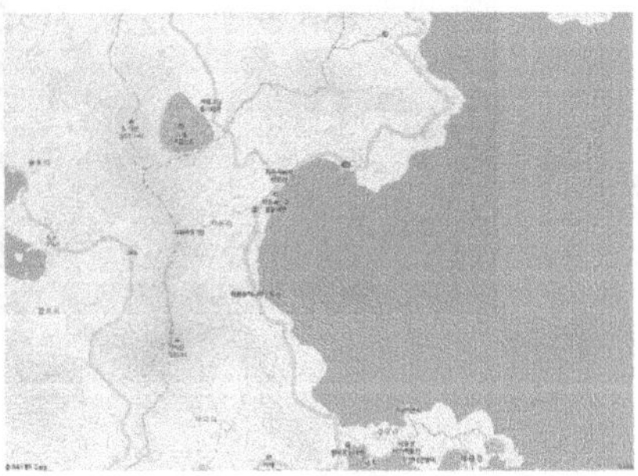

(2) 구조라해수욕장

거제시 일운면 구조라리에 있는 해수욕장으로 바닷물의 온도가 일정하며, 깨끗하고 백사장이 좋고, 생해산물의 생산지로도 유명하다. 1968년 12월 31일 한려해상국립공원 관리공단 문화재로 지정되었다. 구조라는 동부면 학동과 일운면 와현 사이에 위치하고 있으며, 학동에서 동쪽으로 10㎞ 거리에 있고, 해안길이는 1㎞에 이른다.

자연환경은 내륙형 해안으로 길게 뻗어 백사장 수심이 얕고 파도가 잔잔하며, 바닷물이 항상 청정하다. 해변 왼쪽으로 구조라 마을이 있고, 오른 쪽으로는 다양한 숙박업체가 있으며, 마을너머엔 어항과 유람선 선착장이 있다. 또, 서쪽 해변 앞에는 1㎢ 가량의 작은 섬인 윤돌도가 자리잡고 있다. 해안을 따라 한려해상국립공원으로 지정되었으며 대마도를 바라볼 수도 있다. 부근에는 와현해수욕장이 있다.

해수욕장에는 스킨스쿠버, 제트스키 등 해양 레포츠를 즐길 수 있는 시설이 설치되어 있으며, 해양스포츠 행사인 **'바다로세계로'** 축제 시기에는 많은 외국인 관광객이 찾고 있다. 특히, 젊은 층의 피서객이 즐겨 찾는다.

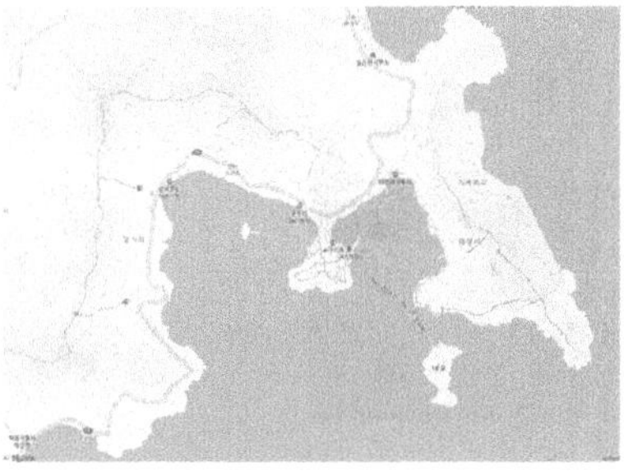

(3) 명사해수욕장

남부면 저구리 명사마을 앞에는 맑고 고운 모래가 완만한 경사를 이루며 유리알 같이 빛나고 있다. 주위에는 천년 노송이 우거져 있다. 물이 맑고 모래가 고와 그 이름을 명사해수욕장이라 하며, 해안 가까이는 낚시터로도 유명하다. 해변을 돌아 홍포, 여차 등의 임도를 따라 다도해를 관광할 수 있다.

명사해수욕장의 길이는 350 m 정도며 수심이 낮아 어린이나 노약자에게도 불편함이 없다.

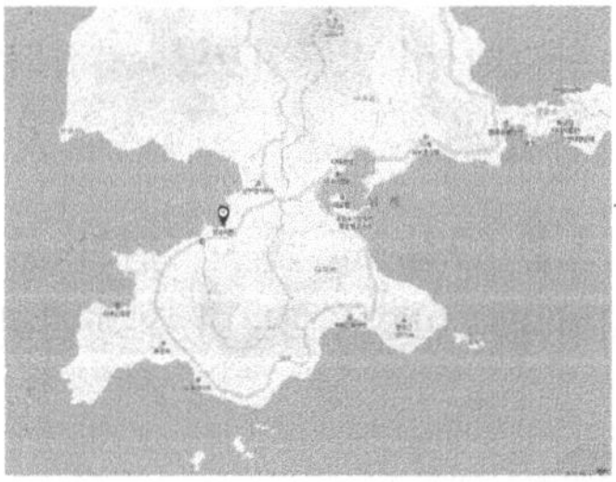

(4) 농소해수욕장

장목면 소재지에서 관포를 지나 7㎞지점에 거제에서 가장 긴 2㎞의 몽돌 해변이 있다. 해변에는 새알 같이 둥글고 작은 몽돌이 펼쳐져 있어 몽돌 찜질, 지압과 함께 해수욕하기에 좋고, 주위에 낚시터로 유명한 백도 등 작은 섬들이 있다. 대금산이 가깝다.

거가대교를 통해 오는 경우, 관포에서 나와 농소방향으로 되돌아오는 방향에 있으며, 부산 쪽이 바라다 보인다.

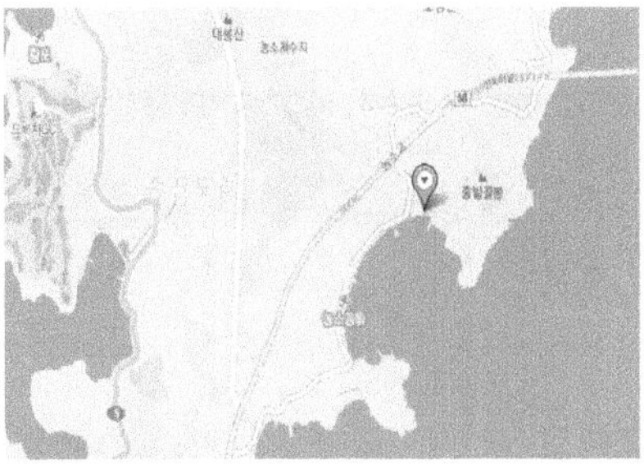

(5) 덕원해수욕장

거제도 동부면사무소에서 가배마을 **가배량성** 아래에 있는 해수욕장으로 인근에 **문화관광농원**이 위치하고 있으며, KT수련원이 해수욕장 뒤편에 자리하고 있다. 이 해수욕장은 가는 모래로 구성되었으며, 그다지 큰 편은 아니어서 가족단위로 호젓한 시간을 보낼 수 있는 곳이다. 해수욕장 왼편에는 바위부분이 있어 볼거리가 있다.

가까운 곳에는 경상남도 기념물 제110호로 지정되어 보호되고 있는 **가배량성**이 있으며, 바다 쪽에는 **한산도**와 **추봉도**가 있다.

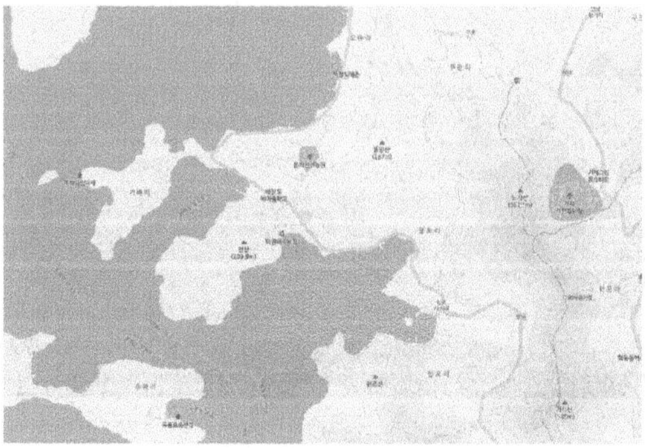

(6) 덕포해수욕장

옥포동 덕포 하덕마을에 위치한 덕포해수욕장은 모래가 곱고 물이 깨끗하며, 경사가 완만하여 가족 단위로 많이 찾는 곳이다. 경상남도 지정 문화재(기념물 제95호)인 **이팝나무**가 인근에 있으며, 인접한 **팔랑포**에는 **옥포대첩기념공원**이 있다. 그리고 해수욕장내 송림이 우거져 있어 해수욕장의 운치를 더하여 준다.

덕포해수욕장의 길이는 450 m 정도며 겨울에는 펭귄축제가 열린다.

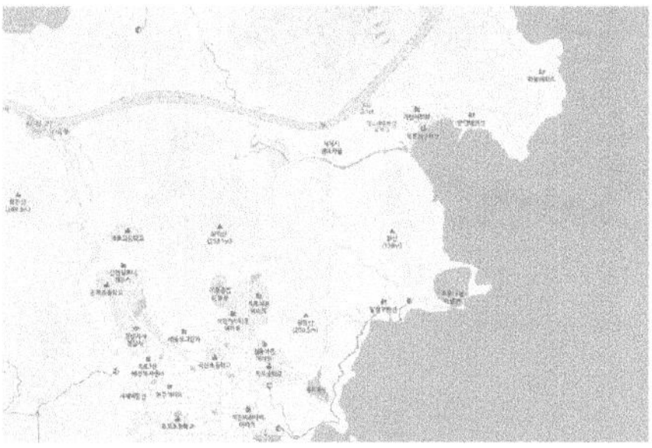

(7) 칠천도 물안(옆개)해수욕장

하청면 칠천도에 위치한 물안(옆개)해수욕장은 모래가 곱고 물이 맑고 잔잔하다. 규모는 작지만 해안변이 완만하며, 칠천연육교가 개통된 이후 교통이 편리하여 가족단위의 피서객이 많이 찾고 있다.

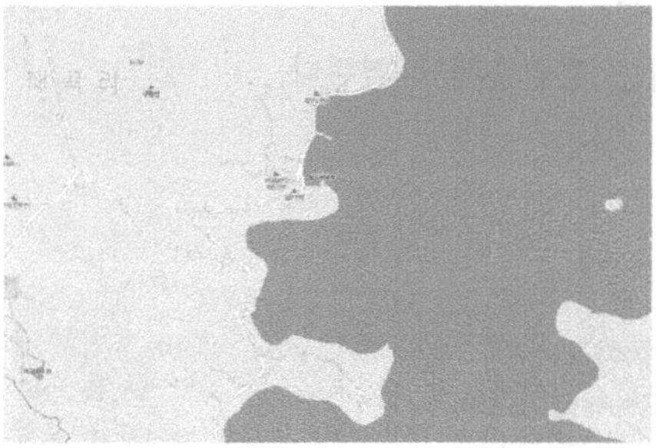

(8) 여차몽돌해수욕장

거제시 남부면 여차리에 위치하고 있으며, 예전에는 **계창포**라 하였다. 현재 지명 **여차**는 조선조말 족보 묘자리 기록에 나타나고 있어 약 1백년 전에 사용되었던 것으로 추정된다. 이곳이 몽돌밭 관광지로 알려지게 된 것은, 1981년 새마을 사업 관광지로 공사하면서 부터다. 마을은 경사진 산지에 위치하며, 곳곳이 기암절벽으로 경관을 자랑하고 있다.

여차마을을 돌아 홍포로 가는 길은 뛰어난 비경이다. 해수욕장 왼편에는 **천장산**이 있고, 오른편 갯바위 너머에 몽돌해수욕장이 하나 더 있으며 대·소병대도가 가까이 있다.

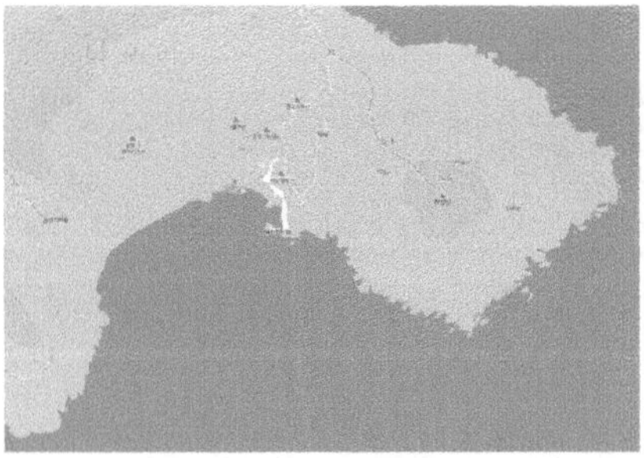

(9) 와현모래숲해수욕장

구조라와 지세포 사이에 위치한 와현모래숲해변은 모래가 곱고 물이 맑으며, 파도가 잔잔해 전국에서 피서객들이 찾는 곳이다. 특히, 어촌마을의 풍경이 아늑하고 포근하며 주변경치가 아름답다. 2003년 **태풍 매미**에 의해 폐허가 되었으나 완벽한 복구로 현재의 해수욕장이 조성되었다. 가까운 곳에는 **공곶지**가 있고, 바다 쪽으로는 **외도**가 보인다.

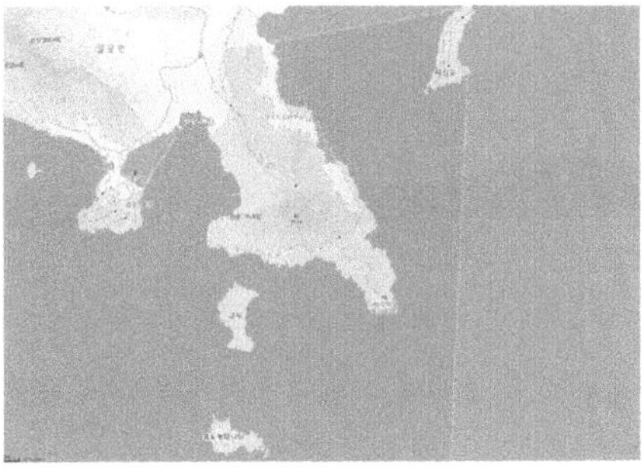

(10) 함목몽돌해수욕장

해금강 입구에 위치한 작은 몽돌해수욕장으로 조약돌이 형형색색으로 빛나며 이국적 정취가 있다. 주변으로는 해금강, 바람의언덕, 신선대, 우제봉 등이 있다.

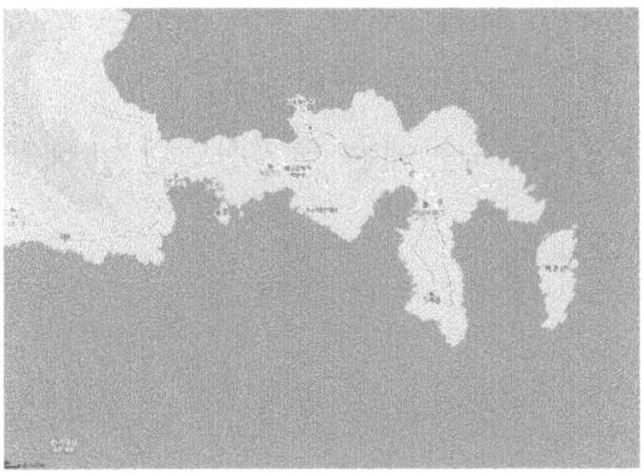

(11) 황포해수욕장

장목면 소재지에서 송진포를 지나 약 5 km지점 황포마을의 풍류골에 위치한다. 해수욕장의 모래는 **마사**로 이뤄지며, 바다라는 느낌보다는 잔잔한 호수 같은 분위기다. 해수욕장 앞에는 **괭이섬(광지말도)**이 바라다 보이며 뒤편엔 **골프장**이 있다.

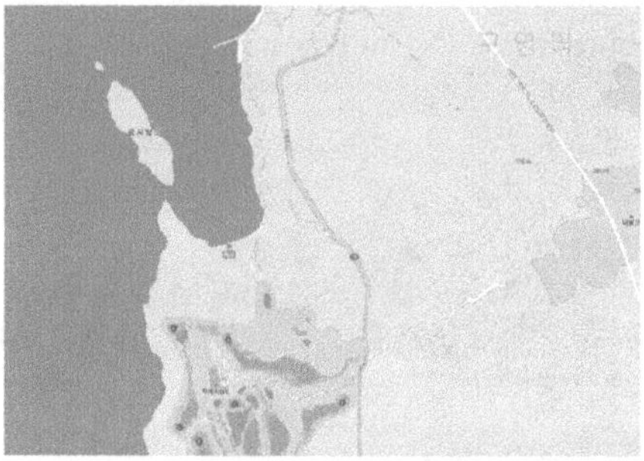

(12) 사곡(모래실)해수욕장

사등면 사곡리는 동남쪽 산 너머에 고현이 있고, 서쪽으로는 거제면이 있으며, 서북쪽은 통영을 향한다. 고현에는 삼성중공업이 있어 국도 14호 고현고개의 교통은 항상 분주하다.

이 고현 고개의 사등면 쪽으로 긴 경사의 끝자락이 모래실이다. 해수욕장은 모래로 구성되었다. 해변의 왼편에는 **사등공단**이 있으며, 앞에는 사두도(뱀머리섬)가 있다. 가까이 고현동 등 4개동이 있어 해수욕장을 찾는 이가 많다. 최근에는 국가산업단지 **해양플랜트산단**의 위치로 지정되었다.

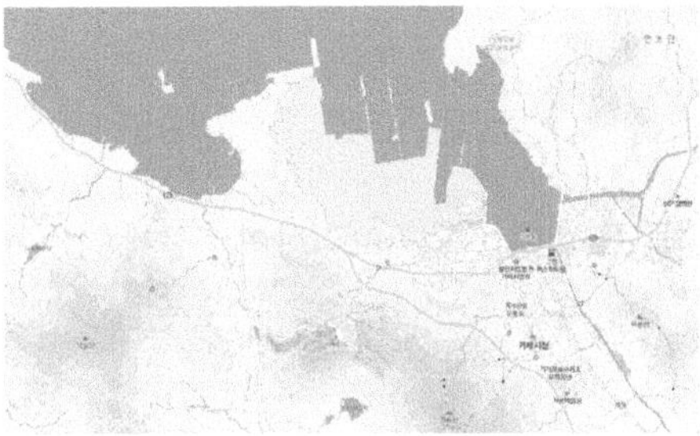

47 섬앤섬길

거제도는 2011년 제주도의 **올레길**, 지리산 **둘레길** 등을 고려하여, 전체 18구간의 265.7 km로 이어지는 섬앤섬길의 기본계획을 수립하였다. 이들 중 대부분은 국가보조사업으로 진행된다.

권 역	구간명	구간경로	길이
북부권	대봉산해안경관산책길	장목 상유~황포	5.8 km
	칠천량해전길	옆개해수욕장~칠천해전기념공원	5.4 km
	맹종죽순체험길	맹종죽테마파크~실전	2.9 km
	앵상꾀꼬리길	유계교회~해안마을	7.3 km
	대금산진달래길(등산)	대금방파제~외포 삼거리 임도	5.4 km
	대금산진달래길(트래킹)	명상~외포	5.8 km
서부권	가조도노을길	가조연육교	15.0 km
	고려촌문화체험길	오량~옥동	21.0 km
	산달도해안일주길	산달선착장	7.0 km
	거제역사문화탐방길	동부산촌~거제면사무소	9.2 km
	계룡산둘레길	공고~산림욕장~고자산치~공고	18.1 km
중부권	충무공이순신만나러가는길	옥포항~김영삼대통령생가	8.3 km
	양지암등대길(녹색경관길)	거제대학교~느태전망대	24.7 km
남부권	천주교순례길 (국토생태탐방로 1노선)	예구선착장~지세포성	8.5 km
	지세포성탐방길 (국토생태탐방로 2노선)	지세포성~대명콘도	5.2 km
	학동동백숲길	학동흑진주몽돌해변~다대	5.5 km
	바람의언덕길	도장포~해금강입구	3.5 km
	무지개길	쌍근(탑포재)~홍포	21.8 km
	종주코스	망산~가라산~노자산~북병산~국사봉~대금산~앵산	53.7 km
	횡단코스	산방산~계룡산~선자산~북병산~지세포망산	35.7 km

48 부속섬

섬은 물로 완전히 둘러싸인 땅으로 대륙보다 작고 암초보다 큰 것을 말한다. 특히 사람이 살고 있는 섬은 **유인도**라 하고, 사람이 살 수 없거나 살지 않는 섬은 **무인도**라고 한다.

적당히 큰 섬은 **도(island)**[222]라 하고, 작은 섬은 **서(islet)**[223]라 하며, 이 둘을 통칭한 것이 **도서**다.

섬의 개념은 바다물이나 육지물로 둘러싸여 있는 땅이다
거제는 서남에서 동쪽으로 해안선이 길고 그 연안에 많은 섬들이 있다

세계에서 가장 큰 섬은 덴마크의 속령인 **그린란드**고, 아시아에서 가장 큰 섬은 인도네시아와 말레이시아, 브루나이가 각각 분할 통치하고 있는 섬인 **보르네오**다. 중국에서는 **하이난섬**이 가장 크다. 또 우리나라에서 가장 큰 섬은 **제주도**다. 한편, 세계에서 가장 작은 섬은 영국 콘월 주 실리제도에 위치한 **비숍록**[224]이다.

[비숍록]

222) 도(島, island)
223) 서(嶼, islet)
224) 대서양에 있는 등대로 유명한 아주 작은 섬. 영국의 콘월 반도에서 45kmi)에 있는 실리 제도의 가장 서쪽의 부위에 위치. 헬리패드가 설치되기 전, 등대 방문객은 건물 위, 섬 아래에서 기다린 후 보트까지 윈치와 밧줄로 내려가야 했다. 20세기 초반 동안 원양 정기선에 쓰인 북대서양 항로의 동쪽 끝에도 있으나 서쪽 끝은 뉴욕 베이만의 입구다.

거제의 남서쪽 해상에 있는 통영의 섬들은 거제사람들의 어업 생활권이다. 남부면 갈곶리 해금강에서 약 21㎞ 떨어져 있는 높이 106m의 **홍도**를 비롯하여, 많은 섬들이 펼쳐진 **열도**[225]는 다도해의 비경지로 관광자원이 된다. 홍도는 남해안의 갈매기 서식지로 보호되고 있고, 서쪽과 동쪽, 남쪽에 있는 섬의 항만은 풍랑을 막아서 작은 배는 정박할 수 있다. 조선시대까지는 이 섬이 거제에 속해 있었다.

축파수도[226]는 남부면 대포나 홍포에서 통영 욕지도까지의 뱃길이다. 대포 망산에서 5,800m 떨어진 대매물도와 8,300m 거리에 있는 소매물도는 통영군에 속해 있는 섬이다. 대매물도 북단에는 어유도가 있다.

매물도는 한산면 매죽리에 속한 대매물도, 소매물도, 등대도(글씽이섬) 등 3개의 섬을 통틀어 말한다. 소매물도와 등대도의 해안암벽은 장관이다. 본섬인 소매물도는 면적이 2.51㎢에 불과한 작은 섬으로 이외에도 대매물도, 홍도, 등대섬(해금도), 대구을비도, 소구을비도 등이 모두 여기에 딸린 섬이다.

소매물도의 마을 뒤편의 비탈길을 따라 15분 정도 올라가면 소매물도의 최고봉인 **망태봉** 정상에 이른다. **등대섬**을 비롯해 많은 통영의 섬들과 거제 해금강이 내려다보이는 천연전망대가 있고, 천연전망대는 천태만상의 기암괴석으로 이루어져 있다. 용바위, 부처바위, 깎아지른 병풍바위, 목을 내민 거북바위, 촛대바위 등이 둘러섰고, 사이사이 바위굴이 있으며 **글씽이굴**은 작은 배가 다닐 수도 있다.

소매물도에서 등대섬으로 가는 길의 몽돌밭은 하루 두 번씩 본섬과의 길이 열려 모세의 바닷길로 불린다. 소매물도나 등대섬은 갯바위 낚시터로 봄여름에는 참돔, 농어, 볼락, 돌돔, 가을. 겨울에는 삼치, 감성돔 등이 많이 난다.

대매물도의 동서 길이는 2.8㎞, 폭 740m, 최고봉은 196m의 장군봉이다. 동쪽의 작은 만에는 배가 정박할 수 있다. 매물도에서 동남쪽으로 약 3.3㎞ 해상에 **등가도**가 있고, 서쪽으로 약 8㎞ 떨어진 곳에 **소지도**가 있다. 이 섬의 높이는 132m다. 그리고 남쪽 6~8㎞ 지점에는 **대구을비도**[227]와 **소구을비도**[228] 등이 있다. 매물도의 남서방 약

---

225) 열도(列島) : 섬들이 열을 지어 분포하는 것으로, 열점으로부터 형성된 열도(예: 하와이 열도)와 해구의 육지 쪽으로 형성된 호상열도(예: 크릴 열도)가 있음

226) 축파수도(築波水島) : 경상남도 통영시, 삼천포시, 거제시, 통영시, 하동군, 남해군과 전라남도 여수시의 2개 도, 7개 시·군에 걸쳐 있는 남해 바다를 한려해상국립공원으로 1968년 지정하고, 거제 남부면 대포, 홍포에서 통영 욕지도까지 해로

227) 대구을비도(大九乙非島)

228) 소구을비도(小九乙非島)

1.5 ㎞에 높이 324 m의 험한 **국도**[229]가 있고, 국도의 서북서방에 약 8.3 ㎞ 지점에는 남북으로 줄지은 **좌사리제도**[230]가 있다.

국도는 대포 망산각에서 20,840 m로 서남에서 동북으로 길게 놓여 있다. 소매물도와 국도 중간 지점에 대구을비도와 소구을비도가 있다. 소지도는 망산각에서 11,780 m 서남에 있으며, 대소매물도와 국도, 연화도의 중심에 있다.

연화수도는 연화도와 욕지도 사이 해로를 말한다. **연화도**를 중심으로 하여 우도, 우서, 북뢰, 마뢰, 봉도, 적도를 **연화열도**[231]라 하고, 남도, 하서, 하노대도, 노대도, 사이도, 소두방서 일대를 욕지도 북단의 **노대군도**라 한다.

우도는 대포 망산각에서 21,200 m, 적도는 24,000 m, 봉도 25,000 m, 욕지도 26,400 m, 초도 26,300 m, 소초도 24,700 m, 좌사리도는 25,000 m 거리다. 연화도의 동북 약 5.5 ㎞에는 **외부지도**[232]는 남부 근포에서 16,700 m, **내부지도**[233]는 근포에서 16,800 m, 연대도는 근포에서 16,200 m, 오곡도는 근포에서 14,000 m에 있고, 연화도 그 서북방에 노대군도[234]다. 그사이는 높이 95m의 **봉도**가 있다. **죽도**는 근포 서쪽 4,400 m에 있고, 그 너머 **용초도**가 6,450 m 거리에 있다.

장강수도는 저구만에서 장사도를 지나 봉암도와 용초도 사이 뱃길을 말한다. 대포 망산각에서 서남으로 200 m 떨어진 긴 뱀의 모양을 하고 있는 **장사도**[235]는 높이 105 m다. 동단에 소덕도와 대덕도가 나란히 있다. 장사도 서북방에 죽도와 용초도가 있고, 용초도 동쪽에 비진도가 있다.

욕지도는 감귤재배와 고구마 산지로 유명하고, 대포 망산각에서 26,400 m거리의 거제 서남단에 있는 섬이다. 길이는 약 6.5㎞, 남북의 폭이 약 3.7㎞의 비교적 큰 섬이다. 해안의 굴곡이 심하고 북쪽 해안은 배의 접안이 가능한 어항이 있고, 섬의 정상은 서쪽으로 기울어진 지형의 천왕봉이 있다. 욕지도의 동남 해안에는 초도와 소초도가 있고, 남서방 약 6.5㎞ 해역에 127 m 높이의 갈도가 있다.

---

229) 국도(國島)
230) 좌사리제도(佐沙里諸島)
231) 소지도의 서방 약 8 ㎞에는 높이 216 m의 연화도 및 반도 등을 포함
232) 외부지도(外夫支島)
233) 내부지도(內夫支島)
234) 노대군도(老大群島)
235) 장사도(長蛇島)

한산수도는 거제의 남부면 율포만, 가배만에서 한산도 북단 통영까지의 수로다. 남부면 쌍근 서쪽에는 봉암도가 있고 높이 256 m의 추봉리 망산과 238 m의 대봉산이 동서로 자리하고 있다. 그 북단은 어항으로 발달하였으며, 서쪽은 한산도와 접하고 있다. 6·25 동란 때는 이 섬에 악질 포로를 수용하였다.

가덕수도[236]는 부산 가덕에서 진해 앞까지의 뱃길이며, 거제 장목면 유호마을 앞과 가덕 사이에 있는 섬들이 **병산열도**다. 거제의 북단 장목과 부산, 진해의 해협에는 많은 섬들이 있다.

대금마을 동북 1 ㎞에는 격도, 4.1 ㎞ 백서, 4.65 ㎞ 갈산도가 있으며, 이수도에서 가덕도 동두발까지는 8.8 ㎞, 외포 북형제도 22.5 ㎞, 남형제도 21.5 ㎞, 외포북동방에는 목도가 24.5 ㎞ 정도에 있다.

부도수도[237]는 진해항 입구에 있는 부도를 중심으로 한 뱃길로, 이는 진해 해군기지의 출입항로가 된다. 장목면 황포마을의 광지말에서 북쪽으로 잠도가 1.83 ㎞에 있으며, 부도는 6.2 ㎞, 서도는 8.7 ㎞, 황포마을 북서에서 진해만으로는 10.8 ㎞에 남도가 있고, 11.5 ㎞에는 송도가 있다.

황포마을 황포해수욕장 서쪽 끝에는 **딴섬**이 있으며, 광지말 서북에서 4.7 ㎞엔 **실리도**가 있고 그 높이는 85 m 정도다.

부도수도 중앙에 가로놓인 **가마섬**[238]은 높이 98 m로 이 부근에서는 제일 큰 섬에 해당한다. 동쪽의 진해만 입구의 동단 사이에는 **꽃섬**이 있다.

부도의 북서쪽 마산항 입구 3.7 ㎞에는 입구소모도가 있으며, 남쪽으로 염포만 입구 남단에서 그 북쪽에는 **송아도**, 서쪽에 길이 980 m, 폭 550 m, 높이 65 m의 **누애섬**[239]이 있다.

칠천도 연구리 앞 통영항로 뱃길에는 **대광이도, 소광이도**가 있다. 섬의 생김이 귀와 같아서 생긴 이름이다. 대광이도는 연구리에서 4.2 ㎞ 정도며, 소광이도는 3.5 ㎞ 떨어져 있다.

236) 가덕수도(加德水道)
237) 부도수도(釜島水道)
238) 가마섬(釜島)
239) 누애섬(蠶島또는 臥島)

대곡마을의 서북에는 유인도인 **황덕도**가 160 m 정도 가까이 있으며, 연육교가 건설되어 지금은 차량으로도 왕래가 가능하다.

칠천도 남쪽으로는 **슬능도**가 있고, 가조도 신호 서쪽엔 2.2 ㎞에 **수도**가 있으며, 2.5 ㎞엔 **어이도**가 있고, 창촌마을 신호에서 7.1 ㎞ 쯤에 **저도**가 있고, 6.5 ㎞ 떨어진 **춘도**, 7 ㎞에 **입도**, 5.7 ㎞ 떨어져 **형제도**가 있다.

사등면 지석마을의 서쪽으로 2.15 ㎞엔 **미도**가 있고, 2.76 ㎞에는 **호도**가 있다.

한편, 견내량 해협에는 신계 후포 앞에 있는 섬이 **지도**로 신계에서 3.3 ㎞ 정도 떨어져 있으며, 5.15 ㎞엔 **고도**가, 3.9 ㎞쯤 **시연도**, 사등면 오량마을 서쪽 **명등도**는 오량마을에서 840 m 정도에 있다.

신계에서 350 m에 **고개도**가 있으며, 광도마을 560 m 북쪽방향엔 **해간도**가 있어, 최근엔 매우 사람의 출입이 잦다. 둔덕면 학산마을 460 m에 **대류도**가 있고, 390 m 쯤엔 **소류도**가 있으며, **사서**는 1.53 ㎞ 떨어져 있다.

[거제의 부속섬] (단위 : m, ㎡)

면동	리동	도서명	해안선길이	면적	유인도
장평동	장평	죽도	630	18,522	
	장평	유자섬	170	2,975	
일운면	구조라	윤돌도	360	2,975	
	와현	내도	2,650	254,470	유
		외도	1,450	146,139	관리인거주
		외도 동도	690		
	옥림	지심도	3,580	336,086	유
동부면	오송	솔도(큰솔섬)	450	12,992	
	가배	구도	900	47,363	
거제면	법동	고승도	280	5,256	
		복도	160	2,083	
		산달도	7,060	2,547,735	유
	소랑	전도	70	298	
	오수	소송도 (작은솔섬)	400	9,813	
둔덕면	술역	항도	395	8,232	
		화도	7,160	1,022,926	유
		방화도	1,460	33,137	
	학산	유대도	270	11,009	
	어구	소록도	1,400	84,978	
사등면	오량	등대도	1,460	49,487	
		소고개도	280	4,364	유
	창호	가도	540	9,515	
		계도	700	15,273	유
		범벅도	360	8,331	
		장도	400	6,029	
		취도	190	1,884	
		만금포도	36	79	
		가조도	17,880	5,782,563	유
		멍애섬	270	9,515	
		노루섬	240	6,029	
	사곡	사두도(뱀섬)	750	20,939	

(다음 페이지에 계속)

(단위 : m, ㎡)

면동	리동	도서명	해안선길이	면적	유인도
하청면	석포	항도(목도)	470	12,496	
	연구	씨릉도	1,840	81,236	
		동굴도	170	2,281	
		소광이도	420	9,025	
		대광이도	360	17,058	
	대곡	려봉도	1,500	82,258	
	어온 대곡 연구	칠천도	36,940	5,782,563	유
		황덕도	2,940	215,082	유
장목면	장목	대핍북도	390	9,521	
		소핍북도	240	3,868	
	구영	광지말도	900	35,802	
	관포	각도	230	4,066	
	시방	백사도	220	3,426	
		백여도	280	4,922	
		갈산도	280	5,713	
	외포	대동도	200	2,896	
		소동도	120	922	
	유호	망와도	450	15,074	
		저도	3,150	434,181	
	시방	이수도	2,600	37,587	유
남부면	다포	대병대도	2,610	84,132	
		소병대도	1,070	26,480	
		다포도	510	10,011	
	탑포	죽도	460	10,810	
	갈곶	송도	380	8,331	
		갈곶도	1,620	121,488	
옥포동	옥포	뱀쥐섬(형제섬)	56	약 100	

49 기념나무

(1) 학동동백림과 팔색조 번식지[240)]

동부면 학동리 몽돌해수욕장에서 해금강 가는 길의 1㎞정도 구간 좌우에 늘어선 동백군락지는 국가지정 천연기념물이다. 특히, 해안쪽으로의 동백나무 숲이 더 울창하며, 이 군락지의 숲 위로는 해송이 상층림을 형성하고 있고, 주위에는 벚나무, 때죽나무, 개서어나무, 사스레피나무 등이 왕성하게 자라고 있어 동백나무가 생육하는데 지장을 줄 정도다.

해송과 이들 잡목들은 동백나무숲을 보호하기 위해 제거하고 있으며, 이는 이 지역이 팔색조 번식지로도 유명하기 때문이다.

(2) 덕포 이팝나무

덕포 이팝나무는 물푸레나무과 낙엽교목으로 1990년 1월 16일 경상남도기념물 제95호 기념물로 지정되어 있으며, 덕포마을 입구 1093번지에 높이 15 m, 가슴높이 둘레 3 m며, 수관의 동서 폭이 16 m, 남북 폭이 14 m다. 수령은 약 300년 정도로 알려져 있으며, 매년 5월 초순이 되면 꽃이 피는 모습이 흰 쌀밥을 나무 전체에 뿌려놓은 것 같아 설화를 보는 것 같은 느낌을 준다. 꽃송이가 쌀밥같다 하여 영남지방에서는 옛날부터 이밥나무라 불러 왔는데, 이팝나무라는 표준명도 여기에서 유래된 것이라고도 하고, 여름이 시작될 때인 입하에 꽃이 피기 때문에 입하목[241)]이라 부르기 시작한 것이, 입하목에서 입하나무를 거쳐 오늘의 이팝나무가 되었다는 기록도 있다.

---

240) 국가지정 천연기념물 제233호
241) 입하목(立夏木)

(3) 외간리 동백나무

거제면 외간리 433번지[242]에 동서로 각각 한 그루씩 서 있는 동백나무는 경상남도 기념물 제111호다. 나무높이는 7 m, 수관의 동서 폭 7 m, 남북 폭 6 m이고, 지상 40 cm 부위의 나무둘레는 2 m며, 수령은 약 200년으로 추정된다. 마을사람들은 이 두 그루의 동백나무를 부부나무라고 부르고 있으며, 마을을 편안하게 지켜 주는 수호목으로 받들고 있다. 매년 음력 섣달 그믐날에는 가족들의 무병장수와 마을의 평안을 기원하며 당산제를 지내 왔다.

(4) 한내리 모감주나무군

연초면 한내리 앞 바닷가에 조성된 모감주나무의 줄나무숲은 경상남도 기념물 제112호다. 모감주나무의 잎은 우상복엽[243]이며, 여름에 노란 꽃이 피고 열매는 검은 색을 띠며 콩알보다 약간 크다. 스님들은 이 열매로 염주를 만들기 때문에 염주나무 또는 보리수[244]라 한다.

---

242) 이정묵씨 집뒤 터

243) 우상복엽(pinnate compound leaf 羽狀複葉) : 잎자루의 양쪽에 작은 잎이 새의 깃 모양을 이룬 복엽을 말한다. 등나무 잎과 같은 1회 우상복엽, 자귀나무 잎과 같은 2회 우상복엽이 있다. 등나무 잎과 같이 1개의 엽축(葉軸) 양측에 작은 잎이 늘어서서 붙는 것을 1회 우상복엽, 자귀나무 잎과 같이 엽축 좌우에 측축(側軸)이 붙고 여기에 작은 잎이 붙는 것을 2회 우상복엽이라 한다.

244) 보리수(菩提樹)

불교가 번성하던 옛날 남해안을 지나가던 큰 스님이 한내리의 번창을 기원하며, 이 모감주나무들을 심었다고 전해지고 있고, 지금도 바다 바람을 막아 주고 마을사람들에게는 좋은 휴식 공간이 되고 있다. 더불어 많은 고기떼가 모여들 수 있게 하는 훌륭한 방조어부림의 역할을 하고 있다.

모감주나무는 우리나라에서 흔하지 않고 대체로 해안지방에 분포하고 있으며, 자생종이 아닌 도래된 것으로 추정되고 있다. 이 숲에는 현재 모감주나무 41그루가 남아서 자라고 있는데, 그중 가장 큰 나무는 높이가 17 m고, 가슴높이 둘레는 2 m다. 바닷가에 모감주나무를 심어서 줄나무군을 조성한 곳은 전국에서 유일하다. 예전에는 이 나무아래에서 풍어를 비는 제사를 지내기도 했다.

(5) 명진리 느티나무

경상남도 기념물 제113호로 지정된 이 나무는, 옛날 명진현이 있던 거제면 명진리 마을앞 들 가운데 서 있으며, 높이 14 m, 가슴높이 둘레 7.7 m, 수관은 동서 23 m, 남북 20 m, 수령은 약 600년 정도다. 느티나무는 느릅나무과의 낙엽활엽 교목으로서, 예부터 어린잎은 떡을 찔 때 넣기도 했다.

명진리의 이 나무는 다른 느티나무와 다르게 줄기의 밑둥치가 육각형으로 되어 있으며, 여름이면 마을사람들의 휴식공간이 될 뿐 아니라 마을의 운치를 한층 더해 주는 풍치목이다.

마을사람들은 이 나무가 명진리를 지켜 주는 수호목이라고 믿고 매년 섣달 그믐날에 당산제를 지내왔으며, 갓 시집온 새색시들은 제일 먼저 이 나무 밑에 와서 고신제를 지냄으로써 가정의 평안과 좋은 부부금실이 유지되기를 기원했다.

(6) 명동리 은행나무

이 나무는 거제시 보호수 제1호로, 높이 25 m, 가슴높이 둘레 5 m, 수령은 약 300여년으로 추정된다. 명제[245]선생이 이곳에 귀양 와 있을 때 서원을 세우고, 후학을 양성하면서 기념으로 심은 나무다.

(7) 하청면 유계리 느티나무

이 나무는 거제시 보호수 제2호로, 나무높이 15 m, 가슴높이 둘레 5 m, 수령은 약 400년으로 추정하고 있다. 마을사람들은 마을의 수호목으로 섬기고 있으며, 갈회색의 미끈한 수피로 가지를 사방으로 뻗고 있어 아름다운 수형을 보이고 있다.

(8) 지세포리 느티나무

이 느티나무는 일운면 보호수 제1호로 6그루가 한자리에 모여 자라서 지금은 밑둥치 부분이 서로 엉켜 마치 한 그루의 느티나무처럼 보인다. 수령은 약 300년 정도고, 나무 높이가 18 m며, 가슴 높이 둘레는 각각 2 m~4 m씩이다. 마을의 수호목으로 보호되어 왔으며, 과거에는 이 나무 밑에서 마을의 번창과 평안을 기원하는 동제를 지냈다.

(9) 하청리 느티나무

이 느티나무의 높이는 15 m, 수령은 600여 년으로 추정되며, 가슴높이 둘레는 과거 천연기념물(제181호)로 지정되어 있었을 때는 9 m였으나, 지금은 줄기와 가지들이 거의 썩어 없어져 서편의 변재[246]부분 정보뿐이고, 그에 딸린 가지들마저도 시멘트 기둥에 의하여 지탱하고 있을 정도다. 거제에서는 가장 오래된 나무라고 전해진다.

(10) 거림리 마장마을 동백나무

마장마을은 옛날 고려 11대 의종이 마장리 뒷산 후두보산성에 피신해 있을 때, 이곳을 드나들던 관리들이 타고 온 말을 메어 두었던 곳이라 하여 마장마을이라 부르게 되었다. 마장마을에 주민의 집 뒤 돌담가에 있는 이 나무는 줄기가 세 갈래로 갈라져 자

245) 명제(明濟)
246) 변재(邊材)

라고 있으며, 나무높이 7 m, 수관 폭은 5 m정도로 생육상태는 양호한 편이다. 추정되는 수령은 250~300년 정도고, 과거 결혼식 때 이 나뭇가지를 꽃다발에 사용하면 행운이 오고 무병장수한다고 하여 주민들로부터 사랑을 받았다.

(11) 한내리 정자나무

연초면 한내리는 서향을 바라보는 지형이나 느티나무, 이팝나무, 팽나무 등 세 종류의 나무가 마을의 개울건너 공터에 아담하게 자라서 정자나무군을 형성하고 있다. 5월 초순에 만발하는 이팝나무의 쌀알 같은 흰 꽃은 장관을 이룬다. 이 나무들은 수관이 울창하고 수세가 왕성하며, 나무높이 15~20 m, 가슴높이 둘레 3~5 m, 수령 200~300년 정도로 추정된다. 주민들은 옛날부터 이들 정자나무를 마을의 수호신으로 섬겨오고 있다.

(12) 술역리 내평숲

이 숲은 둔덕면 내평마을 해안가에 있으며, 느티나무 3그루, 말채나무 4그루, 팽나무 3그루, 참느릅나무 3그루 및 해송, 고욤나무, 이팝나무가 각각 한 그루씩 모두 21그루의 큰 나무들이 서 있다. 이 숲 주위에는 벚나무, 해송, 버드나무 등 작은 나무들이 식재되어 있으며, 큰 나무들의 수령은 150~200년 정도고, 가슴높이 둘레는 2~3 m정도다.

(13) 가배리 상록수림

이 상록수림은 가배리 해안가 경사면에 위치하고 있었으나, 지금은 해안지대의 매립으로 인하여 해안으로부터 점차 멀어져지고 있다. 이곳 해안 경사면에 있는 상록수는 육박나무, 생달나무, 후박나무, 보리밥나무, 사스레피나무, 광나무, 모람, 송악, 자금우 등이며, 경사면 윗쪽 평지쪽에는 팽나무, 느티나무 등 낙엽 활엽수가 상록수보다 높게 자라서 상록수림을 점차 침입해 가고 있는 실정이다.

가배리 사람들은 옛날부터 정월 보름날이면 그해의 풍어와 마을의 평안을 기원하는 당산제를 이곳 상록수림에서 지내오고 있다.

(14) 저도 해송림

저도는 대통령 별장(청해대)으로 사용하던 섬으로, 현재는 국방부 해군에서 관할하고 있다. 섬의 남쪽 능선부위와 해안지대에는 자연식생이 잘 보호되고 있으며, 바다 쪽에는 아름드리 해송이 가득하다. 이들 해송 중에는 가슴높이 둘레가 5.0 m에 이르고, 높이가 20 m 정도며, 수령이 200년정도로 추정되는 것들이 많다.

저도는 경상남도 거제시 장목면 유호리에 속한 섬으로 거가대교가 지나고 있고, 면적은 43만 4181 ㎡며, 해안선 길이는 3.15 ㎞다. 거제도 북단에서 1㎞ 정도 떨어져 있는 섬으로, 영조45년(1779) 방리 개편 때 하청면에 속한 12방 가운데 하나가 되었고, 고종 26년(1889) 리제 개편 때는 하청면의 15개 리에 속하였다. 1909년 하청면에서 분리되어 신설된 장목면에 편입되었고, 1915년 상유리와 하유리 등과 함께 유호리로 통합되었다. 명칭은 섬의 모양이 돼지가 누워 있는 형상이라 하여 붙여진 것이며 **도섬**이라고도 한다.

저도에는 2층 규모의 청해대 본관과 경호원 숙소, 관리요원 숙소, 장병 숙소, 자가발전소, 팔각정과 산책로, 전망대, 9홀 규모의 골프장과 해안에 200여 m의 인공 백사장 등이 조성되어 있다. 섬의 남쪽 능선 부위와 해안지대에는 자연식생이 잘 보호되고 있으며, 총길이 8.2 ㎞의 거가대교가 개통[247]되어 부산광역시에서 가덕도, 대죽도, 중죽도, 저도를 거쳐 거제도와 연결됨으로써 거제 동부 지역의 대표적 관광자원으로 꼽힌다.

저도의 소유권을 이관 받아 새로운 관광지로 개발해야 한다는 주장이 높다.

---

247) 2010년

(15) 학동리 수산마을 감나무

주민들이 당산나무라고 부르는 이 나무는 가슴높이 둘레가 1.63 m, 수고는 9 m, 수령은 약 150년 정도로서 동부면 수산마을 사람들은 이 나무 바로 옆에 서 있는 팽나무와 함께 마을의 수호신으로 섬기고 있다. 마을의 당산제도 이 나무 밑에서 지내왔다.

(16) 맹종죽 숲

맹종죽은 중국이 원산지로 오래전 우리나라에 수입되어 남부지방에서 경제수종으로 심고 있는 대나무다. 나무높이는 10~20 m에 달하며, 굵기는 직경이 8~20 cm로서 대나무 자체는 필통이나 죽세공품 및 어장목으로 사용할 수 있지만, 죽순생산을 주목적으로 재배한다.

맹종죽의 죽순은 맛이 담백하고 연한 섬유질로 되어 있기 때문에 고급요리에 사용되며, 최근에는 건강식품으로 각광을 받으며 통조림 등으로 가공되어 국내는 물론 수출까지 하고 있다. 이렇듯 경제성이 높은 맹종죽은 하청면과 장목면 일대에서 생육되며 우리나라 최대 생산지가 되었다.

맹종죽은 **호남죽, 죽순죽, 일본죽** 또는 **모죽**이라고도 한다. 최대 높이 20 m 이상 자라며 지름은 20 cm 정도로 대나무 중 가장 굵다. 주산지는 한반도 남부 지역으로 죽피에 흑갈색의 반점이 있는데다 윤기가 적으며 매우 단단하다. 탄력성이 적어 부러지기 쉬운 단점이 있어 주로 동공을 그대로 사용하는 일이 많다. 특히, 속이 비고 밑둥이 굵기 때문에 사용에 편리한 점이 많아 표면에 음각이나 양각을 하는 장식재료로도 많이 사용된다.

맹종죽순은 그냥 죽순이라고도 하며, 커다란 짐승 뿔이 솟아나듯 올라온다. 죽순은 여러 가지 요리에 쓰이며, 데쳐서 초고추장에 찍어 먹거나 고추장에 무치거나 볶기도 한다. 추어탕이나 국을 끓일 때 넣어도 좋고 말렸다가 식재료로 사용하기도 하고, 장아찌로도 담근다.

(17) 거제시 노거수 및 보호수 지정현황

품목	번호	지정	구분	위치	수종	수령	수고	가슴둘레
시목	12-19-1	1982	정자목	일운면 소동리	느티나무	300	18	6.5
	12-19-2			연초면 명동리	은행나무	300	17	3.7
	12-19-3			하청면 서대	느티나무	400	15	6.0
	12-19-4			능포동 옥명	팽나무	300	13	4.5
	12-19-5			아주동 탑곡	팽나무	300	14	3.5
면목	12-19-5-2	1982	정자목	거제면 서상리	느티나무	370	8	4.5
	12-19-9-3			하청면 서상	느티나무	250	15	6.5
마을나무	12-19-1-4-1	1982	정자목	상문동 문동	팽나무	250	15	3.5
	12-19-6-6-1			둔덕면 상둔	팽나무	160	15	3.4
	12-19—3-1-5			일운면 망치	느티나무	300	14	5.6
	12-19-3-6-4			일운면 옥림	팽나무	200	17	4.2
	12-19-4-2-6			동부면 산촌	팽나무	230	12	4.8
	12-19-4-5-7			동부면 부춘	느티나무	200	16	6.4
	12-19-6-6-9			둔덕면 하둔	배나무	160	14	3.2
	12-19-7-4-11			사등면 지석	모과나무	300	14	2.5
	12-19-7-6-10			사등면 오량	느티나무	300	15	3.4
	12-19-8-1-12			연초면 한내	느티나무	200	20	4.0
	12-19-8-2-13			연초면 오비	느티나무	250	12	5.1
	12-19-10-1-15			장목면 장목	느티나무	350	10	5.0
	12-19-11-1-16			장목면 시방	팽나무	350	15	4.8
	12-10-3-8-1	1996	당산목	동부면 수산	감나무	150	9	1.6
	12-10-6-6-1	1997	당산목	둔덕면 방하	팽나무	350	18	3.5
	12-10-6-10-1			둔덕면 학산분교	팽나무	300	16	3.0
	12-10-10-8-1			장목면 대금	팽나무	320	18	3.5
미지정			기념물	거제면 명진	느티나무	600	15	3.0
			정자목	동부면 산양	느티나무	100	10	0.5
				장목면 율천	느티나무	50	8	0.3
				장목면 율북	느티나무	100	10	0.7
지정	103호	1991	정자목	거제면 명진	느티나무	100	8	0.8
				연초면 다공	느티나무	20		

6부

거제시 역사

50 역사

거제에는 **선사시대**부터 인류주거의 흔적이 있다. 산달도의 후등패총은 신석기시대 전기, 중기, 후기의 특징(융기문토기에서 이중구연토기)을 지니고 있는 유적·유물이 있다. 신석기 후기단계 유적지인 공고지유적, 내도패총, 이수도 패총 등이 있다. **고대사** 측면에선 거제면 남산패총 등에서 발견된 삼한시대의 유적, 하청면, 거제면, 아주동 등지에 분포한 고분유적은 삼한시대 변한 12국 가운데 하나의 소국인 **독로국(두로국)**의 존재를 확인시켜준다.

통일신라시대에는 거제지역이 신라의 군현체제로 재편되므로 그 위상마저도 중앙의 통제 속으로 예속되어 갔다. 거제지역이 경주와 그다지 멀지 않는 위치에 있어 통일신라의 활발한 대일 해양교섭에 있어서 주요한 주변 통로로 역할을 하였다.

그러나 **고려시대**와 **조선시대**는 왕경이 개경과 한양인 중부지역으로 옮겨갔다. 따라서 **고려시대**엔 변방으로서의 역사가 이어졌고, 대일 관계보다 **대중교섭**을 중심으로 하는 정책에 따라, 거제는 대일교섭 역할을 일정정도로 유지하는 것에 불과했다. 13세기 후반, 고려 삼별초 항쟁군의 내습과 여말선초 빈번한 왜구의 침략 등으로 어수선한 국토는 거제현 및 그 속현의 사람들을 인근 내륙지역인 거창현의 부속인 **가조현**과 **진주목의 영선현** 등으로 **분산이주**하게 하기도 하였다. 그 과정에서 더부살이를 한 경험을 지닌 거제민들은 여러 고초를 겪었을 것이며, 애향심의 발로는 거제를 더욱 강하고 끈질긴 성향을 만들어 주었을 것이다.

한편, **조선시대**에는 역시 **유배지**나 **군사 요충지**와 같이 외곽지대로 변방화 과정을 겪었으나, 임진왜란을 통해 해양방어와 그 가치를 통한 기능을 하였다.

조선초기에는 제창현과 진성현[248]을 설치하고, 거제현 등을 병합하므로 독립적 지방행정 조직체계마저도 유지되지 못하는 위기를 초래하였다. 그러나 거제민들의 강력한 복구의지, 국가의 긴요한 해안 변방방어가 상호 일치하여 거제현의 지방행정 조직체계가 다시 복원될 수 있었으며, 지역의 관방 시설, 주거공간과 생산기반도 갖춤으로써 거제지역의 안정과 발전을 새롭게 하는 계기를 마련하였다.

---

248) 제창현(濟昌縣), 진성현(珍城縣)

16세기에 들어서는 3포 왜란과 임진왜란을 통해 일시적이나마 왜군의 점령지로 그들의 전략적 후방요충지가 되어 막대한 피해를 입고 존립의 위기까지 직면하게 되었다. 하지만 지역민의 항쟁의지와 자주성을 되찾기 위한 지속적인 노력으로 결국엔 이를 극복하였다.

이와 같이 거제도는 한국해양사와 해양문화의 전개 양상과 역사를 대변하고 있으며, 왕경의 위치변화에 따른 대외교섭의 치중 형태 및 정치적, 군사적 조건에 따라 그 역할의 부침[249]도 거듭하였다.

이와 같은 역사의 과정에서 거제역사의 특징은 변방지역으로의 재편에도 불구하고 중앙 및 내륙의 문화를 수용하여 독자적인 발전을 모색하는 것으로 나타났다. 고려시대와 조선시대의 국왕, 왕족, 고승, 중앙관료 등의 **유배지**로서 중앙의 고급문화를 접하였으며, 여말선초에는 거제민의 인근 내륙지역으로의 이주와, 조선의 방수군[250] 복무과정에서 내륙의 기층[251] 및 토착문화를 수용하여, 자기 지역문화를 발전시키는 계기가 되었다. 이는 역사적으로 거제인의 **시대적응**과 **삶의 실천의지**와 **노력**을 통해 거제만의 역사적, 문화적 가치를 만들었으며, 이는 곧 거제도의 **정체성**이 되었다.

(1) 선사시대

거제도의 선사시대 역사는 신석기시대를 중심으로 한다. 거제도는 지리적으로 내륙지역인 통영, 고성, 진해, 부산과 바다를 사이에 두고 대면하고 있으며, 대한해협을 통해 대마도가 인접해 있다. 이는 거제도 문화가 내륙의 문화를 수용하고 대마도를 통해 일본으로 전달되는 가교적 역할을 하며, 때론 전달자로 때로는 독립된 도서지역으로서의 독창성을 만들어 왔다.

또, 도서지방임에도 불구하고 기후가 온화하고 강수량이 풍부한 아열대지대의 속성은 토지를 비옥하게 하였으며, 물이 풍부하여 농업생산 기반도 유리한 위치에 있다. 동부면, 거제면, 둔덕면, 연초면, 하청면, 고현동과 수양동 일대는 소규모지만 나름대로의 평

249) 부침(浮沈) : 세력 따위가 성하고 쇠함을 비유적으로 이르는 말
250) 방수군(防戍軍) : 국경을 지키는 군사
251) 기층문화(基層文化) : 각 민족이나 지역의 전통적이고 고유한 서민 문화

야가 형성되어 벼농사도 가능하였다. 산세는 전반적으로 경사가 있어 남부면, 일운면 옥포동의 덕포 등의 지역에서는 밭농사가 적합하였으며, 산업으로서의 1차산업이 발달할 수 있는 계기가 되었다.

따라서 이러한 생산조건은 인류 서식환경에 적합하여, 선사시대부터 거제지역에서 사람들이 거주할 수 있는 조건이 되어 주었다.

거제도에 가장 먼저 인류가 생활한 것은 **신석기시대 전기단계**다. 거제시의 서부지역에 위치한 **산달도 후등패총**에서는 신석기시대 전기, 중기, 후기단계에 걸치는 특징을 가진 유적이 발견되었다. 우리나라 신석기문화의 가장 이른 단계에 나타나는 **융기문토기**[252]와 마지막 단계의 유물인 **이중구연토기**[253]가 함께 출토되었다. 산달도패총은 신석기시대 전체 기간에 걸쳐 형성된 문화양상을 나타내고 있다.

신석기 후기단계의 유적은 공고지유적, 내도패총, 이수도패총이 있으며, 공고지유적과 내도유적에서는 신석기시대 **흑요석**[254]이 많이 출토되었으나, 내도패총에서는 신석기 토기편은 확인되지 않았다.

거제도의 신석기 유적가운데 공고지유적은 거제 본섬에 위치하고 있으나 그 나머지는 부속 도서지역에 분포하고 있다. 이는 섬을 개발하는 과정에서 사라졌을 것으로 보인다. **산달도패총**의 경우, 신석기문화 전반에 걸친 유물이 출토되어 한 때는 우리나라 신석기문화 연구에 중요 유적으로 주목되어 왔으나, 지금은 그 흔적조차 찾을 수 없도록 되어버린 경우가 대표적인 사례다.

특히, 산달도유적과 같이 신석기시대 전 기간에 걸쳐 유물이 나타나고 있는 현상은, 거제도 남서쪽에 위치한 통영 욕지도와 그 주변 도서지역 그리고 부산, 김해지역에서도 마찬가지로 확인된다. 이는 거제도가 초기 신석기부터 후기단계까지 사람들이 생활한 것을 분명하게 한다.

---

252) 융기문토기(隆起文土器) : 우리나라에서 가장 이른 단계의 것으로 B.C 10,000~7000년경의 토기유형. 북제주군 고산리유적과 거제도 산달도에서 출토된 토기. 평저에 구연부(口緣部)가 크게 바라진 형태로 전체적인 모양은 양양 오산리유적에서 발견된 대형(大形)의 발(鉢)과 같다. 문양은 반원형의 비교적 굵은 점토띠를 세 줄로 장식한 태선융기문 혹은 융대문 형식이고, 동일한 유형으로 부산 동삼동패총 최하층에서 출토된 사례가 있다. 토기의 태토는 가는 모래가 섞인 점토질로서 적갈색 내지 황갈색을 띠고 있으며, 토기파편이 떨어진 면으로 보아 적륜법(積輪法)으로 만들었음이 확인된다.

253) 이중구연토기(二重口緣土器 **겹아가리토기**) : 구연부에 점토로 된 띠를 덧대어 만든 토기. 형태는 깊은 바리 모양이 대부분이며, 항아리 모양과 얕은 바리 모양도 일부 있다. 신석기시대 말기에 사용되었다. 토기의 기벽이 보다 얇고, 단단하며, 다량의 모래가 보강재로 사용된 특징을 가지고 있다. 덧댄 점토 띠는 너비가 비교적 좁은 편이다.

254) 흑요석(黑曜石) : 경도는 약 5~5.5 정도로 유리와 비슷하고 가벼운 타격에 의하여 예리한 날을 만들 수 있어 석기시대에는 칼·화살촉·도끼로 사용

[융기문토기]

[이중구토기]

(2) 청동기시대

거제도의 청동기시대 존재는 **지석묘**를 중심으로 발굴된 많은 유적들로 확인된다. 이들은 주로 구릉이나 주변 평야지역에 형성되어 있었으며, 신석기시대에 이어 계속적으로 사람이 거주하였음을 보여준다.

청동기시대의 유적은 모두 **20여 개소**로 주로 지석묘며, 거제도 전역에 걸쳐 고르게 분포하고 있다. 청동기시대 지석묘가 발견되는 것은 이 시기 거제도에도 독립적인 정치세력이 등장하여 활동한 것으로, 신석기시대 전기 단계부터 사람들이 이주하여 청동기시대를 거치면서 독립적인 지배세력으로 성장한 것을 입증한다.

서쪽인 사등면과 둔덕면에 5개소가 있고, 남쪽 일운면 3개소, 남부면 1개소가 있다. 그러나 대부분은 동쪽인 하청면과 연초면에 분포한다.

하청과 이목리 **이목댐** 부근에서는 지석묘가 적은 반면 무문토기류가 비교적 많이 출토되어, 세력의 차이를 보여준다.

공고지유적과 **내도유적**에서도 무문토기류와 유구석부255), 석착256), 마제석부257), 타제석부 등의 석기류를 중심으로 하는 생활유적이 해안에 형성되어있다.

선사시대 거제도는 적절한 토지를 제공하여 농업생산과, 바다에 둘러싸인 도서지역의 유리한 입지조건을 충분히 이용하므로, 일찍부터 해산물의 생산과 해상교류에 나섰을 것이다.

---

255) 유구석부(有溝石斧) : 자루를 묶어서 사용할 수 있도록 홈이 패여져 있는 돌도끼. 주로 청동기시대에 출토됨. 오목자귀. 홈자귀

256) 석착(石鑿) : 나무에 구멍을 뚫거나 다듬는 데 쓰이는 너비가 비교적 적고 긴 네모난 돌끌. 신석기시대에서 청동기시대 및 초기철기시대까지 사용

257) 마제석부(磨製石斧) : 돌의 전면을 갈아서 만든 도끼

(3) 삼한·삼국시대[258)]

삼한시대 **변한**[259)]에 속했던 거제도는, 보다 강력한 독립적인 정치세력이 출현하여 소국을 형성하였다. 거제도의 **남산패총**[260)]에서 발견된 삼한시대의 유적과, **내도패총** 그리고 하청면과 거제면 및 아주동 등지에 분포한 **고분유적**은, 삼한시대 변한 12국 가운데 하나의 소국인 **두로국(두루국, 독로국)**의 존재를 짐작하게 한다.

이들 유적은 삼한시대 변진 24국을 중심으로 나타나고 있어, 거제도의 두로국의 존재를 짐작하게 하고, 이 시기 거제지역이 이들 지역과 빈번하게 교류하거나 접촉한 것을 의미한다.

현재, 대부분의 유적이 파괴되었으나 유물의 출토범위가 넓어, 삼한시대에는 이 일대가 거제도 내부에서 중요한 역할을 하였을 것으로 보인다.

(4) 두루국·두로국[261)]·독로국

삼국지위서 동이전 변진에는 **변진두로국**[262)]의 나라이름과 함께 그 위치를 추정할 수 있는 내용이 기록되어 있다. 두로국이 왜와 경계에 있다는 부분이다. 하지만 지역의 정확한 위치를 구체적으로 언급하지 않았기 때문에, 현재까지 위치비정은 **거제도설**과 **동래설**로 나누어져 있지만, 거제도에 두로국이 있었다는 경향으로 정리되고 있다.

두로국의 거제 비정은, 정약용의 아방강역고[263)]에서 '거제가 왜국과 경계라는 점 등과 함께 포안 두로국[264)]이다 라는 것은 지금의 거제부를 의미한다.'고 밝힌 점이다. 특히, 이 기록에서 '본래 상군[265)]은 방언으로 **두루기**를 나타내고, 두로라는 소리에 가깝

---

258) 거제시지
259) 변한(弁韓) : 삼한시대의 정치 집단체로 진한의 소국 연맹체에 소속되지 않은 경상도 지역
260) 남산패총(南山貝塚) : 거제면 남동리 29-21 일대의 패총. 도로개설로 일부가 파괴. 삼한시대 토기편과 패각이 퇴적된 문화층이 잔존. 남산 구릉 정상에는 삼한시대 주거지와 고분 흔적이 있고, 유물로는 승석타날문이 시문된 적갈색 연질토기와 회색경질 및 연질토기가 발견됨
261) 두로국(瀆盧國)
262) 변진두로국(弁辰瀆盧國)
263) 아방강역고(我邦疆域考) : 조선후기의 문신, 실학자 다산(茶山) 정약용(丁若鏞)의 우리나라 강역에 관한 역사지리서
264) 포안(鋪安) 두로국(瀆盧國)
265) 상군(裳郡)

다'라고 하여, 신라 문무왕 때 처음 설치한 **상군**의 **상**은 **두루기**와 같고, **두로**는 **도로** 또는 **두루**로 읽어 그 소리가 두루기와 가깝다고 한 것이다. 이 경우, **거제도의 모양이 멀리서 보는 형상이란 것이다.**

또, 장지연[266]도 아방강역고를 증보하여 **대한강역고**[267]를 편집하면서, 거제의 두로국 위치 비정설을 그대로 수용하였다. 한편, 두로국이 동래라는 주장도 있다.

만약, 변한의 두로국이 존재하였다면, 거제지역은 삼한시대 소국을 형성한 상당 규모의 독립적인 정치세력이 성장하고 있었을 것이다. 또, 두로국이 있었다면 그 치소의 국읍은 청동기시대 유적이 많이 나타나는 **둔덕면**과 **연초면** 일대로 볼 수 있다.

거제지역의 유력한 정치세력은, **안라국(함안)**[268]이 신라에게 멸망하는 6세기 중엽 신라의 세력권으로 재편되었다. 가야 멸망기인 6~7세기 경에는 거제지역에 신라의 석실묘가 있었으며, 이는 백제보다 신라와의 정치·문화적 교류를 하며 그 세력권으로 편입되어 갔음을 나타낸다.

한편, 거제지역의 10개소의 유적은 삼국시대에서 통일신라기에 이르는 것으로, 고분군은 하청면일대와 이목댐 주변의 참샘을 비롯하여 거제면, 아주동 등지에 분포하고 있으며, **생활유적**은 거제면과 하청면일대에 주로 분포하고 있다. 이들 지역을 중심으로 거제지역 사람들이 분산되어 생활하였다.

(5) 통일신라시대

통일신라의 지방제도는 9주 5소경을 근간으로 하는 군현제를 시행하여 전국을 120개의 군, 305개의 현으로 편재하였다. 군현에는 중앙에서 외관을 파견하였다. 이와 함께 통일신라 초기인 7세기 후반에 거제지역은 신라의 지방 군현체제에 완전히 편재되어 획기적인 전환기를 맞았다.

거제군에는 신라 문무왕17년(677)이 처음으로 **상군**을 설치하였다. 이후, 경덕왕16년(757)에는 거로현을 아주현으로, 매진이현[269]을 지금의 명진현으로 바꿨으며, 남수현(남

---

266) 장지연(張志淵)

267) 대한강역고(大韓疆域考) : 1903년에 장지연이 정약용의 아방강역고(我邦疆域考)를 현대식으로 증보한 책

268) 안라국(安羅國) : 경남 함안군 가야시기 고대국가. 광개토대왕 비문과 일본서기, 삼국사기, 삼국유사

부면 다대)과 더불어 세 현을 영현으로 삼았다.

이는 거제지역의 유력한 세력이 독립적 위상을 상실하고, 신라의 지방 통치구조에 편입된 것을 의미한다. 이 시기 거제지역의 통치 및 행정 중심지인 **치소**는 **둔덕면 거림리**에 위치하였을 것으로 파악되며, 거림리 유적발굴 조사에서 확인된 유구의 배치상태와 성격, 동반유물의 특징과 **상사리**라는 명문기와의 발견은 이를 뒷받침해 준다.

그러나 신라 골품제의 동요, 토지지배의 문란, 전면적인 농민항쟁 등에 따라 신라의 지방 통제력이 약화된 나말여초의 사회변동기에는, 각 지역에서 지역 세력이 성장하여 독자적인 군사력을 보유하고, 중앙의 행정적·경제적 지배권을 배타적으로 행사하게 된다. 이 과정에서 각 지역의 유력자층은 해상 경제력도 장악하여, 경남 남해연안 지역사회에서는 수산물의 생산 관리권과 대중국·일본 무역권을 독점하여 부를 축적하였다.

나말여초의 거제도 토착세력은 지역의 해상경제와 농업 경제력을 장악하여 신라정부의 통제에서 벗어나 주변의 유력한 재향 지배세력과 연대세력을 구축하며, 독자적인 세력을 형성하여 활동하기 시작하였다.

(6) 고려시대

고려는 태조 이래 중앙정치 조직과 함께 지방제도를 정비하였다. **고려 군현제**는 소수의 주·부·군·현에 **외관**을 파견하여, 영군·영현으로 삼고, 외관을 파견하지 않은 다수의 속군·속현을 편재하는 형태를 보인다.

지방관이 파견되지 않은 속군·속현은 재향 토착세력인 **향리**가 관장하였으며, 주군현[270)]을 통하여 간접적으로 중앙과 연결되었다. 예종 때부터는 속군·속현에 **감무**[271)]가 파견되기 시작하여 속군·속현에 대한 중앙의 직접적 통제가 강화되었으며, 상대적으로 향리에 의한 대민 지배력은 약화되어 갔다.

또, 고려는 983년에 12목을 설치하고, 지방관으로 **목사**를 파견함으로써 중앙의 지방에 대한 통제력이 체계적으로 미치기 시작했다.

---

269) 매진이현(買珍伊縣)
270) 주군현(主郡縣)
271) 감무(監務)

이에 따라 거제지역의 군현체계는 재편되었다. 12목이 설치된 성종2년(983년)에는 기성현(둔덕면 거림리)으로 개칭하여 성을 쌓고, 12목 가운데 하나인 **진주목**에 편입되었으며, 칠천도와 가조도는 목장을 두어 말을 공급하는 곳이 되었다.

성종14년 이후, 12절도사 체제에서는 거제지역이 **산남도**[272]에 속하여, 진주절도사 통제하의 **오양**(거제)으로 불렸다.

이후, **현종9년(1018년)** 5도 양계체계에 따라 통영과 고성지역인 자고현[273]을 거제현의 임내에 두고 현령을 파견하면서, 경상도의 진주목에 소속시켜, 거제현은 주현이 되어 행정규모가 확대되었으나, 뒤에 고성현이 분리됨으로 인해 다시 그 규모가 줄어들었다.

원종12년(1271)에는 왜구의 침략과 진도의 삼별초 항쟁군이 거제지역을 내습하여 거제현과 명진현 등의 속현 백성을 인근 내륙지역인 거창현의 가조현 등지와 진주목의 임내인 영선현으로 분산 이주시켰다.

이어 **충렬왕** 때에는 관성에 병합하였다가 곧 복구하였으며, **우왕** 때에는 서해도 도관찰사인 조운흘이 황폐화된 거제도의 농업, 어업의 산업 생산력과 군사적 기능을 복구하는 방안을 제시하기도 하였다.

특히, **12세기 이후**부터의 거제지역은 해적의 활동거점, 변방의 유배지, 왜구침략의 다발지역, 여몽연합군의 일본 동정 준비, 삼별초 항쟁군의 내습지역 등이 있었으며, 거제도의 상황은 이들로 변모하게 되었다.

고려의 무신정변의 직후인 **의종**[274]24년(1170) 9월에는, 의종이 폐위되어 거제 둔덕면 거림리의 폐왕성으로 추방되었다가, 명종3년(1173) 8월 경주로 옮겨가서 살해될 때까지 3년간을 거제도에서 살았다.

고종15년(1228)에는 직학 경유[275]가 무인 최씨정권에 대해 정치를 비방했다는 무고

---

272) 산남도(山南道)

273) 자고현(自固縣)

274) 의종 : I146년 인종의 뒤를 이어서 20세에 즉위. 인종 때 일어난 묘청의 난으로 실추된 왕권을 회복하기 위해 노력. 정치 실권을 가지고 있는 세력들을 견제하기 위해 환관과 측근 세력을 키웠으며 무신세력들에게도 가까이하였으나, 실세 권력을 가진 귀족 세력들의 견제로 의종의 노력은 실패로 돌아가게 되었고, 의종은 실세 문신들을 우대하는 정책으로 돌아서게 되었다. 결국 무신들은 천대되었고 그들의 반발을 사게 되었다. 의종이 총애했던 환관들과 무신사이에 갈등이 증폭되고 문벌귀족과 타협했던 정책은 내란의 불씨를 싹트게 했다. 또한 의종은 술과 여색을 탐하여 원성을 사기도 했다. 결국 1170년 정중부(鄭仲夫)·이의방(李義方) 등이 난을 일으켜 폐위되었으며, 거제도(巨濟島)로 쫓겨났다. 1173년(명종3) 김보당(金甫當)의 복위운동이 실패하자 계림(鷄林:慶州)에 유폐되었다가 허리가 꺾여 죽음을 당하는 비참한 최후를 맞았다.

275) 직학(直學) 경유(景儒)

를 당하여 거제로 귀양오는 등 거제지역은 고려 중기이후 국왕을 비롯한 왕족이나 대덕 고승 및 중앙관료의 변방 유배지 역할을 하였다.

이러한 유배지로서의 역할은 거제지역이 변방으로의 전락을 의미하는 것이 분명하지만, 한편으로는 중앙의 고급문화, 특히 왕실과 귀족문화, 중앙의 불교와 유교문화를 수용하여 거제지역 사람들의 의식을 자각시키고, 또한 지역문화를 발전시키는 계기로 작용을 하였을 것이다. 특히 의종의 추방은 거제지역의 사람들에게 충격을 주었으며, 그에 따른 의식전환을 초래하였을 것이다.

명종 땐 문관의 지방관 임명과 관련하여 탄핵을 받은 송저가 거제 현령으로 강직되었으며, 고종10년(1223) 모든 문반을 살해하려는 모의를 주동하였던 상장군 최유공이 거제 현령으로 강직되어 왔다. 정중부 무인정권부터 최씨 무인정권까지도 거제는 변방지역이자 소외지역으로 인식되었다.

한편, 한일 해상교통 거점이었던 거제지역은 고려말 왜구[276]의 침략이 빈번해짐에 따라 보다 황폐화되어 갔다. **공민왕18년(1369)**에 거제, 남해에서 귀화한 왜인들이 배반하여 자기 나라로 돌아가서, 그해 8월 왜적이 되어 거제도에 침입하였다. 거제지역의 피해상황이 심각하여 포로 등 인적기반, 연안어업 자원, 농업생산 등 경제적 생산기반에 큰 타격을 입었다.

원종12년(1271)에는 왜구에 의한 혹독한 피해와 삼별초로 인하여 거제현의 관사조직과 거제현민을 거창현의 속현인 가조현으로 옮겼고, 오랜 세월이 지나 세종 때에 와서 돌아왔으나, 거창에 예속되었다.

한편, **고종6년(1219)** 최충헌의 정권을 계승한 최우가 방도 등 치안유지를 위해 설치한 **야별초**[277]에 소속한 군대가 증가하였다. 이를 좌별초·우별초로 나누고, 몽골과 싸우다 포로가 된 이들이 탈출하여 **신의군**을 조직하였다. 이들은 좌·우별초와 합하여 삼별초라는 조직을 만들었다. **삼별초**[278]는 무신정권의 전위로서 다분히 사병적인 요소가 있었지만, 항몽전에서 유격전술로 몽골병을 괴롭혔으며, 무신정권이 무너지고 몽골과 강화가 성립되자 개경으로 환도한 것을 빌미로 개경정부와 몽골에 대항하여 항쟁하였다.

---

276) 왜구(倭寇) : 고려말부터 조선초에 걸쳐 우리나라와 중국연안에서 구도(寇盜)행각을 범하던 일본인 해적집단에 대한 총칭

277) 별초(別抄) :용사들로 조직된 선발군

278) 삼별초의 난 : 고려가 몽골에 대하여 복속 관계에 들어가는 초기에 일어난 군대의 반란이다. 삼별초란 좌별초、우별초、신의군으로, 원래 용맹한 사람을 선발하여 조직한 특수한 군대 조직으로 전시의 임시적 군대편성이었다.

삼별초 항쟁세력은 진도를 비롯하여 제주, 나주, 전주 등 전라도의 도서해안과 내륙지역 및 거제, 남해, 마산, 동래, 김해, 밀양, 청도, 상주 등 경상도의 도서해안과 내륙지방까지 자신의 세력권을 확대시켜 나갔다.

남해연안의 해상교통 거점인 거제현은 삼별초 항쟁군의 세력권에 편입되었으며, 개경정부의 한일 해상교류의 거점이었던 거제지역을 비롯한 남해연안지역을 삼별초 항쟁군의 세력권에서 분리시키기 위한 필요성과 긴박성이 크게 대두 되었다. 이에 개경정부는 거제현을 비롯한 주변 남해연안 군현민을 인근 내륙지역으로 옮기게 하여, 삼별초 항쟁군의 호응세력을 약화시켰다.

다음 해인 **원종13년(1272)**에는 삼별초 항쟁군이 거제지역으로 와서 전함 3척을 불태우고 현령을 잡아갔다.

삼별초 항쟁기에 있어서 거제지역은 일정기간 동안 삼별초 정부의 세력권에 편입되었고, 이들 가운데는 적극적으로 호응한 세력들도 있었을 것이다. 이 시기에는 원나라의 과중한 군량요구와 개경정부의 가혹한 수취에 따라 거제를 비롯한 남해연안 지역에 있었던 군현민들의 생활상이 피폐화되어 갔다. 이에 거제지역의 토착세력과 하층 군현민들도 삼별초 항쟁군에게 적극적으로 호응하였던 것으로 볼 수 있다. 따라서 거제현을 인근 내륙지역으로 옮길 수밖에 없었다.

(7) 조선시대[279)]

1) 태조-태종

태조는 원년(1292) 7월부터 고려왕실의 후손인 왕씨를 강화도와 거제도에 분산, 유배시키고, 예상되는 정치적 저항에 대비하여 특별 관리하였다. 이 과정에서 거제지역은 고려에 이어 또 다시 변방의 유배지로서 역할을 하게 되었으며, 태조3년 3월, 이후에는 왕씨 모반사건에 연루된 승려 석능 등을 거제도로 유배시켰다. 이로서 거제도는 조선 초기부터 고려왕족의 유배지로 전락하였다.

거제도로 유배를 온 고려왕조의 왕족들은 둔덕면 거림리 기성인 폐왕성에 거주하였다. 이후, 거제도 유배대상이 왕족과 중앙관료 및 대덕고승에서 그 하층민에까지

279) 거제시지

확대되었으며, 조선초기까지 거창으로 옮겨간 거제현과 속현 등으로 거제는 독립적 존립기반이 크게 위축되었다.

태종14년(1414)에 거창현과 병합되어 **제창현**[280]이 되었다. 이 같은 인위적인 병합은 거제현과 그 속현의 독립적 행정단위로서의 존립과 거제민의 독자적 자립의지를 크게 약화시키는 것이었다. 이에 병합된 거제민의 불만이 따랐다. 거제현이 병합된 다음해 **태종15년** 3월에는 이런 불만을 해소시키기 위해 거제 등 8개 읍을 다시 세우는 조치를 취했다. 이는 거제민들의 자기요구를 관철시키는 저력과 거제현의 독립위상 회복에 대한 염원의 결과였다.

그러나 생활터전과 독립적 행정단위를 완전하게 회복하지는 못하였으며, 특히 강성현과 병합한 명진현은 태종 때까지 분리되지 못한 상태로 있었다. 명진현은 인구가 적고 땅이 협소하였기 때문이었다.

또, 거제 현민들이 일찍 환도하지 못한 이유는, 그 당시 거제도, 남해 연안지역이 왜구침략의 최일선에 노출되어 있었기 때문이었다. 그러나 거제현민들은 조선왕조의 통제에도 불구하고 왜구의 침략이 진정된 틈을 이용하여 개별적으로 거제도로 입도하였다.

태종9년에는 왜구의 세력이 크게 감소하고 왜구침략이 급격히 줄어들자, 인근 내륙지역에 옮겨간 거제현민들은 생활 터전인 거제도로 돌아오기 시작했다.

2) 세종

세종실록에 따르면 경상도 진주목 거제현에 기록된 호수는 153호, 인구는 423명, 현의 수호군은 103명으로 나타나있다. **세종 초기**에는 입도한 백성을 다시 섬에서 소개시키거나, 거제도에 목책을 설치하여 농민과 그들의 생업을 보호하는 방안이 제기되었다. 이로써 거제현민들의 생활터전으로의 복귀와 생산활동이 정부로부터 공식적 보장을 받게 되었고, 군사적 보호도 받을 수 있게 되었다. 이는 거제도가 독립 지방 행정 조직단위를 복구시키는 중요한 계기로 작용하였다.

특히, 세종 때, 왜구의 소굴인 **대마도정벌**이 실행되면서, 해상교통의 거점인 거제도는 군사상의 역할에서 주목받기 시작하여 군사적으로 안정되었고, 거제현민의 입도가 확대되어 토지개간이 이전보다 활발하게 이루어졌다.

280) 제창현(濟昌縣)

세종18년(1436) 2월에는 고려시대 원종12년(1271) 삼별초의 항쟁과 왜구의 침략으로 인해 인근 내륙지역으로 옮겨간 거제현과 그 속현 및 역·원이 거제도로 환도하도록 하였다. 그리고 명칭과 관사조직 등도 복구되었다. 거제도민의 유랑세월은 무려 백 수십 년간 이어졌다.

한편, 군사적 해상교통의 역할과 한일해상교류는 삼국시대 이래로 거제도의 역할과 기능이었으며, 집권자들의 정치적 행각에 따라 위상이 변모하였다.

3) 생산물

세종실록에 따르면 진주목 거제현에는 땅이 기름지고 기후는 따뜻하며, 간전[281]이 709결[282]이며 논이 조금 더 많았다고 한다. 토산생산품은 벼, 조, 콩, 메밀이며, 대구, 문어, 생포, 미역, 우무, 표고버섯 등이다. 소금을 만드는 곳은 모두 네 곳으로 둘은 모두 현 동쪽에 있고 하나는 현 서쪽에 있으며, 다른 하나는 현 남쪽에 있었다.

거제현에 있던 목장에는 구천동에 말 1,115필, 산달도에 소 89두가 있었으며, 칠천도에 말 176필, 한산도 말 173필, 용초도 말 58필, 영등곶 말 67필 등이 있었다. 소금을 만드는 큰 솥을 지니고 있던 곳은 사목리(사등), 오양포, 산달포(둔덕), 한다포(명진), 명진포, 산촌포, 오비포(연초), 가이포, 하청포, 사외포(하청), 황포 등지였다.

조선시대 거제지역의 생산기반은 농업과 함께 수산업까지 유리한 조건을 갖추고 있었으며, 섬이라는 지형적 조건과 남해연안의 한류와 난류의 이상적인 흐름이라는 자연적 조건은 거제지역 사람들이 풍부한 해양 수산자원을 획득할 수 있는 기반으로 작용하였다. 이러한 생산기반은 이미 조선 이전부터 가지고 있었던 것으로 거제현민들의 경제생활을 풍요롭게 하는 토대가 되었음이 분명하다.

---

281) 간전(墾田) : 진전(陳田)이나 황무지와는 달리 개간되어 경작하고 있는 전지(田地)

282) 결(結) : 논밭 넓이의 단위. 세금을 계산할 때 사용. 1결은 1동의 열 배로, 그 넓이는 시대에 따라 달랐다. 한결은 지금으로는 3만평에서 15만평까지 토지의 비옥과 생산량에 따라 결정. 줌 : 한줌의 곡식을 수확할 수 있는 넓이의 땅. 뭇 : 10줌. 짐 : 10뭇, 100줌. 동 : 10짐, 100뭇, 1000줌. 결 : 10동, 100짐. 1000뭇, 10,000줌

4) 조선시대 문화

거제현에는 견내량 동쪽 벼랑에 **무이루**[283], 오아포에 위치한 **만경루, 청해루, 임해정**[284]이 있었다.

현 서쪽에는 **향교**가 있어 거제지역민의 유교적 소양과 문화를 확대시키는 공간으로 역할을 하였으며, 세종14년 일운면 고현리에 창건된 **거제향교**가 그것이다. 그러나 임진왜란으로 인하여 고현성이 함락되었을 때 소실되었고, 현종5년(1664) 현령 이동구가 고현에서 계룡산 기슭의 서정리로 이전하여 중수하였다.

유림들은 향촌에서의 일정한 위치를 보장받고 세력권을 유지하기 위해, 향론의 조정과 풍속교정의 필요성을 내세워 공적인 기구이면서도 자치적인 운영이 가능했던 향교를 그들의 세력 거점으로 삼고 있었다. 그러므로 향교는 향촌사회에 있어서 유림들이 공론을 조성하는 모체가 될 수 있었고, 전통적인 지역문화의 거점으로도 작용할 수 있었다.

한편, 거제지역에는 **사직단, 문묘, 성황사, 여단**도 있었으며, 이는 지역민의 공동체 결집공간과 정신적 의지처로 기능하였을 것이다.

불교의 정치·사회적 역할이 크게 약화되었음에도 불구하고, 거제의 **견암사**[285]는 조선 전기까지 그 기능과 역할을 일정하게 유지하고 있었다.

5) 거제의 왜인들

조선시대 거제지역에는 왜인들이 일정한 세력을 형성하며 살았다. 조선의 건국 초기부터 대왜구, 대일정책은 교린의 원칙에 따라 사신을 파견하거나 외교적 교섭을 통하여 왜구의 입국 금지를 꾀하며, 출몰하는 왜구를 직접 회유하기도 하였다. 또, 투항한 왜구에게는 벼슬, 토지, 가옥 등을 제공하므로 태조 말년에는 투항한 왜구가 많았다. 이들 투항 귀순왜구는 항왜, 투화왜, 향화왜 등으로 불렸으며 거주를 희망하는 왜인을 항거왜인[286]이라 하여 일정한 지역에 거주하도록 하였다.

---

283) 무이루(撫夷樓)
284) 만경루(萬景樓), 청해루(靑海樓), 임해정(臨海亭)
285) 견암사(見庵寺)
286) 항거왜인(恒居倭人)

그리고 조선과 교역을 원하는 **흥리왜인**[287] 또는 **상왜**[288]에게는 무역을 허락하였으며, 표류민 송환이나 양국의 외교교섭에 있어 특별한 공적이 있는 왜인과 특별한 기능이나 예능을 보유한 왜인은 **수직왜인**[289]이라 하여 벼슬을 주어 회유하고, 성을 주고 이름을 바꾸는 것도 허락하여 내국인과 구분하지 않고 거주할 수 있도록 허용하였다.

그러나 투항왜인의 증가하면서 폐단도 발생하였다. 왜인들의 경제적 점유비중이 증가하였고, 군사기밀을 왜에 제공하기도 하였다. 이에 태종 무렵엔 왜인들을 통제하여 흥리왜인에게 지정된 포구에서만 무역하도록 제한시켰다. 하지만 왜인들의 불만과 요구가 확대되고 그 폐단이 계속 일어나므로 태종18년(1418)에는 염포와 거제도의 가배량에도 항거왜인을 제한적으로 거주하게 하였다.

세종10년(1428) 5월에는 대마도의 좌이문대랑이 조선 예조에 글을 보내어 거제도 밖의 작은 섬에 사람을 보내어 보리를 심게 해달라고 요청하였으나, 거제도의 밖에 경작할 땅이 없다고 거절하였다.

287) 흥리왜인(興利倭人)
288) 상왜(商倭)
289) 수직왜인(受職倭人)

51 임진왜란[290)]

거제도는 임진왜란 때 경상도와 전라도수군이 합동작전을 수행하여 최초의 승리를 얻었던 곳으로 큰 의미를 지닌다. 임진왜란은 정유재란을 포함한 7년 동안, 한중일 삼국의 수백만명 병력이 동원된 전쟁이었다. 따라서 그 영향은 당시로서는 매우 심각하고 광범위하였으며, 특히 침략국인 일본은 문화적 이득은 획득했으나 인적, 물적 및 정신적으로 막대한 손실을 받았으며, 일본제국의 흥망이 뒤바뀐 전쟁이었다.

임진왜란은 4단계로 구분할 수 있다.

- 1단계

  1592년 4월 13일부터 6월까지 약 2개월로서 전쟁의 발발과 조선이 일방적 피해 및 조선 수군과 의병의 반격하는 기간

- 2단계

  1592년 7월부터 1593년 7월까지 약 12개월 조선의 반격기간

- 3단계

  1593년 8월부터 1596년 9월까지 약 3년간에는 명나라의 참전과 강화 교섭기간

- 4단계

  1596년 9월부터 1598년 11월 24일까지 약 2년간으로 왜군이 다시 침범해왔으나 피해만 입고 패주한 기간

거제도는 일본과 가장 가까운 지역으로 예로부터 일본의 침략이 잦았으며, 임진왜란 당시에는 조선 수군의 초기 대응에서 경상우수영과 전라좌수영 수군이 합동 작전을 한 역사적 현장이다. 그리고 우리의 삼도수군이 궤멸했던 칠천량해전이 있었던 곳이기도 하다. 특히, 옥포해전은 경상우수영 함대와 전라좌수영의 함대가 합동작전으로 왜적을 물리친 최초의 전투였다.

---

290) 거제시지

(1) 군사체계

조선 초기의 국방체제는 고려시대의 중익, 좌익, 우익으로한 북방지역의 군익도 체제와, 연해안에 **영**과 **진**[291)]이라는 남방지역의 진관체제다. 이런 국방체제는 조선 세조3년(1458) 10월에야 비로소 **진관체제**로서 완전하게 정비되어 각 진을 중심으로 자전자수[292)]를 원칙으로 하여, 각 군사기지는 책임해역을 사수하면 되었다. 이는 지금의 향토방위 개념과 비슷한 제도다.

따라서 적이 바다로 침입한 때에는 수군이 나가 싸우고 육군은 이를 지원하며, 왜군이 상륙하게 되면 육군이 나가 싸우고 수군이 지원했다.

군사조직은 주로 전국의 행정단위인 도·읍·군현을 기준하여 진으로 삼았으며, 도에는 지휘소로서 주진이 되고 병영으로 운용되었다. 여기에는 **병마절도사**[293)](병마사)가 최고 지휘관으로서 예하의 읍·군현(12군현)의 거진과 제진을 지휘하였다. 물론 이 군사지휘관은 행정단위의 수령이 그 임무를 겸하였다.

수군의 경우도 진관체제에 따라 국방임무를 수행했지만 내륙의 육군과는 달랐다. 그것은 행정단위인 도를 기준으로 삼되 해역의 전략적 중요성을 고려하여 군사기지가 설치되었다. 즉, 도 단위의 해안에는 **수영**이 설치되고 **수군절도사(수사)**[294)]가 최고 지휘관으로서 관할 해안 포구의 진(포진)을 지휘하였다.

수사의 예하에는 **첨절제사**(첨사)[295)]와 **만호**[296)]가 있었으며, **첨사**는 거진에 해당하고, 만호는 그보다 작은 연해안의 포구에 배치되었다.

(2) 왜의 침략

풍신수길은 1587년에 구주를 정벌함으로써 일본을 거의 통일하였으며, 대마도주 종의조, 종의지 부자에게 조선침략의 뜻을 표명하고, 가신 귤강광을 일본국사로 삼아 조선

---

291) 영(營), 진(鎭)
292) 자전자수(自戰自守)
293) 병마절도사(兵馬節度使)
294) 수군절도사(水軍節度使)
295) 첨절제사(僉節制使, 僉使)
296) 만호(萬戶)

에 파견하여 그들 나라 안의 상황을 설명하고 조선에게 통신사를 보내줄 것을 요청하였다. 이런 요청을 들어줄 리 없는 조선에게 풍신수길은 대마도주의 알선으로 현소를 정사로 종의지를 부사로 하여 1588년 10월과 1589년 6월 두 차례에 걸쳐 조선에 통신사 파견을 거듭 요청하였다.

이에 조선에서는 마지못하여 **황윤길**을 정사로, **김성일**을 부사로, **허성**을 종사관으로 하여 1590년 3월에 통신사 자격으로 일본에 파견하였다. 이들은 1년이 지난 1591년 3월에 귀국하며 현소와 종의지가 함께 와서 조선에 명나라를 치기 위한 길을 내어 줄 것에 대한 요청을 전했다. 이를 거절하자 왜는 1592년 3월 1일 군사 204,320명을 동원하여 대마도 부포에 이르고, 4월 1일에 가세포를 거쳐 4월 2일에 대포에 출동준비를 마친 후, 4월 13일 소서행장이 제1군 병력 15만 8,700명을 700척에 나누어 대마도 대포항 출항하였다.

이에 가덕봉수감고 이등이 적정을 최초 보고(90여 척)하였다. 이 무렵 소서행장의 병선 700여 척이 부산항 앞에 도착한 뒤 정탐하며 대기하였다가 이튿날 14일 기습 공격을 하여 오전에 부산진이 함락되었고, 15일 오전 동래성이 함락되었다. 이러한 상황을 경상우수사 원균이 공문을 보내어 전라좌수사 이순신이 받은 때는 이날 저녁 해질 무렵이었다.

이순신은 전라도 정읍현감(종6품)으로 있었다. 1591년 2월 13일 전라좌수사(정3품)로 큰 승진과 더불어 부임하였고, **원균**은 임진왜란이 일어나기 3개월 전인 1592년 1월에 부령부사[297](정3품)에서 경상우수사(정3품)로 부임되었다. 일본에 통신사로 파견했던 부사 김성일은 경상도 우병사로 임명되어 있었으며, 경상좌수사 박홍도 이미 배치되어 있었다.

경상도는 좌도와 우도로 나뉘어져서 각 지역을 담당하고 있었다. 이런 체제에서 군이 제대로 정비되고 훈련되었더라면 왜적의 침입에도 방어능력을 충분히 갖추었을 것이지만 당시의 방비상황과 군정을 보면 방비가 매우 허술했다.

---

297) 부령부사(富寧府使)

(3) 초기

경상도는 동과 서로 나뉘어져 경상 좌도와 우도로 되어 있으며, 경상우수영은 처음에 제포[298]였다가, 뒷날에는 거제 오아포인 가배량[299]으로, 다시 고성으로 옮겨졌다. 거제도는 경상우수영 관할이며, 남방지역을 방위하는 최전방 지역이었다. 임진왜란 당시의 우수영은 거제 가배량에 있었다.

당시 경상우수영의 수군진은 11개 진에 보유선박은 163척에 이르며 그 중 전선은 102척이었다. 전선 1척엔 대맹선은 80명, 중맹선은 60명, 소맹선은 30명이어서 배에 타는 군사는 모두 4,980명이었다. 주진을 거제도 가배량으로 보면 옥포, 지세포, 영등포, 조라포 등의 5곳에 진이 있었고, 병선이 모두 86척에서 전선만 56척에 이르러 군사는 2,730명이었다.

즉, 경상우수영 보유 수군력에서 병선이 차지하는 비율은 54.9%, 수군은 54.8%에 이르므로 그 역할이 매우 중요했다. 거제는 수군이 관할하는 지역이지만 왜적이 상륙하였을 때 백성들이 의병을 일으켜 많은 공을 세웠다. 이는 임란 후, 공적이 있다고 추가로 선정한 선무원종공신[300] 2,475명 중 거제민이 22명이나 포함되어 있는 것으로 짐작된다.

임진왜란 당시 왜적들은 거제에 침범하여 불을 지르고 약탈하면서 고현성을 공격하려고 했다. 거제에서는 백성들이 스스로 들고 일어나 의병이 되어 거제를 지키는 원동력이 되었으며, 왜적이 서쪽으로 진격하고자 하는 작전을 지연시키는 결정적인 역할을 하였다고 볼 수 있다.

(4) 옥포해전

전라좌수사 이순신은 좌수영관할 함선 85척(판옥선 24척, 협선 15척, 포작선 46척)을 진형으로 편성하고 있었다. 옥포해전의 전투편성에서는 거북선이 없고(사천해전부터 거북선 등장), 돌격장은 판옥선이었다.

이순신의 함대가 5월 4일 새벽에 출항하여 남해도 남단 미조항 바깥으로 이동하여

298) 제포(薺浦)
299) 오아포(烏兒浦) 가배량(加背梁)
300) 선무원종공신(宣武原從功臣)

소비포를 거쳐 5월 6일 한산도에서 경상우수사 원균과 우수영관할 함선 6척(판옥선 4척, 협선 2척)과 합류하여 견내량을 통과하였다. 그리고 이날 밤에 거제도 송미포에서 하룻밤을 지낸 후, 합동함대는 5월 7일 새벽에 출항하여 왜적이 정박하고 있는 천성과 가덕으로 가는 중 정오쯤에 옥포 앞바다에 이르렀다. 이때 우척후장 사도첨사 김완, 좌척후장 여도권관 김인영 등이 신기전을 쏘아 왜선이 있는 것을 알려 포구 안으로 일제히 들어가 30척 중 26척을 당파 분멸하였다.

옥포해전은 5월 6일에서 5월 8일 사이의 전투로 거제도 앞바다에서 이순신과 원균이 합동하여 왜적선 26척을 파괴한 전투다. 이때, 경상우수사 원균의 전선 보유수는 총 30척정도로 늦게나마 이순신의 지원군을 맞은 원균은 눈물로 사례하고, 그와 작전계획을 세운 다음 관할 수사로서의 책임감 등을 통감하여 스스로 선봉에 섰다. 옥포만호 이운룡과 영등포만호 우치적을 좌우에 세우고 그는 중앙에 서서 적을 찾아 물길을 헤쳐 나갔다. 원균이 이순신과 5월 6일 당포에서 합세할 때 6척으로 나와서 7일 새벽에 송미포에서 일제히 옥포 앞바다로 진격하니 진을 치고 있던 왜선들이 몰려 있어, 원균은 북을 높이 울리면서 직진하며 공격하여 적의 중앙에 침투했다. 이 승세를 타고 이순신 등이 일제히 공격하여 대승을 이루었다.

그 뒤 영등포로 물러나 다음에 있을 전투를 준비하고 있던 중, 왜의 큰 전함 5척이 지나간다는 보고를 받고 다시 출항하여 웅천땅 합포에서 5척 모두를 분멸시켰다.

임진왜란의 총 전투는 106회였다. 그 가운데 해전은 29회였으며 원균이 단독으로 지휘한 3번은 모두 패했으며(합동전투 제외), 나머지 26회는 모두 이순신이 지휘하여 승리하였다. 이순신은 싸워서는 단 1척도 잃지 않았다. 그 반면 왜적선 700척을 부수고 23척을 나포했으며, 671급의 목을 베기도 하였다.

(5) 견내량(한산도대첩)

육상에서 항상 승리하였던 일본은 바다에서는 단 한 번도 이겼다는 보고를 듣지 못했다. 풍신수길은 육상전투 군사까지 동원하여 조선수군을 격파하도록 하였다. 이에 **와키자카**[301)]는 용인전투에서 이기고 나서 6월 19일에 웅천으로 내려왔다. 7월 6일에 전함 73척을 거느리고 웅천을 떠나 거제도 견내량에 도착한 것은 7일이었다.

301) 협판안치(脇坂安治)

선조25년(1592) 7월 8일 일본 수군은, 조선 침입 후 일련의 해전에서 연패하였음에도 불구하고 전력을 증강하여 경상도 해역을 확보하려 하였다. 웅천에 있는 와키자카의 함대와 부산포에 있던 구키, 가토 함대가 합세하여 연합함대를 이루고 경상도 서쪽 해역으로 진출하여 조선 수군을 격파하려 한 것이다. 이를 탐지한 조선의 전라도 수군은 경상도 해역으로 재차 출동하여 일본 수군의 기도를 봉쇄할 계획을 세웠다.

7월 6일 전라좌수사 이순신과 우수사 이억기는 함대를 이끌고 출동하여 경상우수사 원균이 이끄는 함대와 합류하였다. 조선의 통합함대는 총 72척이었다. 조선 통합함대는 7월 7일 저녁 당포 앞바다에 진출하여 일본 수군이 견내량에 정박하고 있음을 확인하였다. 거제도 견내량에 진출한 일본 함대의 지휘관은 수군장 와키자카였으며 대소 전선 82척으로 구성되었다.

7월 8일 아침 조선군 함대는 당포 앞바다에서 견내량으로 진출하여 일본군 함대의 위치를 확인하고 전투준비를 갖추었다. 그러나 견내량은 포구가 좁고 암초가 많은 해협이라 조선군의 대형전함인 판옥선이 기동하기 곤란한 곳이었다. 이에 조선 수군은 일본 함대를 한산도 앞바다로 이끌어내어 공격할 계획을 세우고, 판옥선을 견내량 포구쪽으로 접근시켜 일본군을 자극하였다. 이미 전투태세를 갖추고 있던 일본 수군은 모두 출항하여 접근하는 조선군 함선을 공격하기 시작하였다.

유인에 성공한 조선 수군은 일제히 선수를 돌려 **학익진**[302]을 펼쳐 일본 함대를 포위하고 급속히 추격전을 전개하는 한편, 일본군 선단의 중앙으로 **거북선**을 돌격시키면서 화포사격을 가하여 여러 척의 일본 함선을 격파하고 대형을 흐트러뜨렸다. 조선 수군의 포위망에 갇힌 일본함대는 66척의 함선을 잃고 궤멸되었으며, 수군 부장 마나베는 배를 버리고 부하 4백여 명과 함께 간신히 한산도에 상륙하였으나 전황이 절망적인 것을 깨닫고 할복자살하였다. 주장 와키자카는 간신히 탈출하여 김해성으로 도주하였다.

한산도대첩은 임진왜란 3대첩의 하나로 평가되며, 이 전투에서 대승한 조선 수군은 남해안 일대의 제해권을 완전히 장악할 수 있었고, 일본 수군의 경상도 서쪽 해안 진출 기도는 좌절되었다.

302) 학익진(鶴翼陣)

(6) 장문포해전(장목)

이 전투는 선조27년(1594) 9월 29일부터 10월 4일까지 이순신이 이끄는 조선 수군이 육군과 합동작전으로 거제도에서 벌린, 정유재란 이전의 마지막 전투였다.

이 해전은 임진왜란 기간에 이순신이 9차례 출전해 총 17회에 걸쳐 벌인 크고 작은 해전 가운데서 가장 성과가 작았다. 총3회의 전투가 벌어져, 제1차 장문포해전, 영등포해전, 제2차 장문포해전으로 세분하기도 한다.

조선 함선 50여 척, 일본수군 함선 117척이 서로 대치하였다. 10월 1일 조선 수군은 새벽에 거제도 장문포 앞바다에 머물다 영등포로 들어가 왜군에게 싸움을 걸었다. 그러나 왜군은 바닷가에 배를 대놓은 채 항전하지 않았다. 해질 무렵 장문포 앞바다로 돌아와 물에 배를 매려 할 즈음, 적의 포격을 맞아 배에 불이 붙었으나 번지기 전에 진화하였다.

이후 10월 3일까지 왜군이 항전하지 않아 소강상태가 지속되었다. 10월 4일에는 의병장 곽재우, 김덕령과 함께 수륙 합동작전을 전개하기로 하고, 먼저 군사 수백 명을 뭍으로 올려 보내 싸움을 걸었다. 이어 저녁 무렵 수륙 합동작전을 벌여 적을 혼란에 빠뜨린 뒤, 돌아와 칠천량에 진을 쳤다.

총 6일 동안 치른 수륙 합동작전에서 아군은 왜선 2척을 격침시켰다. 아군 피해는 없었으나, 왜군이 항전하지 않아 전과는 미미하였다. 그러나 이 해전의 영향은 여기에서 그치지 않았다. 이순신과 조선 수군은 이 해전으로 인해 일대 위기를 맞는다.

장문포해전은 원래 이순신이 계획한 것이 아니라, 경상우수사 원균이 도체찰사 겸 좌의정 윤두수에게 건의해 윤두수 자의로 행한 수륙 합동작전이었다. 뒤에 영의정 류성룡 등에 의해 선조의 재가를 받아 작전 중지 명령이 내려지기는 했지만, 명령이 도착하기도 전에 이미 작전이 전개된 상태였다. 결국 수륙 합동작전은 성공하지 못하고, 2척의 적선만을 격침시키는 것으로 만족할 수밖에 없었던 것은 바로 이 때문이다.

원균의 패전과 장문포 해전의 사실상 실패 등이 한 원인이 되어 조정은 혼란에 빠졌고, 조정에서는 북인과 서인 사이에 당쟁이 일어났다. 한편 일본군 **요시라**의 간첩행위로 이순신 장군이 정부에 불복종하였다고 하여 처벌되었다. 이순신은 **도원수 권율**의 휘하로 들어가 **백의종군**하게 되었다. 장문포해전은 임진왜란 기간에 전황과 조선군의 지휘체계가 흔들리게 하는 한 원인으로 작용하였다.

(7) 영등포해전(장목 구영)

두 번째 장문포해전이 있기 바로 직전인 10월 1일에 영등포해전이 있었다. 이곳에는 왜의 시마즈 요시히로[303]와 시마즈 다다쓰네[304] 등 6,000여 명이 있었다. 이곳은 임진년 첫 해 이순신이 옥포해전을 마치고 합포해전을 하기 직전에 휴식하려 상륙했던 곳이기도 하다. 그런데 고성 수군 진신귀가 왜적에게 잡혔다가 도망해 와서는 왜가 영등포에 과녁터와 부둣가 및 북봉 아래 집 200여 채를 지었고, 북봉의 나무를 베어내어 땅을 깎아 토성을 쌓았으며, 선창에서 가리포에 이르기까지 정박하고 있다는 정보를 전했다.

9월 29일 1차 장문포해전을 마치고 칠천량에서 밤을 새운 조선수군은 10월 1일 아침에 출항하였다. 충청수사 및 선봉의 여러 장수들과 함께 곧장 영등포로 들어갔지만 적들은 바닷가에 배를 대어놓고 항전하지 않았다. 해질 무렵 장문포 앞바다로 돌아와서 사도의 2호선이 뭍에 배를 정박할 때, 왜의 작은 배가 와 불을 던지는데 불은 비록 일어나지 않고 꺼졌지만, 전라우수사 군관과 경상우수사의 군관은 이의 실수를 꾸짖고, 밤 열시쯤에 칠천량으로 돌아와서 밤을 지냈다

이 전투는 왜적이 응대하지 않아 해전이라 하지 않을 수 있으나, 작전을 벌였기에 해전의 하나로 분류한다.

거제지역에서 발생한 해전은 모두 7곳, 8회를 치르면서 98척을 격침시키고, 12척을 나포하는 많은 전과를 올렸던 것은 그 만큼 거제도가 지리적으로 중요한 위치에 있다는 것을 의미한다.

(8) 칠천량해전[305]

정유재란 선조30년(1597) 7월 15일 원균이 지휘하는 조선 수군이 칠천량에서 일본 수군과 벌인 해전이다.

일본은 임진왜란 중 명나라와의 화의가 결렬되자, 1597년 1월 다시 조선을 침범했다. 일본은 임진왜란이 실패한 것은 바다를 제패하지 못했기 때문이라고 판단해, 먼저

303) 도진의홍(島津義弘)
304) 도진충항(島津忠恒)
305)

수군통제사 이순신을 제거하려는 이간책을 꾸몄다. 당시 조정에서는 중신들이 당쟁에 휘말려, 결국 이순신을 하옥하고 원균을 수군통제사로 임명하였다. 일본군은 조선수군을 부산 근해로 유인해 섬멸하려고 이중첩자인 요시라[306]를 시켜 유혹했다.

이에 도원수 권율은 도체찰사 이원익과 상의해 원균에게 출전명령을 내렸다. 원균은 출전하여 보성군수 안홍국 등을 잃고 되돌아왔다. 그리고 한산도의 본영에 앉아서 경상우수사 배설이 웅천을 급습하도록 하였다. 배설이 전선 수십 척을 잃고 패하자, 권율은 이에 대한 책임을 물어 원균을 태형에 처한 뒤 다시 출전하라고 명하였다.

원균은 부산의 적 본진을 급습하려고 삼도 수군 160여 척을 이끌고 한산도를 출발하였다. 7월 14일 원균은 부산 근해에 이르러, 이 사실을 미리 탐지한 적들의 교란작전에 말려들어 고전하였다. 되돌아오던 중 가덕도에서 복병한 적의 기습을 받아 400여 명을 잃었다. 원균이 칠천량(거제시 하청면)으로 이동하여 무방비 휴식 상태에 있을 때, 적은 조선수군을 기습할 계획을 세우고 도도, 와키사카, 가토[307] 등 수군 장수들이 7월 14일 거제도 북쪽으로 이동하였다. 그리고 15일 달밤을 이용해 일제히 수륙양면 기습작전을 개시하였다.

이에 당황한 원균과 여러 장수들은 응전했으나 적을 당해낼 수 없어 대부분의 전선들이 불타고 부서졌다. 전라우수사 이억기와 충청수사 최호 등 수군 장수들이 전사하였다. 원균도 선전관 김식과 함께 칠천도에 상륙하여 탈출하였다. 그러나 원균은 일본군의 추격을 받아 전사했다. 경상우수사 배설만이 12척의 전선을 이끌고 남해 쪽으로 후퇴하는 데 성공하였다.

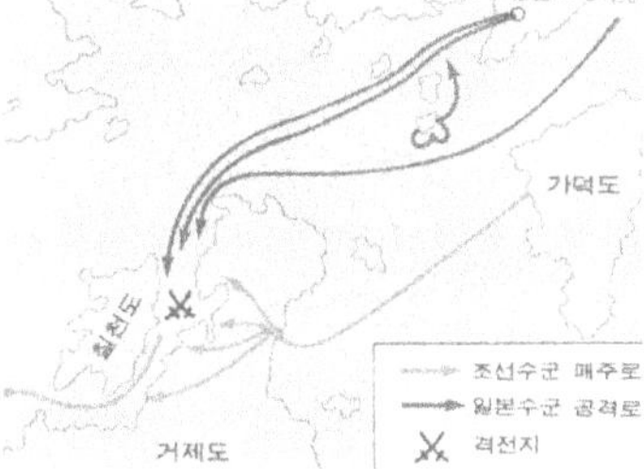

306) 요시라(要時羅)
307) 도도(藤堂高虎), 와키사카(脇坂安治), 가토(加藤嘉明)

이로써 삼도 수군은 일시에 무너지고 적군은 남해 일원의 제해권을 장악해 서해로 진출할 수 있게 되었다. 이후 우키타, 고니시, 모리[308] 등은 쉽게 남원 및 진주 등지로 침범하였다.

조정에서는 7월 21일 원균과 함께 탈출하다가 원균은 죽고 겨우 살아 나온 김식에게서 패전 보고를 듣고 크게 놀라 백의종군하고 있던 이순신을 다시 삼도수군통제사로 임명해 수군을 수습하게 하였다.

308) 우키타(宇喜多秀家), 고니시(小西行長), 모리(毛利秀元)

52 일제침탈

1904년 2월 10일 노일전쟁을 전후로 하여 많은 일본인이 조선으로 왔다. 대마도에서 60㎞, 한반도의 동남쪽에 자리 잡은 거제도 장승포에 **이리사무라**는 일본인 어촌을 만들었으며, 이는 농촌과 도시에 앞서 경남연안을 중심으로 형성된 수많은 일본인 어촌의 전형적인 침탈의 역사의 시작이었다.

거제도는 일본과의 관계가 매우 깊은 섬으로, 지금은 거제대교와 거가대교에 의해 육지와 이어져 있지만, 과거에는 한반도의 최남단으로 대한해협을 사이에 두고 일본인의 침탈이 잦았다. 13~15세기에 걸쳐서 있었던 왜적의 침공 때는 항상 그 전방기지[309]가 되었으며, 임진왜란 때는 왜구에게 7년 동안 빼앗긴 땅으로 조선에서도 유일한 지역이었다.

1889년에는 한일통어장정이 공포되어 조선연안 3리 이내에서의 일본인 조업이 허가되었다. 이땐 연안의 저인망, 소규모의 정치망, 암초의 어패류 채취를 주로 하여 조선어민 특히 거제도 어민과의 충돌이 잦았다.

1893년에는 세도나이카이의 고지마와 아이네현 우오지마 등은 어민의 근거지였던 거제도 구조라에 이주하여 정어리를 잡기 시작하였다. 이에 반발하는 거제민들이 밤마다 죽창을 가지고 나서기도 했다. 이때 일본어부들은 소총을 휴대하고 있었다.

(1) 이리사무라마을(입좌촌)[310]

1904년의 노일 전쟁 시 일본인은 여권 없이 한국을 건너 올 수 있게 되어 이주가 활발해졌다. 사까꾸라[311]가 한국으로 건너온 것도 이 무렵이다. **사까꾸라**는 장승포 이리사무라마을(신부시장 일대)에서 **우편국**을 시작했고, 한편 **가네마루 겐이찌**라는 경부철도 부설공사에 종사하다가 조선해수산조합이 장승포로 지정되자 거제도로 왔다.

309) 전방기지(前方基地)
310) 이리사무라(入佐村)
311) 사까꾸라(坂倉浩佐賀)

[이리사무라, 1920년대]

[장승포 일본가옥]

1905년에는 후쿠오카, 아이네, 와까야마, 도꾸시마, 나가사끼에서 모집된 일본인 17가구 이주하였다.

오다슈지로312)는 이리사무라마을에 입주한 후 신규사업을 전개해나갔다. 거제도 근해에서의 정어리 건착망을 본격적으로 하였으며, 1902년 장승포는 이리사무라마을에 의해 고등어 건착망어업의 황금기를 맞았다. 어업 이외에도 1907년부터 1910년에 걸쳐서 이라사무라에 소학교를 개설하고, 일본어민의 신앙인 **곤삐라 신사**의 건립과 마을길을 만들고 일본인 모임과 행정사무소 및 면사무소를 설치했으며, 일본인 2세들의 연대감을 높였다.

312) 오다슈지로(太田種次郎)

(2) 장승포

한일합방에 따라 일본이 한국의 식민지화에 성공할 무렵, 거제도의 인구는 약 50,000명이었고, 일본인 거주자는 250명 정도로 장승포의 이리사무라(입좌촌)와 그 주변에 거주하였다. 그 다음 해에는 563명 134세대로 전년보다 크게 증가하였으며, 관리와 상인, 어업, 고리대금업 등의 직업을 가졌으며, 매춘을 위한 집을 두어 일본의 어촌과 다름없는 거리를 만들었다.

조선총독부 임시토지조사국에 의한 장승포리의 토지조사사업은 1914년에, 임야조선사업은 1918년에 시행하였으며, 이 두 조사로 일본인 토지로 확인된 것은 211정보[313]로 장승포 전체의 65%에 해당하였다. 일본인 소유자 중, 개인은 43명, 단체 7개였으며, 가장 많이 지니고 있었던 이는 **가네마루 겐이찌**로 10,216평 정도였다.

[장승포 일본신사]

313) 1정보 = 9,917.35537m2 = 3,000평

(3) 광복

거제도에 조선이 해방했다는 소식이 알려진 것은 해방 다음날인 1945년 8월 16일이었다. 곳곳에 사람들이 모여 만세를 불렀다. 8월 17일 장승포초등학교 교정에서는 거제도민대회가 개최되었고, 장승포에 있던 거제경찰서를 비롯하여 각종 행정기관을 접수하였다.

당시, 각 읍·면에서는 16일부터 18일까지 광복 면민대회가 개최되었으며, 경찰지서와 행정기관을 접수하고 더불어 일본인과 친일파 조선인에 대한 보복이 확산되어 유혈참사가 확대되어 갔다. 이리사무라의 일본인은 당시의 일을 **장승포 폭동**이라 부르며 공포에 떨었다. 그 중 어느 자매가 북쪽 통신대(지금도 잔해가 있음)로 가서 부산으로 폭동사실을 전했다.

한편, 지심도(일본인은 항공모함섬, 능도, 죽도로 부름)에는 일본군 포대 4개가 설치되었으며 탄약고가 있었다. 그들은 이를 위해 20호의 조선인을 쫓아내고 일본 육군 아까쯔끼부대를 주둔시켰다. **아까쯔끼부대**는 해안 작전부대로서 정예부대였으며, 지심도에 관사를 여러 동 지었다. 이 잔해도 아직 남아있다.

아까쯔끼부대는 패전소식을 듣고 부산으로 철수하였으나 장승포의 폭동 소식을 접하고, 8월 19일 장승포로 되돌아와 완전무장을 한 후 상륙하였다. 부대 병력은 무력으로 경찰서와 각 기관을 차지하고 있던 조선인의 주동자를 검거하고 보복하였다.

(4) 러일전쟁

러일전쟁은 1904~1905년에 만주와 조선의 지배권을 두고 벌인 전쟁으로, 1904년 2월 8일 일본함대가 뤼순군항을 기습공격하는 것으로 시작되었다. 조선과 만주(중국 동북지방)의 분할을 둘러싸고 치룬 전쟁이지만, 그 배후에는 영·일동맹과 러시아·프랑스 동맹이 있었다. 이는 제1차 세계대전의 전초전이 되었다. 러시아는 패배의 결과로 혁명운동이 진행되었으며, 전쟁에서 승리한 일본은 조선에 대한 지배권을 확립하고 만주로 진출할 수 있게 되었으며, 본격적인 미국과의 대립이 시작되었다.

거제에는 지금도 러일전쟁에서 일본이 승리한 것을 기념하는 **전승비**가 두 곳에 남아있다. 그 중 하나는 **시청** 본관뒤편 창고에 있고, 다른 하나는 사등면 **취도**에 있다. 승전비의 내용은 일본 해군이 러시아에 대한 승리한 것을 찬양하고 기념하는 것이다.

[취도의 전적비]

시청사 창고에 있는 것은 화강암으로 높이 160 ㎝, 폭 60 ㎝, 두께 30 ㎝의 승전비로, 일본의 **도고 헤이하치로**314) 제독이 친필로 쓴 시가 새겨져 있으며, 그 내용은 당시 일본 해군이 러시아의 발틱함대를 물리친 것을 찬양하는 것이다. 일본정부의 고관은 물론, 황족까지도 이를 찾아 참배를 하던 이 기념비는, 8.15광복 후인 1946년에 서북청년회에서 폭파를 시도했으나 뜻을 이루지 못하고, 1947년에 반일단체에서도 다시 시도했으나 장비가 부족해 이루지 못했다.

1951년에 거제도에 포로수용소가 생기면서 이승만대통령의 명령으로 수용소소속 특수공병대가 폭파를 해버렸다. 폭파를 시켰지만 완전히 파손되지 않아 현재는 거제시청에 보관되어 있다. 일본은 이에 대한 반환을 요구하고 있다.

또 하나의 비는, 거제시 사등면의 작은 섬인 **취도**에 있으며, 높이 2 m 가량이다. 1935년 진해에 주둔했던 일본군 사령부에 의해 세워졌다. 이 기념비도 도고 제독의 승전을 칭송하는 내용이 담겨져 있다.

러일전쟁의 대략은 다음과 같다. 일본연합 함대사령관 도고는 러시아 발틱함대의 출항소식을 듣고, 1904년 12월 하순 여순함대를 격멸한 뒤, 일본 함대 전력을 대한해협에 두며 발틱함대의 행동을 감시하였다. 그러는 동안 해전연습장을 진해만(지금의 마산시 진동면 앞, 구산반도 서쪽, 고성군 고성반도의 동쪽과 거제도의 북쪽바다)으로 하였다. 도고는 기함 미카사를 타고 2월 21일에 가덕수도에서 먼저 도착한 함정들을 기다리며, 거제도 외해를 차단하였다. 또 발틱함대를 송진포에서 기다리며 함포사격, 어뢰발

314) 헤이하치로(東鄕平八郞)

사, 접적운동, 습격, 야간습격 등을 연습하였으며, 사격훈련의 표적을 취도[315]로 삼았다. 취도는 이로 인해 3천 평정도의 면적이 2천 평으로 작아졌다는 말이 전해진다.

5월 9일 이후, 대한해협 남서쪽 방면에 70여 척의 초계함을 배치하여, 엄중한 경계태세에 들어갔고, 러시아 함대는 이런 동정을 모른 채 지름길을 찾아 대한해협을 지나 블라디보스토크로 동진을 계속하였다.

러시아함대가 대한해협 전면에 나타난 것은 5월 27일 아침이었다. 발틱함대는 종대로 다가왔다. 가덕수도에 정박하고 있던 일본함대는 T자형으로 전진하여 최단거리로 접근한 후, 선두부터 공격하였다. 전쟁은 일본해군의 전략대로 진행되어 러시아는 대패하였다.

(5) 항일운동

1) 아양리 당등산

당등산은 거제도 독립운동의 시발점이다. 1919년 4월 3일(음력) 고종황제의 국장[316]에 참석하고 돌아온 아양리 주민들[317]은 바닷가 당등산(현 대우조선)에서 만세를 부르며 독립운동을 시작하였다. 당시, 아양은 거제의 유일한 개화 중심지며, 부의 집결처로 생활수준이나 교육수준 등 독립운동의 중심지로서 적절했다. 특히, 장승포를 비롯한 일운에는 일본인이 많았고, 아주와 아양에는 거제의 토호들이 사는 중심 마을로, 거제를 대표할 만한 재력과 새로운 문물의 개화문화로 발전된 곳이었다. 따라서 반일감정과 애국사상이념을 가진 우국지사들이 많았다.

독립운동을 위한 준비는, 4월 1일 이운면 아양 서당에 모여 종이 10여 장에 대한제국독립만세라는 격문을 만드는 것으로 시작됐다. 그리고 격문을 눈에 잘 띄는 대문에 붙이거나 아주장터 길 위에 뿌렸다. 4월 2일, 옥포의 유지들[318]과 옥포 천주교 신도들이 합류하였으며, 4월 3일 거사를 위한 태극기를 만들고[319], 당등산에서 대한독립을 위한 모임을 갖는다는 격문을 곳곳에 부착하였다. 당일 정오쯤 참여자가 200여 명으로

---

315) 취도(鷲島)
316) 1919년 3월 3일
317) 이공수, 윤택근, 이주근, 이인수, 윤사인, 이주무, 윤사인 등
318) 주종찬 외
319) 이주근, 이인수

불어나자, 사회자는 지형이 높은 곳에 올라가서 독립만세를 선창하였다.[320)]

저녁무렵엔 주민 2,500여 명이 합세하여 함성과 함께 태극기를 흔들며 계속되었다. 이러한 소식이 일본인에게 전해지자, 거제지역 헌병분견소와 송진포 해군방비대, 가조도 해군경비대 등에서 헌병과 경찰들이 출동해 시위를 진압했다. 이때 갑자기 비가 쏟아졌다. 이 비로 인해 충격은 중지되었고, 군중들은 흩어졌다. 옥포 주민[321)]들은 배암(뱀)바위 모퉁이 길을 이용해 옥포로 가면서도 계속 만세를 불렀다. 아주 장터에서 마지막까지 저항하던 주동자들과 주민들은 일본헌병과 대치하며 시비를 벌였으나, 일본 헌병의 위협적인 사격으로 인명이 상할 우려가 있자 긴급히 대피하였다.

[아주 당등산]

[아주독립만세운동 재현]

320) 윤택근 사회, 이공수, 이주근, 이인수, 이주무, 윤사인, 이중수, 주종찬 주동
321) 주종찬 주동

이로서 이날의 운동은 일단 해산하였으나, 일본 헌병들은 그들의 앞잡이를 통해 주동자를 색출하고 아주, 아양, 옥포 일대에서 여러 청년들을 검거하였다.[322)]

2) 두 번째 독립만세

첫 운동이 음력 4월 3일 당등산에 있은 후, 음력 4월 6일에는 옥포를 중심으로 독립만세가 이어졌다. 4월 3일 당등산 모임에 참가했던 이들을 중심으로 일요일을 이용하여 오전 11시경, 옥포 중앙에 있는 망덕봉[323)]에서 주민 200여 명이 모여 대한독립만세를 제창하였다. 그리고 아주장터를 향했다.[324)]

이들은 종이에 쓴 **자주수호 대한독립만세**라는 깃발과 태극기를 앞세우고 행진했다. 이 광경을 본 주민들은 길가에 나와 같이 만세를 불렀으며, 아주시장에서도 함께 만세를 불렀다. 이들은 아주에 있는 이운면사무소를 점거하고 침략자 일본은 물러가라고 외쳤으며, 친일파 매국노들은 각성하라고 함성을 질렀다.

[아주동과 아양동-당등산]

3) 독립운동가 체포

4월 7일, 독립운동을 한 이들이 생업에 종사하는 틈을 타 일본헌병들은 주동자와 청년 10여명을 잡아갔다. 주동자들은 법정에서도 지조를 굽히지 않고 초지일관 자주

322) 윤택근, 이인수, 이주근 등 대구복심법원에서 1년형 선고

323) 망덕봉(望德峰) : 현 옥포초등학교 뒤 국도변에 거북의 머리모양을 한 동산

324) 주종찬 주동

독립을 주장했으며, 모든 책임은 자기에게 있다고, 모진 고문에도 함구하며 불응했다.[325]

이런 소문이 거제도 전역에 확산되자, 거제면, 둔덕면, 사등면, 장승포 등지에서도 각 대표들이 **통영 만세운동**에 참가하였다.

(6) 일제감정기 후반

일제 말기의 거제도 행정은 일제수탈과 징용에 의한 청년들의 수난기였다. 물론 이는 전국적인 현실이었다. 한편, 일본은 제2차 세계대전인 태평양전쟁을 일으킨 후, 전세가 불리하자 최후의 발악을 하였다. 전쟁의 승패가 기로에 놓이자 극악한 통제행정을 펼쳤고, 약탈을 일삼았으며, 온갖 명목의 공출을 통해 수탈하였다. 이로 인해 전국과 거제도에는 헐벗고 굶주린 사람이 늘어났으며, 전투력 강화에 짐승처럼 혹사당했다.

1945년 8월초에는 장승포항 일대에 연합군의 공습이 감행되었다. 그러자 장승포 양지암과 지심도에 일본군 포대를 설치하여 정예군 서부대[326]를 주둔시켰고, 이곳의 주민들은 다른 지역에 비하여 더 혹사당했다.

(7) 좌경화 시기

1948년 8월 15일 라디오 방송을 통해 일본천황은 무조건 항복할 것을 밝혔다. 하지만 거제도에 소식이 전해진 것은 하루 뒤인 8월 16일 이었다. 만 35년간의 세월동안 일본 무단정치의 압박과 서러움은 끝났다.

하지만 1945년 9월 6일 건국준비위원회는 공산주의 혁명을 지향하는 전국인민대표자대회를 소집하여 조선인민공화국 임시 조직법안을 통과시키고, 주석에 이승만(미국에서 돌아오지 않음), 부주석에 여운형(건준위원장), 국무총리에 허헌(건준부위원장)을 내세워 소위 조선 인민공화당을 조직하였다. 그리고 각 지방의 건준지부는 인민위원회로 개편

325) 주종찬, 윤택근
326) 서부대(曙部隊)

하여 공산화 작업을 완료하였다. 질서유지를 위해 과도기의 초당파적인 치안대, 자위대 등 자발적인 치안단체의 조직 등을 공산주의 식으로 개편하여, 정국은 좌익 일색이었다.

해방은 되었으나 정부수립이 되지 않았던 때라, 거제도의 질서와 치안은 혼란스러웠고, 이를 바로잡기 위한 주민에 의한 자발적 조직인 치안대가 구성되었다. 그러나 치안대는 곧장 공산주의에 흡수되었다. 그러자 중국의 임시정부를 지지하는 민주진영 정당이 결성되었으며, 이런 영향으로 통치부재에 있던 거제도에는 인민위원회의 인공파와 민주진영이 나타나 대립이 시작되었다.

(8) 보도연맹

거제에서는 1947년 8월 19일 300여 명의 주민들이 연초면 다공리 집회에서 보리공출에 대한 항의를 하였다. 이를 해산시키는 과정에서 경찰의 발포로 3명이 사망했다. 또, 1949년 4월 국군 2사단 16연대의 일부 군인들이 거제로 출동하여 민간인 피해가 속출했으며, 일부 청년들이 재판을 받았고 상당수의 청년들이 살해당했다. 하청지서 유치장에 갇혀 있던 주민들은[327] 1949년 5월 26일을 전후하여 토벌군인들(하청중학교 주둔)에 의해 중학교 앞산과 옥산리 야산 등에서 집단희생 당했다.

거제경찰서에 연행되었던 주민들[328]은 1949년 4월 22일 장승포 신사터에서 국군에 의해 총살되었다. 당시 총살은 공개적으로 저질러져 주민들이 목격하였다. 총살 장소에는 이미 큰 구덩이가 파져 있었으며, 기둥을 세워놓고 희생자들을 묶어 세웠다. 희생자들을 총살한 후, 기둥에 묶은 줄을 끊어 구덩이로 밀었다. 같은 시기 동부지서에 갇혀 있던 주민들은 구천리 서당골에서 희생되었고, 일운면 주민들은 마을 해변에서 집단희생 되었다.

토벌군이 거제지역에서 활동하는 동안, 거제경찰서 역시 민간인들에 대한 연행과 고문을 일상적으로 저질렀다. 이로 인해 사망에 이르게 된 사건이 발생했다.[329] 당시 거제에는 토벌군이 주둔하면서 많은 민간인들을 학살하였으나, 장승포경찰서 측에서는 아무런 조치도 하지 않았다.

---

327) 구복서 박동조, 원정국, 이만기 등
328) 윤학도 등 11명
329) 이종정 사건

[보도연맹 관련 희생상황]

구분	사건발생일	희생장소	희생자 수	가해조직
전쟁 전	1947. 8. 19.	연초면 다공리	3	경찰
전쟁 전	1949. 4.~5.	장승포신사터 등		16연대
보도연맹	1950. 7. 27.	지심도 앞바다	72	CIC 등
보도연맹	1950. 8. 19.		10	CIC 등
보도연맹	1950. 8. 26.	가조도 해안		성포지서
보도연맹	1950. 9. 19.		40	거제경찰서

특히, 거제는 인민군에게 점령당하지 않을 것이 분명했던 시기엔, 72명의 보도연맹원을 지심도 앞바다에서 살해하는 등 3개월 간 많은 주민들을 살해했다. 나아가 가조도 해안 등에서도 많은 사살이 있었다.

(9) 한국전쟁[330)]

1945년 8월 15일 12시, 일본 천황은 포츠담 선언을 수락하고 무조건 항복하였다. 이는 1941년 12월 8일, 일본이 미국의 진주만 공격으로 시작된 태평양전쟁이자 제2차세계대전[331)]은 끝났다. 이로서 우리를 비롯한 동남아 일대의 국가들은 광복을 맞이하였다. 그러나 연합국 정상들이 카이로, 얄타, 포츠담 등의 선언에 따라, 한반도는 38도선을 경계로 남과 북으로 양분되었으며, 미국과 소련(러시아)이 진주함으로써 해방은 독립으로 연결되지 못하고, 국토는 분단되어 자유진영과 공산진영으로 나뉘었다.

---

330) 거제시지
331) 1939년 9월, 독일의 폴란드 침공으로 시작되어 1941년 12월, 태평양 전쟁 개시와 함께 세계 전쟁으로 발전한 추축국과 연합국 사이의 대전쟁. 1945년 5월에 독일, 같은 해 8월에 일본이 무조건 항복으로 전쟁은 종결되었다.

1950년 **6월 25일 새벽**, 한국전쟁이 발발하였다. **6월 28일** 인민군이 서울에 진입하고, 한강을 건너 피난민들은 기차 등을 통해 부산을 경유한 후, 거제도에 모여들기 시작하였다.

8월 1일 낙동강 전선을 구축한 남한은 경남 진동, 진북, 진전과 의령군, 함안군의 후송피난민, 고성군, 통영군의 자발적 피난민 등 **10여만 명**이 거제도로 모여들었다. 거제도에서는 이들을 각 읍면으로 분배시켰고 학교, 창고, 교회 등에 수용하였다. **8월 11일**에는 **피난민수용임시조치법**이 제정되었으며, **난민구호중앙위원회**가 발족되었다. **9월 15일**의 인천상륙과, **9월 28일**의 서울 탈환으로 대부분은 되돌아갔다.

53 포로수용소

(1) 포로발생

남북한의 국내전은 유엔군과 중공군의 개입으로 남진과 북진이 거듭되며 많은 포로들이 발생했다.

북한 인민군 포로는 1950년 8월 20일, 통영 탈환 때 인민군 사살 469명과 생포 87명을 시작으로, 9월 15일 유엔군 인천상륙과, 9월 16일의 낙동강 전선의 총 반격작전으로 막힌 1950년 9월과 10월에 많이 발생하였다.

중공군의 포로는 1950년 10월 25일 한국전에 개입하여, 1951년 1월 14일 37도선의 경기도 평택에서 충북의 제천까지 진출한 후, 1951년 2월 11일 38도선 이북으로 퇴각하던 시기에 대부분 발생하였다.

특히, 인민군과 중공군 포로는 1950년 8월과 9월 사이 경주 안강과 영일, 기계 등 전쟁초기 포항지구 전투와, 휴전직전 금성 남방 삼현지구 전투에서도 많이 발생하였다.

한편, **유엔군 포로**는 인민군의 기습적인 남침으로 38도선의 방어선이 붕괴된 전쟁초기인 1950년 6, 7월에 많이 발생하였고, 1950년 11, 12월 유엔군이 중국 국경선 가까이 진격한 후, 중공군의 침공으로 한강까지 후퇴하던 시기에 발생하였다.

(2) 초기 포로수용소

전쟁 초기의 포로수용소는 다음과 같이 설치되었다.

시 기	위 치
1950. 7. 7.	대전 포로수용소 설치
1950. 7. 14.	대구 제100포로수용소 설치
1950. 7. 19.	미 제24사단 임시포로수용소
1950. 7. 24.	부산 거제리 포로수용소 설치
1950. 8. 1.	부산 영도 포로수용소 설치
1950. 9월 초순	부산 제일 포로수용소 설치
1950. 9월 하순	인천 임시 포로수용소
1950. 10. 2.	서울 마포형무소 포로수용소
1950. 11. 27.	거제도 포로수용소 설치
1950. 12. 4.	인천 포로수용소 설치
1951. 6월말	거제도 포로수용소에 육지포로 이송 완료

(3) 수용소 결정

처음에는 포로들을 임시로 관리하였으나, 1950년 11월, 포로의 총수가 13만7천명에 달하자, 유엔사령부는 증가된 공산포로에 대한 경계문제를 해결하기 위해 남해안 중 육지와 560m 떨어진 **거제도에 격리**시키는 것을 결정을 하였다.

거제도의 포로는 **고현만** 해안을 이용하여 수용되었고, 위치는 경계문제를 고려하여 계룡산, 옥녀봉, 국사봉 등으로 둘러싸인 중심부인 **고현지구**로 정하였다.

(4) 설치

1950년 11월 27일, 거제도포로수용소 설치를 확정한 유엔군 사령부는, 설치공사를 시작하여 도로의 개설과, **장평비행장**을 위해 360만평의 농토와 임야를 징발하였다. 그리고 중장비로 구획을 정리한 후 야전용 천막을 설치하는 것으로 시작되었다.

고현지구는 **고현동, 장평동, 상문동, 수양동**이었으며, 인접한 연초면 연사리의 **임전마을**로 확장하였으며, **포로공동묘지**로 **송정리** 일부가 징발되었다.

1951년 2월과 6월 사이, **15만여 명의 공산군 포로**를 LST[332)]를 이용하여 고현항으로 수송한 후, 각 단위수용소로 배치시켰다.

단위수용소에는 공산포로의 특성별로 수용하였으며, 모두 5가지로 분류하였다.

① 고현·상동·문동	: 인민군 반공포로
② 수월(해명)	: 중공군 포로
③ 수월(주작골)	: 여자 포로
④ 양정·수월	: 인민군 친공포로
⑤ 고현·수월	: 남한출신 의용군

(5) 도트준장 납치

1952년 5월 7일, 포로수용소 사령관 **프란시스 도트준장**이 납치되었다. 이 발생의 원인은 **친공, 반공**으로 포로들을 분류하는 것에 대한 반발이었다.

그러나 도트준장이 이내 석방되지 않자, 5월 9일 포로 폭동제압을 이유로 고현지구 내의 주민 **1,116세대**를 24시간 내에 강제로 이주시켰다. 이주기간은 휴전 후 수용소

332) LST(Landing Ship Tank) : 병사, 전차 등의 상륙용 주정

철수작업이 종료된 1955년 봄까지 지속되어, 3년 동안 소개민으로서 고충을 겪었다. 도트준장은 5월 10일 오후 9시경에 석방되었다.

도트준장을 납치한 상태에서 공산측이 요구한 내용은 다음과 같다.

- 미국의 야만적 행위인 모욕, 고문, 위협, 감금, 학살, 세균무기, 원자탄 실험 등을 즉시 중지하고 인권과 생명 보장 요구
- 포로의 불법적인 자유송환 즉시 중지
- 포로의 불법적 재무장 노예화를 위한 강제심사 중지
- 포로대표단의 인정이 4개항을 요구하고 이에 만족할 서면답변을 받고 인도하겠다고 주장

이에, 후임소장이었던 콜슨준장은 5월 10일 아침 공산측의 요구를 일부 수정한 후, 다음과 같은 내용에 서명했다.

- 유엔군이 다수의 포로를 살상한 유혈사건이 있었고, 장차 포로를 인도적으로 대우하고 다시는 불미스러운 일이 없도록 하겠다
- 자유송환 문제는 판문점에서 토의하고 있다
- 도트준장이 석방되면 포로에 대한 강제심사는 없을 것이다

거제도 포로수용소의 소장은 1952년 2월 20일 제11대 도트준장, 5월 8일 12대 콜슨준장, 5월 중순 13대 보트너준장 등이 임명되었다.

(6) 친공포로

도트준장 납치사건 후, 1952년 6월 10일 친공의 악질 포로관리를 위하여 남부면 저구와 다포리 및 통영시 한산면 봉암도, 용초도에 수용소를 설치하고 이송하였으며, 2중 철제 담장에 50~60명씩 분산시켰다. 이 포로들은 모두 휴전 후 송환되었다.

(7) 경비병력

17만3천명에 달하는 공산포로의 경비와 관리를 위한 유엔군측 경비병력은 **9천명**으로, 한국군 제33경비대대 1,300명, 미군 1개 대대 및 187공수부대 7,700명이었다.

경비병 주둔을 위하여 상당 규모의 막사를 장평에 지었으며, 비행장, 부두, 탐조등, 보급창, 발전선박, 도로 등이 건설되었다. 또, 포로들의 분리수용을 위해 포로영창, 악질 포로수용소, 여자포로수용소가 있었으며, **반공포로수용소**는 별도로 설치하여 운영했다.

(8) 포로 생활

거제도의 포로들은 대부분 부산 등지의 육지로부터 배편으로 이송되어 고현만 항구에 도착했다. 그리고 트럭을 통해 수용소로 배치되었는데, 수용소에 배치되면 **소지품**을 검사하고 의복, 신발, 식기 등 **필수품**을 지급받은 후, DDT[333] **소독**을 하였다. 그리고 이발을 한 후 막사를 지정받고 수용소 생활이 시작되었다.

한편, 많은 포로들을 적은 수의 경비병력으로 통제하여야 했기 때문에, 수용소 생활을 하는데 있어서는 **규칙**을 통해 철저하게 감시하였다. **여자포로**들은 수월 **주작골**로 분리 배치하였으며, 그곳에서의 생활은 다른 수용소와 유사하였다.

포로들의 **복장**은 미군복, 군화, 모자 등이고, 옷의 등이나 바지에는 흰 페인트로 PW[334]를 써서 포로임을 표시했다. 식기, 포크, 스푼 등을 지급하고, 지정된 배급량에 따라 식사를 지급하였다. 수용소 내의 보건을 위해 정기적으로 식기소독을 하였다.

수용소는 한 천막에 60명씩 배치되었으며, 가운데 폭 50 ㎝, 깊이 30 ㎝의 복도식 길을 내었다. 바닥은 가마니를 깔아 침실막사를 만들었고, 의식주 외에 제한적이나마 담배, 디젤유, 땔감, 석탄 등의 물품들도 지급되었다.

포로들은 **작업**에 동원되기도 하였는데, 주로 한 작업은 막사를 유지하기 위한 둑을 쌓거나, 도로정비, 구내건설, 구내에 필요한 물품제작 등이었다.

한편, 포로들의 **여가이용**은 관심과 불만을 분산시키고, 수용소내의 경직된 분위기를

333) DDT(Dichloro Diphenyl Trichloroethane) : 과거에 사용된 살충제
334) PW(Prisoner of War)

위해 제공되었다. 연극공연, 악기연주, 조각, 만들기, 노래연습 등도 가능하였으며, 수용소 내에서 공연이나 작품을 전시하기도 했다.

포로들에게 **종교생활**도 하락되었는데, 이를 위해 선교사가 있었고, 이들은 주로 기독교 성경책 강의와 예배를 도왔다. 그리고 포로들 간에 나름대로의 종교행사가 허락되었다. 이러한 종교활동은 포로들을 순화시키거나 전향시키는데 도움이 되었다.

그러나 도트준장의 납치사건 이후, 천막을 걷고 60명 단위로 막사를 지었으며, 이들 사이마다 간격을 두어 철조망으로 분리하였다. 지붕은 미국산 함석을 올렸으며, 야전용 침대와 담요를 지급하였다.

위와 같이 포로들의 주거환경 개선과 분산수용으로 단체행동을 와해시키고, 분규를 사전에 방지하였으며, 동요를 방지하기 위해 그들만의 **기념행사**를 경비병의 경계 속에서 진행하도록 허락했다.

(9) 포로 교육

포로에게는 이념과 교양 등 다양한 교육이 제공되었으며, 이념교육으로 한국전쟁의 발발과정, 민주주의란 무엇인가, 민주주의와 평화, 공산주의와 전쟁, 유엔은 무엇인가 등으로 진행되었으며, 교양교육으로는 한국의 역사, 미국의 모습 등이 진행되었다. 그리고 이외에도 감자 수확을 늘리는 법, 채소 농사법, 공중건강, 한국의 노래 등을 교육하였다.

이러한 다양한 교육은 반공포로로 전환하는 계기가 되어 주었으며, 친공포로들과 갈등이 일어나기도 했다.

(10) 지원시설

포로수용소의 지원시설은 수용막사, 야전병원, 방송막사, 전화교환막사, 우편처리막사, 통신대, 사무실 등 여러 시설이 있었다. 그러나 제한된 경비 병력과 포로수 급증으로 수용소 관리업무가 번잡하였으며, 특히 수천 명 단위로 수용한 포로수용소 건물과 건물

사이를 단순하게 철조망으로만 분리하므로, 대규모 시위와 폭동은 물론 자유롭게 정보들을 주고받을 수 있었다.

유엔군 경비병은 야간에 수용소 내에 들어가지 않았다. 이로서 포로들은 나름대로 자유로웠고, 왠만한 일은 처벌을 받지도 않게 되어 폭행과 심지어 살인이 발생하기도 했다. 이 같은 상황은 경비병이 무기를 절취당하거나, 통제가 어려운 지경으로 발전하였으며 급기야 통제 불능의 상황도 발생하였다.

(11) 폭동

66수용소는 **인민군 장교급 이상**이 수용된 곳으로, 고현 들판에 위치하고 있었다. 여기에는 친공포로의 최고 지휘본부격이 있었으며, 1951년 3월 20일 밤 10시에 인민군 간부들은 비밀통로를 통하여 지하실에 모였다. 여단장 이학구의 지휘아래 평양에서 온 간첩 오영자가 술집 접대부를 가장하고 쓰레기통에 숨어 잠입한 후, **김일성의 비밀지령문**을 전달하였다.

이 지령은 포로간부가 작업장에 나갈 때 다른 수용소 포로와 자리바꿈을 하는 방법으로 여러 수용소로 전파되었다. 이로서 비밀리에 모의된 폭동은 1951년 3월 21일 오후부터 77수용소에서 인민군기가 게양되는 것으로 시작되었다.

당시의 김일성의 지령문에는 다음과 같은 내용이 있었다.

- 밤마다 인민군가를 부르고 군사훈련을 실시할 것
- 유엔군이 지급한 포로복을 인민군복으로 갈아입고, 무기를 제작하여 인민군 조직을 강화할 것
- 수용소 감찰대를 강화할 것
- 수용소마다 붉은 깃발을 게양하고 완전 공산지대로 만들며, 이에 불응하는 자는 처단할 것
- 포로 폭동을 일으켜 세계여론을 유엔군에게 불리하도록 할 것

또, 판문점회담 공산군측 수석대표인 **남일의 지령**도 전달되었는데, 이는 1951년 9월 15일 64야전병원 환자로 입원했던 포로가 83수용소에 전달한 것으로 발바닥 밑에 숨겨 들여왔다. 지령은 포로인 이학구에게 보낸 것으로 다음과 같은 내용이다.

- 포로수용소에서 전선과 같이 싸우라
- 반공포로를 처단하라
- 9월 17일 새벽 2시를 기해 폭동을 일으켜 거제도를 장악하라

하지만 이 지령은 83수용소 감찰대장에 의해 발견되었고, 경비대는 반공포로들이 장악하고 있는 수용소에 대비토록 지시했다.

미군 경비대는 병력증강을 요청하여 헌병 3개 대와 장갑차 3개 중대를 준비하여 경비에 임했다. 결국 경비들과 탈출을 시도하려는 친공포로들 사이에는 접전이 일어났고, 이 과정에서 수백 명이 사망하고 많은 부상자가 발생하였으나 폭동은 진압되었다.

1951년 6월 9일부터 16일까지 친공포로 수용소에서 죽은 반공포로는 **500명**이나 되었다. 그리고 9월 16일 72수용소에서 41명, 62수용소에서 28명 등 **300여 명**이 비참한 죽임을 당했으나, 친공포로 간부들을 체포하여 국제재판에 회부했지만 제네바 협정 때문에 처형할 수 없어 분리 수용하는 것으로 매듭지었다. 이와는 달리, 반공포로들의 투쟁도 발생하여 양측은 심각한 갈등에 처했다.

또, 장기간의 억류와 장래에 대한 불확실성 및 유엔군에 의한 정훈교육에 대한 공산포로들의 반발도 있었으며, 반공과 친공포로간에 파벌경쟁이 심하여 서로 간에 폭행이 발생하는 등 수용소의 권력 장악을 위한 다툼이 잦았다.

특히, 난폭한 행동으로 번진 사건으로는, 포로교환을 위해 인민군 포로 37,000명을 1차 선발하는 과정에서 발생하였다. 공산포로들은 송환을 거부하기도 하였으며, 훈련된 공산주의자를 재분류하는 과정에서 강제로 분류되는 것에 항의해 큰 폭동으로 이어졌다. 인민군 포로들은 곡괭이 자루, 칼, 도끼 및 천막지주 등으로 무장하였고, 경비군은 수류탄으로 포로의 돌격을 저지하기도 하였다. 하지만 경비가 역부족하자 사격을 개시하였다.

54 조선산업

현재 거제의 주된 산업은 조선산업이다. 물론 해양관광산업과 1차산업인 농업, 임업, 수산업, 축산업 등도 발전되어 있으나, 조선산업이 거제도에 끼친 영향은 지대하다.

1970년대 거제지역의 경제발전은 1차 산업이나 2차 산업 중 건설계통이 전부였다. 이 무렵 대우조선과 삼성조선의 양대 조선소 설립은 거제로서는 과히 산업혁명에 해당하고, 지역발전의 결정적 역할을 하였다. 이러한 발전과 더불어 문화, 경제, 산업, 인구 동태 및 교육 등의 많은 변화로 이어졌고, 시민은 급증하였으며, 고도화된 지역경제는 한 때 거제시를 도시경쟁력 부문에서 최상위로 끌어 올렸다.

양대 조선소가 들어오기 전까지 거제의 인구는 10만 명 정도였다. 그러던 것이 2001년에는 18만 명 그리고 현재는 26만 명이다. 나아가 가까운 미래 도시발전계획에서는 30만 명 이상을 계획하고 있다. 특히, 외국인의 비중도 증가하여 최대 약 2만 명을 육박하기도 하였다.

그러나 조선소 발전의 뒷면에는 노동자의 권익을 위한 투쟁과 회사측과의 입장차로 인한 갈등이 발생하기도 하였다.

(1) 대우조선해양(주)

1963년부터 추진된 경제개발계획에 의해 우리나라의 근대화 산업은 의미 있게 추진되었다. 1973년부터 시작된 제3차 경제개발5개년계획에서는 중화학공업화를 표방하고, 기계, 자동차, 조선, 화학부문을 중점적으로 육성하기로 하였다.

이 같은 정부의 중화학공업 육성정책에 따라 1973년 5월, 초대형 조선소인 **옥포조선소**의 건설계획이 확정되었다. 1973년 10월 11일, 대한조선공사에서 기공식을 가졌으며, 사업비 1,030억원을 투입, 100만평의 부지 위에 100만 DWT급 도크 1기, 15만DWT급 선대 1기, 50만DWT급 수리도크 1기를 착공하였다.

하지만, 착공직후인 1973년 말 발생한 오일쇼크는 세계경제를 침체시켰고, 높은 인플레이션으로 나타났다. 사업주체인 대한조선공사는 옥포조선소 건설의 기술용역을 맡은 영국과 협의하여, 신조선과 수리조선 중심의 옥포조선소의 계획을 현재와 같은 **신조선** 및 **해양산업플랜트**를 복합 생산할 수 있는 다목적 조선소로 변경하였다. 이 같은 사업 변경 등으로 소요자금은 1,500억원으로 증가하였으며, 세계경기 침체에 따른 조선경기의 급격한 감소로 대형 조선소건설의 필요성과 경제성 논란이 발생하기도 하였으며, 1976년부터 사업성, 건설자금 조달 어려움 등으로 건설공정 30%상태에서 중단되기도 하였다.

옥포조선소 건설공사가 중단되자 정부와 대한조선공사는 옥포조선소 전체의 사업성 재검토 하는 한편, 건설공사의 재개여부도 검토하였다. 그러나 향후 조선경기 회복 시 국제경쟁력이 충분히 있을 것으로 판단하고, 정부는 옥포조선소 사업주체를 자금조달 능력과 경영능력이 뛰어난 업체로 변경하여 조선소건설을 재개하는 것으로 결정하였다. 이 과정에서 **대우그룹**이 선택되었다.

대우그룹의 김우중회장은 당시 어려운 여건과 조선불황에 따른 사업의 불확실에도 불구하고, 정부의 중화학공업 육성책에 적극 호응하며 선박 등을 비롯한 중공업제품 수출의 강화를 위해 과감한 결단력을 보였다.

이로부터 **대우조선**이 탄생했다. 이후, 대우조선은 5만 명 이상의 고용창출 효과를 보이며, 국민경제 발전에 크게 기여하였다. 그리고 오늘, **거제의 신화**를 일구어냈다.

(2) 삼성중공업 거제조선소

1974년 3월 15일 **고려조선**은 거제 신현읍 장평리지구에 조선소를 설립하였다. 대우조선소의 설립과 비슷한 시기다. 1977년 4월 **삼성조선주식회사**로 설립되었으며, 1979년 9월부터 선박건조를 시작하였다. 조선소의 부지는 100만평에 이른다.

삼성중공업 거제조선소의 생산품목은 철강교량, 건물철골, 해양석유가스, 생산설비 등을 포함하여, 해상플랜트, LNG선, 부유식 원유생산, 저장운반선, 셔틀탱커 등의 해양 개발관련 특수선 개발기술력을 보유하고 있다.

[거제죽도조선소 기공식-1974.12.1]

55 댐

섬지역의 단점은 물의 부족이다. 그러나 거제도는 비교적 수자원이 풍부하여 큰 가뭄이 아니면 어려움이 없었다. 오히려 1974년부터 둔덕면 하둔리 하천을 굴착해 지하수를 양수하여 통영의 식수로 제공하였다. 그러나 1970년대에 대우조선과 삼성조선이 들어오면서 증가한 주민식수와 공업용수를 위하여 **이목댐**(연초댐)과 **구천댐**을 건설하였다.

(1) 이목댐

이목댐은 대금산과 강망산이 남으로 내려와서 작은 분지를 이룬 곳에 있다. 이곳은 토지가 비옥하여 오래 전부터 농경마을이 자리 잡았고, 인류의 정착이 빨랐다. 하지만 이러한 부농마을은 약탈의 근거지가 되어 임진왜란 이후엔 주민들은 다른 곳으로 이주하는 사정도 발생했다. 이 마을에는 배나무가 많아 **배나무실**이라고 불리기도 하였으며, 1680년 4월 이목리[335]로 개칭되었다.

335) 이목리(梨木里)

이목댐은 1970년 국가시책으로 거제도에 두 개의 국가산단이 조성되고, 1977년 이목리 일대를 산업기지개발공사 거제공업용수지구로 정하여, 1977년부터 1979년 사이에 연초천 수계의 물을 얻기 위해 건설되었다. 이 댐은 석괴댐(rock fill dam)으로, 높이 25 m, 길이 12, 유역 면적 11.7 ㎢, 홍수위 49.6 m, 만수위 48 m, 저수위 36.3 m고, 저수 총량 496만 ㎥며, 유효량 459만 ㎥, 용수 공급 600만 ㎥, 1일 배수량 1만 6천 톤이다.

이로 인해 주민 87호 중 74호가 수양동 해명마을로 집단 이주하였고, 13호는 저수지 윗 쪽에 남았다.

공업용수와 인근 지역 주민의 생활용수를 위하여 축조되어, 원수를 정수 처리하는 시설도 두고 있지만, 지금은 공업용수로만 사용한다.

(2) 구천댐

이 댐은 1984년부터 1987년 사이, 동부면 산양천과 구천천의 수계를 이용해 건설된 석괴댐(rockfill dam)이다. 높이 50 m, 길이 234 m, 유역 면적 12.7 ㎢, 홍수위 94.5 m, 만수위 93 m, 저수위 58 m고, 저수 총량 967만㎥, 유효량 925만㎥, 용수공급은 700만 ㎥, 1일 배수량은 2만 톤 정도다.

이 댐은 거제산업기지개발 구역 내의 조선소 확장 계획에 따라 소요되는 공업용수와, 인근 지역 주민의 생활용수를 공급한다.

찾아보기

ㅇ

ㅈ

문화관광자원해설

2018년 9월 1일 초판 인쇄
2019년 8월 6일 2쇄 발행

저　　자 이 헌
발 행 인 송기수
발 행 처 도서출판 GS인터비전
편 집 처 도서출판 GS인터비전
인 쇄 처 트윈벨 미디어
등록번호 제 25100-2016-000050호
I S B N 979-11-5576-251-6(93980)

주　　소 서울 은평구 증산로 15길 69 2층
전　　화 02-976-7898, 02-3272-7898.
팩　　스 02-6468-7898
홈페이지 gsintervision.co.kr
E-Mail gsinter7@gmail.com

정 가 30,000원